# 制造业服务化理论与广东实践研究

简兆权　刘晓彦　令狐克睿　曾经莲　著

本书受教育部新世纪优秀人才支持计划项目（NCET-13-0210）资助出版

科学出版社

北　京

# 内 容 简 介

随着社会经济形态从"工业经济"迈入"服务经济",制造业经营环境发生了重大变化,其运作模式从以产品为中心迈向以提供增值服务为中心。在此背景下,制造业服务化成为制造业摆脱困境、重塑竞争优势的根本途径。本书探讨研究制造业服务化创新获利机制、价值创造模式、组织结构变革、运营模式和服务化路径等理论问题,并对广东制造业服务化典型案例进行分析,结合广东制造业现状和服务化需求,借鉴发达国家的经验,提出广东制造业服务化的可行模式与推动政策。

本书适合制造业企业高级管理人员、大专院校教师、服务科学研究人员和研究生阅读与参考。

**图书在版编目(CIP)数据**

制造业服务化理论与广东实践研究/简兆权等著. —北京:科学出版社,2017.6

ISBN 978-7-03-050205-6

Ⅰ.①制… Ⅱ.①简… Ⅲ.①制造工业—服务经济—研究—广东 Ⅳ.①F426.4

中国版本图书馆 CIP 数据核字(2016)第 249369 号

责任编辑:方小丽 李 莉 王丹妮/责任校对:赵桂芬
责任印制:徐晓晨/封面设计:无极书装

科 学 出 版 社 出版
北京东黄城根北街 16 号
邮政编码:100717
http://www.sciencep.com

**北京东华虎彩印刷有限公司**印刷
科学出版社发行 各地新华书店经销

*

2017 年 6 月第 一 版 开本:720×1000 B5
2017 年 6 月第一次印刷 印张:17
字数:342000
**定价:98.00 元**
(如有印装质量问题,我社负责调换)

# 前　　言

随着生产型经济的高度成熟和信息技术的快速发展，人类社会的经济形态已逐步从工业化、信息化迈入"服务化"，产生了"服务经济"。当今，制造业已从以产品为中心迈向以提供增值服务为中心。制造业服务化（manufacturing servitization）是全球制造业发展的重要趋势，其可以实现制造业在产业形态、发展模式上的根本性变革，使制造型企业在服务中找到了更广阔的发展空间。当前，在以互联网与制造业深度融合为代表的新工业革命推动下，全球制造业服务化进入加速发展新阶段（李燕，2015）。我国制造业长期处于国际价值链的中低端，亟须加快服务化进程，促进"制造大国"向"制造强国"的转变。从价值链角度看，制造业服务化并不是"去制造业"，而是服务在制造业价值链中所占比重不断提高，产品附加值和品牌效益不断提高的变化过程。对于我国整体经济而言，制造业服务化既是我国制造业转型升级的重要方向和途径，同时也是服务业特别是生产性服务业大发展的源泉和动力，对未来经济发展方式转变和经济结构战略性调整意义重大（郭怀英，2013）。

过去三十余年，广东借助改革开放及人口红利等优势，在国际制造业分工中通过以代工制造（original equipment manufacturer，OEM）为主的形式承担了"哑铃型"制造模式的中间部分，跃升为制造大省。然而，从创新能力和竞争力的角度看，广东还不是制造强省，制造业大多仍停留在以生产制造为主体的模式中，处于全球产业链的中低端。传统集粗放型增长与外源型主导于一身的经济发展模式存在产业层次偏低、产品附加值不高、创新能力不足、整体竞争力不强、环境污染严重等问题。随着制造生产成本不断增加，资源和环境约束也在不断加大，广东制造业的竞争力逐渐减弱，原有粗放外延的"三高两低"发展模式显然已难以为继。如何改变原有的发展模式，推进制造业转型升级、提升竞争力成为广东制造业亟待解决的问题。广东制造业存在的问题在全国具有代表性，产业转型升级的道路任重道远。制造业服务化是推进产业转型升级的重要抓手，推动制造业服务化既顺应了工业经济向服务经济转型的阶段性要求，又符合广东经济可持续发展的长期利益，是适合广东制造业发展的必由之路。但是，目前学术界对制造业服务化的研究尚处于起步阶段，理论尚未完善，亟须加强基础理论研究和应用案例研究。

2013 年，本书第一作者获得教育部新世纪优秀人才支持计划项目资助，对制造业服务化理论与广东的实践开展研究。除了大量收集、阅读消化相关文献资料，也广泛开展田野调查，其中重点调研了广州无线电集团等企业，获得了部分一手资料。在此过程中，国家"千人计划"入选者赵先德教授为课题组成员创造或提供了许多调研或学习的机会，特别是邀请了该领域国际顶尖学者——英国剑桥大学的安迪·尼利（Andy Neely）教授来华南理工大学做学术交流，使我们有机会向他咨询、请教，并且探讨可能的创新方向，他的真知灼见让我们深受启发。在此，作者向赵先德教授、Andy Neely 教授以及接受调研的单位表示衷心的感谢！

本书由制造业服务化理论研究和广东制造业服务化实践研究两大部分构成。理论研究部分探讨了制造业服务化创新获利机制、价值创造模式、组织结构变革、运营模式和服务化路径等理论，形成较为完整的制造业服务化理论体系；实践研究部分针对广东制造业服务化典型案例进行分析，结合广东制造业现状和服务化需求，借鉴发达国家的制造业服务化经验，提出广东制造业服务化的可行模式和推动政策。本书分工情况如下：简兆权负责整体研究设计及各章内容的拟定、审定，刘晓彦负责第 3、4、5、6 章，令狐克睿负责第 1、2、7、10 章及后记，曾经莲负责第 8、9、11 章。

由于制造业服务化属于新兴研究课题，加之作者水平有限，书中难免存在一些不足之处，敬请广大读者指正，以便在后续的研究中改进和完善。

简兆权

2017 年 1 月

# 目　　录

# 第1章 绪　　论

## 1.1　研　究　背　景

　　长期以来，制造业一直是中国传统的优势产业，亦是实现经济增长的基础。然而，从"工业时代"到"信息时代"再到"互联网时代"，竞争的格局发生了剧烈的变化，中国传统制造业受到内部、外部双重困境的冲击。内部困境表现为，近年来的面临产能过剩、成本上升、竞争力下降等问题，传统制造业的竞争优势已不存在。外部困境表现为两个方面：一方面，西方发达国家高端制造业的复苏正在兴起（斯米尔，2015），近年受金融危机影响，以美国为代表的西方发达国家提出制造业回归本土的战略，通过发展高端制造业应对"经济空心化"问题，迄今为止，西方发达国家的制造业发展经历了"工业化"、"去工业化"和"再工业化"三个阶段；另一方面，新兴经济体的制造业发展对中国传统制造业产生了强烈冲击，巴西、印度、南非成为新兴经济体中经济增长最快、最具活力的经济群体，东南亚国家低廉的劳动成本也对中国的制造业发展产生了影响。中国制造业结构中一般加工制造业的比重较大，只有将中国创造和中国服务融入中国制造，向价值链"微笑曲线"两端延伸，才能实现中国制造的高端转型（李燕，2015）。在内部竞争力下降和外部竞争加剧的双重困境下，传统制造业将不再是我国未来的支柱产业，从"中国制造"向"中国创造"升级势在必行，由工业大国走向服务业大国既是中国经济发展的大趋势，也是经济转型升级的大目标，未来中国支柱产业将向高端装备制造业、现代制造业和现代服务业转型（迟福林，2015）。

　　发达国家在其经济服务化过程中，制造业率先服务化，成为整体经济服务化的产业支撑（秦伟等，2015）。20世纪80~90年代以来，随着信息与通信技术的广泛应用、经济的全球化以及市场环境的深刻变化，服务业与制造业由分工、分化到互动融合，"制造业服务化"由此成为全球制造业发展与升级的重要趋势。"制造业服务化"就是制造业要通过提供与产品相配套的高水平的使用与维护服务，为产品赋予更多价值，提高企业综合竞争力。对于我国而言，制造业服务化既是我国制造业转型升级的重要方向和途径，同时也是服务业特别是生产性服务业大发展的源泉和动力，对于未来经济发展方式转变和经济结构战略性调整意义重大（郭怀英，2013）。因此，根据我国制造业现状，探讨新形势下制造业服务化问题是非常重要的议题。

### 1.1.1　制造业服务化研究的兴起

随着服务经济的发展和企业竞争的加剧，制造服务化成为制造企业实现升级和价值增值的主要途径（Baines and Lightfoot，2013）。越来越多产品的核心价值已不再是产品本身而是服务，产品与服务的融合成为当前制造业产业转型的方向（郭重庆，2014a）。继 Vandermerwe 和 Rada（1988）首次将企业提供服务的行为称为服务化后，有关制造业服务化的相关研究持续增长。

Levitt（1972）提出，制造企业应该将服务融入它们供应的物品当中，将企业关注的焦点集中到发展顾客关系，并提出一个生产线方式的服务。自 20 世纪 80 年代开始，制造业的生产融入越来越多的服务作为中间投入要素，制造业逐渐往服务化方向发展。Vandermerwe 和 Rada（1988）首次提出服务化（servitization）的概念，强调制造企业由仅仅提供产品或产品与附加服务向"产品-服务组合"转变。White 等（1999）则使用"servicizing"来描述服务化。以产品为基础的服务的出现，模糊了制造与传统服务的界限。传统上，制造与服务是两个壁垒分明的部门，但伴随着制造与服务界限模糊的趋势，制造服务化的发展形态孕育而生并成为学术研究的热点，制造企业已经呈现出从生产制造主体向服务提供主体转变的趋势，制造与服务的融合加剧（Jergovic et al.，2011）。此后，服务化作为一种具有竞争力的制造业战略，已有一大批学者开展了相关研究（Wise and Baumgartner，1999；Oliva and Kallenberg，2003；Slack，2005；Neely et al.，2011；Baines et al.，2009，2010，2013；Baines and Lightfoot，2013，2014；Raddats et al.，2015，2016）。

### 1.1.2　各国提出制造业转型战略

近年来，在全球制造业转型的背景下，中国和西方发达国家纷纷提出工业、制造业转型战略，具体包括美国"工业互联网"、德国"工业 4.0"和"中国制造2025"战略。2011 年，GE 公司提出"工业互联网"概念。2012 年，美国政府发布"工业互联网"战略。工业互联网倡导将人、数据和机器连接起来，形成开放而全球化的工业网络，但其内涵已经超越制造过程以及制造业本身，跨越产品生命周期的整个价值链。工业互联网注重企业的"软"服务，如软件、网络和大数据，促进工业化和信息化的融合，对工业企业服务方式是一种颠覆（胡晶，2015）。2013 年，德国政府以提高德国工业竞争力为目的提出"工业 4.0"战略，并确定为面向 2020 年的国家战略。"工业 4.0"不是简单的"工业化+信息化",而是通过网络与物理生产系统的融合来改变当前的工业生产与服务模式(陈志文,2014)。"工业 4.0"的革命性在于:不再以制造端的生产力需求为起点,而是将用户端的价值作为整个产业链的出发点,改变以往的工业价值链从生产端向消费端、从上游向下游推动的模式,从客户端的价值需求出发提供客制化的产品和服务,并以此作为整个产业链的共同目标,使整个产业链的各个环节实现协同优化(李杰,2015)。

中国作为世界上最大的发展中国家和制造大国,正大力推进制造业转型。2015年 3 月 25 日召开的国务院常务会议部署推进实施《中国制造 2025》,会议强调中国制造要顺应"互联网+"的发展趋势,以信息化与工业化深度融合为主线,重点发展新一代信息技术、高档数控机床和机器人、航空航天装备、海洋工程装备及高技术船舶、先进轨道交通装备、节能与新能源汽车、电力装备、新材料、生物医药及高性能医疗器械、农业机械装备十大重点领域。2015 年,中国工程院院士郭重庆教授接受《国际金融报》专访时,明确表示德国"工业 4.0"过于强调技术,并不适合中国,中国的制造企业"跨界"和"整合"更为重要,产品与服务的融合才是中国制造业的大势所趋(赵怡雯,2015)。2015 年 5 月 8 日国务院公布《中国制造 2025》,将其作为实施制造强国的第一个十年行动纲领,强调促进产业转型升级,其中以结构优化为基本方针之一,在结构优化上强调推动生产制造向服务制造转变。2015 年 7 月《国务院关于积极推进"互联网+"行动的指导意见》将"互联网+"协同制造作为重点行动计划,明确大力发展智能制造、发展大规模个性化定制、提升网络化协同制造水平和加速制造业服务化转型作为基本内容。可见,互联网时代制造业的服务化转型已上升到国家战略高度。2016 年发布的《中华人民共和国国民经济和社会发展第十三个五年规划纲要》明确提出实施制造强国战略,要深入实施《中国制造 2025》,以提高制造业创新能力和基础能力为重点,推进信息技术与制造技术深度融合,促进制造业朝高端、智能、绿色、服务方向发展,培育制造业竞争新优势。2016 年 5 月 4 日国务院常务会议指出,推动互联网与制造业深度融合,推动《中国制造 2025》,是深化结构性改革尤其是供给侧结构性改革,发展新经济,加快"中国制造"提质增效升级的重要举措。为此,要支持制造企业建设基于互联网的"双创"平台,发展个性化定制、服务型制造等新模式。

## 1.1.3　大型跨国制造企业推进服务化

在全球范围内有超过三分之一的大型制造企业会提供服务,而在西方经济中,该比例已经增加到近 60%(Neely,2009),IBM、GE 和苹果公司等大型跨国公司都是制造业服务化的典型案例。IBM 曾是一个硬件制造商，经过多年的业务整合，成功转型为全球最大的"提供硬件、网络和软件服务的整体解决方案提供商"。IBM 通过实施服务化转型，突破了传统的收益方式，2014 年 IBM 公司净收入为158 亿美元，比 2013 年降低 7%。然而，2014 年云业务的收入达到 70 亿美元，同比增长 60%，IBM 向云服务业务转型，并收获云所带来的好处。GE 在 20 世纪80 年代还是以制造为主要收入的公司，但从 20 世纪 90 年代开始，GE 的金融业务得到了强劲的发展，公司逐渐从以制造业主导的公司转变为世界上最大的提供技术和服务业务的跨国公司。多年来，GE 相当大比重的利润来源于金融，直至2014 年，金融业务仍然为 GE 贡献了 42% 的利润比重。基于"工业互联网"的概念，GE 通过重塑业务组合，继续推动产业服务化转型，未来会将服务覆盖工业制造企业的整个生态链，从产品概念设计、制造生产，以及供应链、物流管理，直至流向市场，并以互联网技术、大数据分析、云计算和移动技术等优化现有的工业制造流程，提升工作效率，降低成本（万晓晓，2015）。在手机制造领域，诺基亚的衰落是由于其只注重产品质量硬，却忽略了服务；相反，苹果公司的崛起依靠的正是服务化。苹果公司的产品附加值来源于生产和服务两个环节，但大部分利润来自产品的设计和服务，苹果公司控制着附加值较高的产品设计和服务环节，将附加值较低的生产和组装环节交给其他国家来完成。苹果公司的成功与其强大的服务功能密不可分，靠服务"黏住"了用户。iTunes 是其崛起之路上重要的一环，它与后来推出的 App Store、iBook Store、iCloud 等构成完备的服务体系，为苹果公司带来了对手难以模仿和超越的竞争优势。

### 1.1.4　广东推进制造业服务化转型

广东作为中国重要经济中心区域，经过三十多年的快速发展，成为世界知名的"制造基地"，制造业在其经济发展中起到了举足轻重的作用。但近年来，受原有粗放式生产方式和制造成本上升的制约，广东的制造业发展速度开始放缓，并呈现下降趋势。如何改变原有的生产模式，进行制造业升级转型，提升制造业竞争力是广东制造业亟待解决的问题。近年，国务院和广东省政府都对广东制造业发展提出了战略规划。2008 年，国家发展和改革委员会出台《珠江三角洲地区改革规划纲要（2008—2010）》，明确提出要将珠三角地区建设成为世界先进制造业和现代服务业基地，促进信息化和工业化融合，优先发展现代服务业，加快发展先进制造业，改造提升优势传统产业；2010 年广东省人民政府制定《珠江三角洲产业布局一体化规划（2009—2020）》，提出珠三角地区要优先发展以生产性服务业为主的现代服务业，加快发展先进制造业，改造提升优势传统产业；2012 年《广东省先进制造业重点产业发展"十二五"规划》中提出，广东的产业布局要坚持高端化、低碳化、服务化的战略取向，促进传统产业与战略性新兴产业、先进制造业、面向工业生产的服务业协调发展，促进生产型制造业向服务型制造业转变。2015 年，广东省人民政府相继出台《广东省智能制造发展规划（2015—2025）》、《广东省人民政府关于印发广东省工业转型升级攻坚战三年行动计划（2015—2017 年）的通知》、《广东省人民政府关于贯彻落实〈中国制造 2025〉的实施意见》和《广东省人民政府办公厅关于加快发展生产性服务业的若干意见》等文件，明确广东制造业发展升级的方向，具体包括：将先进装备制造业作为重点发展领域、发展智能制造、推进信息化与工业化深度融合、推进制造业转型升级和结构调整、积极发展服务型制造和生产性服务业，通过引导加工贸易向设计、研发、服务等产业链高附加值环节延伸，从而提高制造业国际化发展水平。

在实践中，广东地区部分制造企业已经开始推进服务化升级转型。例如，华为技术有限公司（简称华为）从交换机代理商转变成为一流的电信方案解决商；格兰仕从代工企业转变成为生产与服务为一体的世界品牌；广州无线电集团有限公司（简称广州无线电集团或广电集团）从一个传统的军工制造企业转变成为以"高端高科技制造业、高端现代服务业"为战略定位的多元化产业集团；广铝集团有限公司（简称广铝集团）从单纯的铝建筑型材制造商向既卖产品也卖设计的整体的家装服务转型；广州华德工业有限公司（简称广州华德）从一个空调保温材料生产商转变为中央空调集成商。

从研究背景来看，制造业服务化是企业保持持久竞争优势的关键，并在学术界兴起了广泛的研究，西方发达国家从战略层面提出制造业转型的方向，国际大型制造企业伴随环境的变化而持续不断地进行服务化转型，进而实现企业持续的利润增值。传统的制造企业已经不能适应"服务经济"背景的发展需要，产品与服务愈来愈密不可分，制造业服务化使制造业和服务业之间的界限变得日益模糊（郭重庆，2014b），服务化成为制造业转型的重要趋势。广东作为世界"制造基地"，制造企业数量多、类型杂、范围广，制造业作为广东传统的优势产业，在竞争环境的不断变化下，产业竞争力下降、发展放缓，制造业服务化转型升级成为广东制造业摆脱困境的出路，地方政府和制造企业应深刻认识制造业服务化的内涵和本质，根据地区和企业现实情况，思考在新形势下如何有效地推动制造业服务化转型，提升制造企业的竞争力，实现制造企业持续健康发展。

## 1.2　研究范围界定

### 1.2.1　制造业服务化与创新获利

随着服务与制造相互渗透和融合，服务环节在制造业价值链中的作用越来越大，服务不但可以作为产品的互补资产，还可以成为重要的利润源，但如何提高制造企业服务化的成功率和盈利率，却一直是企业界和学术界悬而未决的问题。Teece（1986）针对如何从企业创新中获取收益的问题，提出了创新获利（profiting from innovation，PFI）理论，指出阻止创新被模仿并拥有将创新成功商业化的能力是企业获取创新收益的关键所在。Chesbrough 等（2006）认为，与那些流行的传统经济学理论相比，创新获利理论研究从更为实际的角度考虑企业创新管理问题，对创新研究做出了重大贡献。制造企业服务化从本质上来说是制造企业的服务创新，基于创新获利理论探讨制造企业服务创新盈利机制，将有助于解决制造企业服务化的成功和盈利问题。

### 1.2.2　制造业服务化与价值创造

随着越来越多的制造企业向服务提供商转型，企业与顾客、外界有越来越多的合作，各方通过互动与协作共同为用户创造价值。目前，学者对制造业服务化运营模式的研究已经很多了，但是还没有文献从价值创造的角度探讨制造业服务化转型中与顾客、供应商、分销商和合作伙伴的价值共创模式。服务主导逻辑和服务生态系统（Vargo and Lusch，2011，2016；Lusch and Vargo，2014）适合作为制造业服务化价值创造模式的研究视角。服务生态系统突破了企业-顾客二元互动视角，将处于其他系统中的行动者也纳入共创价值网络，他们通过资源集成和服务供应与企业、顾客共同创造价值。在经济全球化和互联网普及的今天，企业与供应商、分销商、顾客等的沟通与协作越来越便利，资源整合和共享成为常态，基于服务生态系统视角创建制造业服务化价值创造模式将帮助企业更好的发展。

### 1.2.3　制造业服务化与组织设计

组织设计是关于如何建立或改变组织结构并使之更有效地实现组织既定目标的过程。适当的组织结构，清晰地界定每个组织成员的权责角色，再加上恰当的协调和控制，就能够提高组织成员的工作效率，改善组织的整体表现。如果企业的组织结构与管理需要之间相互脱节，就会产生延误决策、引发冲突、应变失误、行政管理成本高和士气低落等问题。制造企业服务化想要超越"服务悖论"，必须将组织每个要素设计得可以相互支持，并且也可以与外部环境相匹配，使服务战略与这些组织要素相一致（Gebauer et al.，2010；Neu and Brown，2005，2008）。根据"环境-战略-结构"权变理论，企业的组织架构是为了实现企业的战略目标，而战略目标的制定受到内外部环境的影响。当今企业都处在互联网环境下，互联网技术的飞速发展和网络的普及，给传统制造业的发展方式带来颠覆性、革命性的影响。制造业在互联网环境下实施服务化战略必然要伴随着组织架构的变革。

### 1.2.4 制造业服务化与运营模式

管理学界对制造业服务化的运营模式有了一定的研究，但是提出的大多数运营模式都是建立在产品主导逻辑基础之上的，如产品延伸服务、售后服务、产品导向服务、全面性服务等。Johnstone 等（2009）对此进行了验证，发现企业中存在一种"产品中心论"的嵌入式工程文化，表现为对顾客"需求"理解的缺失，这种基于产品主导逻辑的思考把服务化看做制造企业通过服务提供来实现"增值"（Smith et al.，2014）。主导思维模式能够帮助组织和企业家解释并获得新机遇及相关回报（Lounsbury and Crumley，2007；North，1994），产品主导逻辑强调交换价值，使制造商与顾客相分离，已经不再适应当今社会经济发展的要求。而把服务视为一切经济交易的根本基础、强调使用价值、顾客是价值共创者的服务主导逻辑具有更广泛的适用性（Vargo and Lusch，2004，2008；李雷等，2013；Lusch and Nambisan，2015）。现有制造业服务化运营模式文献中提出的产品功能服务、使用导向、结果导向、整合解决方案等模式是符合服务主导逻辑思想的，但提出者并未从服务主导逻辑的视角进行可行性和未来发展趋势分析，也未就服务主导逻辑的核心观点对制造业服务化模式的操作进行深度挖掘。因此，从服务主导逻辑视角对制造业服务化运营模式做出解释，并在此基础上提出基于服务主导逻辑的制造业服务化运营模式显得十分必要。

### 1.2.5 制造业服务化与发展路径

制造业作为我国传统的支柱产业，近年来面临成本上升、产能过剩和竞争力下降等问题，人们一直在探索产业转型升级的路径。当前研究者大多基于工业时代和信息化环境从价值链的角度对制造业服务化的路径进行研究（杨桂菊，2010；简兆权和伍卓深，2011a；安筱鹏，2012；刘建国，2012；周大鹏，2013），一般认为制造业应从服务化"初级阶段"向"高级阶段"逐步迈进，从"提供产品"向"提供服务"转变，从价值链的低端向高端延伸，强调价值链活动内部一体化整合。制造业服务化的路径是一个动态变化的过程，包括环境、能力和行业的变化。首先，制造业面临的时代环境发生了变化，互联网经济成为主导；其次，制造企业服务化的升级过程也是制造企业核心能力不断提升和变化的过程；最后，不同行业的制造企业服务化路径不全相同。因此，在互联网环境下，制造企业应突破价值链的视角，从价值网络的视角，基于自身的核心能力和优势资源，选择服务化的路径。

### 1.2.6 制造业服务化与发展模式

制造企业服务化进程中，随着提供服务内容的变化会呈现出不同的服务化模式，关于制造业服务化的模式，目前主流的提法分为三种，即产品延伸服务（White et al.，1999）、产品功能服务（White et al.，1999；Toffel，2008）和整合解决方案（Davies，2004）。不同的制造企业适合不同服务化模式：首先，不同制造行业的服务化模式和服务程度均存在差异；其次，制造企业在经营战略、企业资源、发展规模、核心竞争力、产品特色等方面的差异，也导致服务化转型模式的不同。因此，结合市场竞争环境的变化，根据不同制造行业的特点，结合制造企业的经营战略、规模、资源和核心竞争力提出适用的服务化模式有其必要性。

## 1.3 研究内容和方法

### 1.3.1 研究内容

本书的研究基于制造业服务化理论基础和国内外制造业服务化经验，提出制造业服务化的创新获利机制、价值创造模式、组织设计、服务化运营模式和服务化路径，结合广东制造业服务化的实践，分析广东制造业现状及服务化需求，选取广东地区制造业服务化的典型案例进行研究，借鉴先进国家制造业服务化的经验，提出广东制造业服务化的可行模式和推动对策。本书的研究框架，具体如下（图1-1）。

第1章，绪论。论述制造业服务化的研究背景，界定制造业服务化的研究范围、研究内容和研究方法。

第2章，制造业服务化概述。对制造业服务化的现有研究文献进行梳理，归纳制造业服务化内涵、驱动力、路径、发展模式、服务化绩效和服务化的影响因素，提出研究展望。

第3章，制造业服务化如何成功？——基于创新获利理论的视角。比较产品和服务创新获利、制造业服务和服务创新的特点，提出人力资源管理、组织结构管理、人力资源管理和声誉四因素的制造业服务创新获利机制，探讨各因素对制造业服务创新的作用与获利方式。

第4章，制造业服务化的价值创造模式——基于服务生态系统的视角。首先明确价值及其内涵，梳理价值创造模式的研究文献和服务生态系统的观点；其次从确定目标市场、提出价值主张和组织价值活动三个方面，基于服务生态系统讨论制造业服务化的价值创造模式。

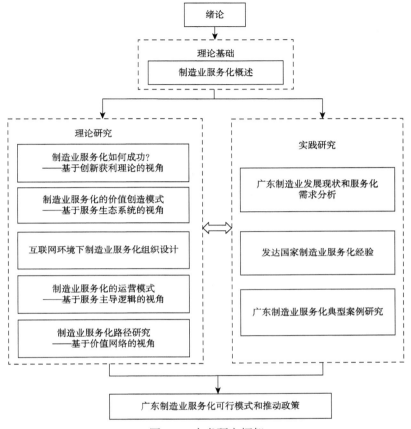

图 1-1 本书研究框架

第 5 章，互联网环境下制造业服务化组织设计。基于制造业服务化组织设计的演进，提出互联网环境下个性化定制的服务化战略，分析海尔、华为、韩都衣舍三个案例企业，提出互联网环境下适合个性化定制服务的新型组织架构，以及所面临的风险和阻碍。

第 6 章，制造业服务化的运营模式——基于服务主导逻辑的视角。首先，回顾制造业服务化运营模式的演进过程；其次，讨论服务主导逻辑与产品主导逻辑的区别，从服务主导逻辑视角对已有的制造业服务化主要运营模式进行解释；再次，运用案例探讨如何激发顾客的操作性资源、如何与顾客价值共创等核心问题；最后，提出基于服务主导逻辑的制造业服务化运营模式。

第 7 章，制造业服务化路径研究——基于价值网络的视角。基于价值网络视角，结合"互联网+"环境，剖析互联网环境下的组织特征和价值网络的成员类型，提出制造业服务化路径的四个层次。

　　第 8 章，广东制造业发展现状和服务化需求分析。从广东制造业发展现状和制造业服务化现状入手，分析在新的世界经济形势和金融环境下广东制造业发展存在的主要问题，以及广东制造业服务化发展的必要性。

　　第 9 章，发达国家制造业服务化经验。通过分析发达国家制造业服务化的发展情况，总结其推动制造业转型升级的服务化经验，为广东制造业服务化发展提供启示和借鉴。

　　第 10 章，广东制造业服务化典型案例研究。选取广东制造业服务化三个典型企业，即广州无线电集团、广铝集团和广州华德，分析案例企业制造业服务化的驱动力、发展路径、运营模式和服务化效益等，为其他企业服务化提供借鉴。

　　第 11 章，广东制造业服务化可行模式和推动政策。根据制造业服务化的基本理论和发达国家制造业服务化发展的经验启示，针对广东制造业发展现状提出广东制造业服务化发展思路，分析广东制造业服务化的驱动力、人才需求和服务化转型目标，提出四种可行的服务化模式，同时从政府的角度提出推动政策和措施。

## 1.3.2　研究方法

### 1. 文献研究法

　　首先，通过对制造业服务化及相关理论文献的检索、阅读和分析，全面详尽地了解该领域的研究现状，展望未来研究趋势，确定制造业服务化理论研究的突破口。其次，将制造业服务化基本理论与创新获利理论、价值链理论、价值网络理论、服务主导逻辑、组织设计理论、服务生态系统等相结合，提出制造业服务化创新获利机制、制造业服务化价值创造理论模型、制造业服务化的组织结构、制造业服务化的运营模式和路径。

### 2. 案例研究法

　　通过对广州无线电集团、广铝集团和广州华德三个制造业服务化典型案例企业的一手及二手资料搜集、现场观察和管理人员访谈等，分析这三个企业服务化的驱动力、路径与模式、制造业服务化效益等，揭示广东制造企业服务化的基本现状。

### 3. 质性研究法

　　对制造业服务化的相关问题进行定性分析。运用归纳与演绎、分析与综合及抽象与概括等方法，对制造服务化及相关问题进行探讨，从而认识制造服务化的本质与规律。

# 第 2 章　制造业服务化概述

## 2.1　制造业服务化内涵与趋势

### 2.1.1　制造业服务化内涵

纵观制造业服务化领域相关文献的研究，众多学者从不同的角度来对制造业服务化的内涵进行描述，关于"服务化"一词，国外学者使用"servitization"、"servicizing"、"tertiarization"和"PSS"（product-service systems，即产品服务系统）等术语来定义和描述服务化。

1. servitization

"servitization"一词最早由 Vandermerwe 和 Rada（1988）提出，他们认为服务化是指制造企业由仅仅提供产品或产品与附加服务向"产品-服务"包转变。完整的"包"（bundles）包括产品、服务、支持、自我服务和知识，并且服务在整个"包"中居于主导地位，是增加值的主要来源。随后的一些学者，如 Verstrepen 等（1999）、Robinison 等（2002）、Desmet 等（2003）、Lewis 等（2004）、Ward 和 Graves（2005）、Ren 和 Gregory（2007）在探讨服务化的问题时，大多沿用"servitization"这一术语。Verstrepen 等（1999）认为，制造业服务化就是在核心产品上增加附加的服务。Robinison 等（2002）认为，制造业服务化是包含了产品和服务的一个综合包。Desmet 等（2003）认为，制造业服务化是指制造企业采用越来越多服务在其提供的产品中。Lewis 等（2004）认为，制造业服务化是任何试图改变产品市场功能的策略。Ward 和 Graves（2005）认为，制造业服务化是制造商增加了提供的服务范围。Ren 和 Gregory（2007）认为，制造业服务化是一个转变过程，在这个过程中制造企业为了满足顾客的需求，获得竞争优势并提升公司绩效，以服务为导向，为顾客提供更多更好的服务。

2. servicizing

"servicizing"一词的使用者主要有 White 等（1999）、Tellus Institute（1999）、

Reiskin 等（2000）、Makower（2001）和 Toffel（2008）等。White 等（1999）认为，服务化是指以产品为基础的服务，这种服务的出现模糊了制造与传统服务活动的界限，同时指出服务化就是制造商的角色由产品提供者向服务提供者转变，是一种动态的变化过程。Tellus Institute（1999）认为，制造服务的出现使制造业和传统服务的区别变得模糊。Reiskin 等（2000）将企业服务化定义为制造企业从以生产实体产品为中心向以提供服务产品为中心的转变。该定义中制造企业被定义为服务提供商，而不是产品制造商，如 IBM 从大型机和个人电脑公司转变为信息服务公司，Xerox 从复印机制造商转变为文件处理公司均是较好的实例。Makower（2001）认为，服务化就是卖服务而不是卖产品；而 Toffel（2008）则认为，服务化是一种与传统销售模式相对应的业务模式，该模式具有四个特点：制造商向顾客出售的是产品的功能而不是物品本身；制造商保留它所生产的产品的所有权；顾客根据物品的使用情况向制造商付费；制造商维修产品而不向顾客收取费用。

### 3. tertiarization

Szalaberz（2003）将制造业服务化分为投入服务化和产出服务化，概括为两层含义：一是内部服务的效率对提升制造业的竞争力越来越重要，竞争力不仅来源于传统制造活动的效率，也来源于内部服务的有效组织和提供；二是与产品相关的外部服务对顾客来说复杂性和重要性日益提高，产品-服务包不仅包括维护和修理，还包括购买、融资、运输、安装、系统集成和技术支持。

### 4. PSS

关于 PSS 的诸多研究表明产品-服务系统与服务化密切相关（Goedkoop et al., 1999；Mont，2002；Meijkamp，2000；Manzini and Vezolli，2003；Baines et al., 2007，2010）。功能性产品被认为是一种特定类型的产品和服务的提供，凸显了服务化和 PSS 研究的相似之处（Tukker，2004），二者的许多原理都完全相同（Tukker and Tischner，2006）。Goedkoop 等（1999）认为 PSS 是将服务和市场联系起来，利用产品和服务市场化的组合满足用户的需要。在 PSS 中，产品和服务的比例可根据用户功能的需要而变。Mont（2002）认为 PSS 是一个与传统商业模式相比对环境影响更小的系统，是用来有竞争力的满足消费者需求的一套产品及服务的组合，由产品、服务、支撑网络和基础设施组成。Manzini 和 Vezolli（2003）认为 PSS 是一项创新战略，它把经济模式从仅关注产品生产和销售，转变为关注满足顾客需求的产品服务组合。Tukker 和 Tischner（2006）认为 PSS 是通过商业网络将产品服务一起提供给客户的一项特殊的价值概念。Baines 等（2007）认为 PSS 是通过产品服务集成的形式向用户提供产品的使用价值。

国外学者用四个不同的术语描述了制造业服务化的定义（表 2-1）。国内学者也提出了较多制造业服务化的相关定义（表 2-2），孙林岩等（2007）提出了服务型制造业的概念，指出服务型制造是为了实现制造价值链中各利益相关者的价值增值，通过产品和服务的融合、客户全程参与、企业相互提供生产性服务和服务性生产，实现分散化制造资源的整合和各自核心竞争力的高度协同，达到高效创新的一种制造模式，它是基于制造的服务，是为服务的制造。刘继国和李江帆（2007）指出，制造业服务化可以分为企业投入和产出的服务化，投入服务化是企业的中间投入从以实物要素为主向以服务要素为主的转变；产出服务化是指企业的产出从以实物产品为主向以服务产品为主的转变。夏杰长等（2007）从企业供给内容的角度，认为制造业服务化是制造企业从产品提供者向服务提供者转变的动态过程，制造企业不仅提供产品，更是提供产品、服务、信息支持和自我服务等元素的集合体。周艳春（2010a）认为制造业服务化是指制造企业以更好地满足顾客需求为导向，以实现企业的价值获取和竞争优势为最终目标，将价值链由以制造为中心向以服务为中心转变的动态过程。陈菊红等（2011）基于价值的视角提出了 PSS 设计过程是一个由定义价值、设计价值、传递价值三个相互关联的阶段组成的循环迭代过程。

**表 2-1　国外制造业服务化定义一览表**

| 服务化术语 | 作者 | 制造业服务化的典型定义 |
| --- | --- | --- |
| servitization | Vandermerwe 和 Rada（1988）；Verstrepen 等（1999）；Robinson 等（2002）；Desmet 等（2003）；Lewis 等（2004）；Ward 和 Graves（2005）；Ren 和 Gregory（2007） | 服务化是指制造商由仅仅提供产品或产品与附加服务向产品-服务包转变，完整的"包"（bundles）包括产品、服务、支持、自我服务和知识（Vandermerw and Rada，1988） |
| servicizing | White 等（1999）；Tellus Institute（1999）；Reiskin 等（2000）；Makower（2001）；Toffel（2008） | 服务化就是制造商的角色由产品提供者向服务提供者转变，它是一种动态的变化过程（Reiskin et al.，2000） |
| tertiarization | Szalaberz（2003） | 一是内部服务的效率对提升制造业的竞争力越来越重要，竞争力不仅来源于传统制造活动的效率，而且也来源于内部服务的有效组织和提供；二是与产品相关的外部服务对顾客来说复杂性和重要性日益提高，产品-服务包不仅包括维护和修理，还包括购买、融资、运输、安装、系统集成和技术支持（Szalaberz，2003） |
| PSS | Goedkoop 等（1999）；Meijkamp（2000）；Mont（2002）；Manzini 和 Vezolli（2003）；Tukker（2004）；Tukker 和 Tischner（2006）；Baines 等（2007） | PSS 是通过产品服务集成的形式向用户提供产品的使用价值（Baines et al.，2007） |

表 2-2　国内制造业服务化定义一览表

| 服务化术语 | 学者 | 制造业服务化典型定义 |
| --- | --- | --- |
| 服务型制造 | 孙林岩等（2007） | 服务型制造是制造与服务相融合的新产业形态，是新的先进制造模式，是为了实现制造价值链中各利益相关者的价值增值，通过产品和服务的融合、客户全程参与、企业相互提供生产性服务和服务性生产，实现分散化制造资源的整合和各自核心竞争力的高度协同，达到高效创新的一种制造模式 |
| 制造业服务化 | 刘继国和李江帆（2007） | 把制造业服务化分为两个层次：一是投入服务化，即服务要素在制造业的全部投入中占据着越来越重要的地位；二是产出服务化，即服务产品在制造业的全部产出中占据越来越重要的地位 |
| 制造业服务化 | 夏杰长等（2007） | 从企业供给内容的角度，认为是制造企业从产品提供者向服务提供者转变的动态过程，制造企业不仅提供产品，更是提供产品、服务、信息支持和自我服务等元素的集合体 |
| 制造业服务化 | 周艳春（2010a） | 其是制造企业以更好地满足顾客需求为导向，以实现企业的价值获取和竞争优势为最终目标，将价值链由以制造为中心向以服务为中心转变的动态过程 |
| PSS | 陈菊红等（2011） | 基于价值的视角提出了 PSS 设计过程是一个由定义价值、设计价值、传递价值三个相互关联的阶段组成的循环迭代过程 |

国内学者在国外研究的基础上对制造业服务化的概念进行界定。尽管使用的术语不相同，对制造业服务化强调的角度也有所区别，但总体来看，制造业服务化的内涵不断发展和完善，其内涵主要呈现以下几个特征：第一，强调制造业服务化是制造企业由提供产品向提供服务转变的动态变化过程（White et al.，1999；Ren and Gregory，2007）；第二，强调制造业服务化是制造企业内部功能的变化，由提供产品转变为提供产品和服务组合（Vandermerwe and Rada，1988；Reiskin et al.，2000；Lewis et al.，2004）；第三，强调制造业服务化是制造业与服务业的融合（Baines et al.，2007；Jergovic et al.，2011；Gebauer et al.，2012）；第四，服务要素是服务投入的主体，服务产品是服务产出的主体（Szalaberz，2003；刘继国和李江帆，2007）；第五，制造业服务化的目标是满足客户需求，实现价值创造和增值（Mont，2002；Manzini 和 Vezolli，2003）。

### 2.1.2　制造业服务化趋势

服务业和制造业的融合有助于制造业提升产业竞争力，成为制造企业实现升级和价值增值的主要途径（Baines and Lightfoot，2013），服务经济成为全球产业的发展趋势，制造业服务化成为当前全球制造业发展的趋势。

1. 制造企业提供的内容发生转变

Vandermerwe 和 Rada（1988）首先指出制造业服务化涵盖三大重叠性的阶段：一是产品或服务，即企业不是提供产品就是服务；二是产品和服务，即部分企业同时提供产品和服务，制造型企业会提供更多的服务，服务型企业则利用更多的产品来传递服务；三是产品、服务、支援和自助服务。White 等（1999）指出，制造业从产品提供者的角色转变为服务的提供者，服务化驱动交易型经济转变为服务经济，在服务经济下服务可划分为两大类：一是非物质性的服务；二是物质或产品导向的服务，包含产品延伸服务和产品功能服务。

有些学者甚至更加强调产品的服务功能，而非产品本身。White 等（1999）同时提出某些经济活动的价值创造和衡量渐渐以"功能提供"为主，对制造商而言，产品变成传达该功能的一项工具，产品本身并非目的，对顾客而言，功能才是评价支付价格的基础。Baines 等（2007）和 Toffel（2008）主张 PSS 强调的是"使用销售"而非"产品销售"。吴敬琏（2008）认为，现代制造业概念中最重要的是里面包含了大量服务的内容，甚至变成了主要内容。

2. 服务化产生了更高的附加值

学者们强调制造业服务化产生的高附加值是未来的趋势。Quinn 等（1990）认为价值的产生由过去来自生产流程的产品价值转变为服务创造的附加价值。服务与产品融合程度的加深有利于为客户带来更高的附加值（Vandermerwe and Rada，1988；Wise and Baumgartner，1999；Gebauer et al.，2005）。

3. 服务化在价值链上下游端移动

学者从价值链的角度出发，强调制造业服务化在价值链上下游端的移动。Wise 和 Baumgartner（1999）从价值链的角度切入，指出 20 世纪 90 年代末，许多成功的制造业公司渐渐往下游客户端移动。制造业除了专注于核心制造能力外，更要以"全产品生命周期"的概念来思考本身的营运范围。Davies（2003，2004）从企业提供"整合解决方案"的角度切入，强调制造企业可能同时往上游、下游移动，介入研发、设计、规划等上游阶段。

4. 服务化渗透到交易产生的每个阶段

学者也探讨了制造业服务化提供的阶段。Homburg 和 Garbe（1999）以交易发生与服务提供的阶段，将服务分为三种类型，即购买前的服务（pre-purchase）、购买时的服务（at-purchase）与购买后的服务（after-sales purchase）。

5. 强调服务化与客户之间关系的紧密互动性

Cohen 等（2000）指出，企业制定符合顾客需求的策略，可以提升顾客在售后服务的满意度。Oliva 和 Kallenberg（2003）认为，产品制造商必须整合服务到其核心产品，即服务与产品的系统整合，同时强调制造业服务化要改变与顾客的互动模式，从交易为主到关系为主，新的价值主张从产品效率为主的产品导向转变为顾客导向，不能从个别厂商的角度来思考问题，而必须考虑跨组织之间的关系，特别强调厂商和重要客户的共同发展。Kalliokoski 等（2003）则根据不同的顾客亲密度，提出制造业的最佳服务参考架构，区分五种不同的供应商地位/角色，进而强调共同创造的重要性。Baines 等（2007）分析过去 PSS 的相关研究，指出 PSS 的设计必须从客户的观点切入，关注顾客早期的涉入。

制造业服务化成为全球制造业发展趋势，具体表现如下：趋势一，制造企业从提供"产品"—"产品+服务"—"全面服务"—"整合解决方案"转变；趋势二，服务化成为制造企业高附加值的重要源泉；趋势三，制造企业服务化渗透到产品制造的每一个阶段；趋势四，制造企业服务化在产业价值链上游、中游、下游环节实现；趋势五，制造业服务化更加强调与客户关系的互动性。

## 2.2　制造业服务化驱动力

通过对现有的相关文献的分析，发现学者一般将推动制造业服务化的驱动因素归纳为四个方面，即经济驱动力、战略驱动力、市场驱动力（Wise and Baumgartner，1999；Oliva and Kallenberg，2003；Gebauer and Fleisch，2007）和环境驱动力（White et al.，1999；Mont，2001；刘继国和李江帆，2007）。

### 2.2.1　经济驱动力

Porter（1985）首先提出了价值链的概念，其认为价值链是指一个企业在进行设计、生产、营销、交货以及对产品起辅助作用的各种活动的集合，包括基本活动和辅助活动，通过实施价值链活动，可以实现自身和顾客增值。Porter（1985）强调的价值链活动包含了较多服务的内容，认为服务是企业利润和价值创造的重要源泉。Wise 和 Baumgartner（1999）、Gebauer 和 Fleisch（2007）等认为服务可以为企业带来较高的利润率和稳定的收入来源。对于具有高安装程度的制造商（如航空航天、机车和汽车制造商）而言，Wise 和 Baumgartner（1999）认为服务化能在产品生命周期不同阶段中增加新的营业收入来源。Slack（2005）指出，服务部门中常常存在更高收入的潜能。Ward 和 Graves（2005）强调许多现代复杂产品的生命周期在延长，如飞机，正在推动可观的收入向下游服务支持流动，这种产品-服务的组合往往对基于价格的竞争不太敏感，因此它们也往往比单独提供物质产品具有更高水平的盈利能力。最后，产品服务组合销售往往反周期或者对经济周期有更强的抵抗力，经济周期会影响投资和商品购买（Oliva and Kallenberg，2003；Gebauer and Fleisch，2007）。Oliva 和 Kallenberg（2003）认为服务通常比产品具有更高的利润，服务提供了更为稳定的收益来源，这有助于确保固定收入并平衡成熟市场和不利的经济周期的影响。服务比制造能够提供更多持续性的收入和更高的利润率，而所需的资产配置却较少（Davies et al.，2007）。Neely（2009）通过实证分析，发现整体上看制造业服务化企业的绩效比纯制造企业更具有营利性。

从国内外学者的研究情况来看，制造业服务化的经济效益是明显存在的，服务化能在产品生命周期不同阶段中增加新的营业收入来源，产品和服务相比，提供服务比提供产品能够获得更高更稳定的经济收益。

### 2.2.2　战略驱动力

战略驱动力在很大程度上与获取竞争优势有关。从获取竞争优势来看，Vandermerwe 和 Rada（1988）发现许多企业管理者把提供服务作为差异化的手段，通过服务可以使产品更有吸引力，使企业的产品与竞争对手的产品区别开来，增加企业的竞争优势，并认为制造商选择服务化策略的原因有三个，即为竞争对手设置壁垒、锁定顾客、提高差异化程度。较多学者（Mathieu，2001a；Gebauer and Fleisch，2007）考虑在日益商品化的市场中，基于产品创新、技术优势或低价的差异化策略正变得非常难以维护，因此，通过产品差异化增强产品的竞争力。服务的价值增值能够提高顾客价值，达到同质产品被视为定制产品的状态，这给竞争对手增加了壁垒（Mathieu，2001a）。制造企业利用服务元素侦制造提供产品差异化，并因此提供重要的竞争机会（Mathieu，2001a；Gebauer and Fleisch，2007）。由于服务是无形的，并且难以模仿。因而通过服务取得的竞争优势往往更加可持续（Oliva and Kallenberg，2003；Gebauer and Fleisch，2007）。此外，Robinison 等（2002）通过实证发现，在传统成本为导向的行业中，服务化战略是企业创造差异化竞争优势的重要手段。Mont（2002）认为通过服务可以在环境改变导致的生产和消费模式变化时保持竞争优势。Oliva 和 Kallenberg（2003）认为，服务具有难以模仿的特点，因而是竞争优势的持续来源。Baines 等（2007）认为通过服务获得的竞争优势通常具有持久性、不可见性、劳动力依赖性以及更难以模仿复制性，在所提供的物理产品的客户群难以扩大的情况下，制造企业只有提供服务才能在竞争中脱颖而出。

从国内外学者的研究情况来看，战略优势是制造业服务化的动力之一，制造企业以服务化作为难以模仿的重要手段（Oliva and Kallenberg，2003），将增强竞争壁垒、提高差异化程度（Vandermerwe and Rada，1988）并创造差异化竞争优势（Robinison et al.，2002）。

### 2.2.3　市场驱动力

从满足市场需求来看，Vandermerwe 和 Rada（1988）指出，服务化很大程度上受顾客需求的驱动。Vandermerwe 和 Rada（1988）、Oliva 和 Kallenberg（2003）、Slack（2005）认为，在 B2B 或者工业品市场领域的顾客对服务有越来越多的需求。Ren 和 Gregory（2007）认为，顾客导向、市场演变因素使制造业服务化趋势愈演愈烈，顾客需求的变化推动了中国的制造企业向服务转变。服务成分影响购买决策，而且评估服务成分的重要性在市场营销文献中一直是个持久的强调（Mathieu，2001a；Gebauer and Fleisch，2007）。他们认为制造商提供服务能够改善产品的接受程度、增进客户购买产品的意愿。Looy（2003）、Oliva 和 Kallenberg（2003）等认为随着经济的发展，顾客的需求发生了变化，从以产品为中心，转变到以产业所体现的服务或效用为中心，制造企业通过综合提供产品和服务更加符合顾客期望，从而能更好地满足需求。Vandermerwe 和 Rada（1988）认为服务能够创造顾客忠诚度，达到顾客依赖供应商的状态。Mathieu（2001a）认为服务往往会引起重复销售，而且通过加强与顾客接触的机会，服务还能使供应商做出正确定位以提供其他产品或者服务。

从国内外学者的研究来看，市场需求是制造业服务化的动力之一，市场竞争越来越激烈，顾客对服务的需求越来越多（Oliva and Kallenberg，2003；Slack，2005），制造企业通过综合提供产品和服务更加符合顾客期望，从而能更好地满足需求（Oliva and Kallenberg，2003）。

### 2.2.4　环境驱动力

还有部分学者的研究表明制造业服务化与环境因素之间的联系。White 等（1999）通过案例分析认为制造业服务化在多数情况下能够带来环境效益，综合而言，制造业服务化可以从原材料的使用、产品设计、产品使用和回收等生命周期的各阶段降低对环境的不利影响，带来环境效益，具体表现为如下三个方面：第一，服务化可以促进企业采用耐用原材料和设计，延伸产品的寿命，降低原材料和能源的消耗；第二，服务化可以促使企业改进产品的维护和操作方式，通过改进设计来优化产品的使用方式；第三，制造业服务化可通过回收活动降低废弃物对环境的影响。Fishbein 等（2000）也认为服务化模式下，制造企业以卖产品的功能或卖服务取代卖产品获得的收益，有利于耐用设备和产品的生产与使用，有助于改变以环境恶化为代价的经济增长方式。Mont（2001a）将 PSS 定义为由产品、服务、支持性网络以及基础设施组成的系统，这一系统在满足顾客需求的同时对环境产生尽可能小的影响。Mont（2004）认为服务延伸是生态效率提高的重要因素，通过附加服务（如升级和再造），产品生命延长，因而减少产品生产，进而带来环境效益。郭国泰（2012）研究了如何通过服务化来达到环境效益，实现永续发展，并认为五种服务属性能带来环境效益：①共享闲置资源；②优化产品使用与延长产品生命周期；③为客户承担产品责任与风险；④提供功能与成果；⑤实体产品虚拟化。另外，国内学者从生态角度探讨了投入服务化的环境效应。刘继国和李江帆（2007）认为服务化使企业投入更多耐用的材料，采取创新的设计来延长产品的使用期限，从而减少资源消耗，激励企业加强产品的维护和操作，完善设计，优化产品使用。陈艳莹和周娟（2009）针对基于产品导向的服务和基于结果导向的服务研究了制造业服务化，认为制造业服务化具有生态效益。

从国内外学者的研究情况来看，制造业服务化的环境效益是明显存在的。从产品的整个生命周期来看，服务化能在原材料采用、产品升级设计、优化产品使用功能、产品回收等各个阶段减少产品对环境造成的破坏，进而实现环境效益。因此，环境驱动力是制造业服务化的又一个动力源泉。

综上所述，国内外学者从经济、战略、市场和环境的角度分析了制造业服务化的驱动力（表 2-3）。也有部分学者将制造业服务化的驱动力划分为内部驱动力和外部驱动力，即内部驱动力包括获取竞争优势、获取经济收益和满足客户需求，外部驱动力包括客户需求、全球竞争加剧和全球价值链的转移。通过比较可以发现，内部和外部驱动力的内容与经济、战略、市场、环境驱动力的内容基本是重合的。简兆权和伍卓深（2011b）基于微笑曲线理论和产业链竞争的视角，认为制造业服务化的根本原因源自制造企业生存环境的变化，是制造业企业与生存环境不断动态融合发展的结果。企业生存环境的变化带来了企业两个方面的深刻变化：一是企业竞争环境的变化，一方面体现在全球竞争越来越依赖于整条产业链的竞争，产业链中心逐渐转向高价值的服务环节，基本类似制造业服务化的经济驱动力（Wise and Baumgartner，1999；Oliva and Kallenberg，2003；Gebauer and Fleisch，2007），另一方面则体现为对产业链地控制在企业竞争中变得空前重要，基本类似制造业服务化的战略驱动力（Oliva and Kallenberg，2003；Gebauer and Fleisch，2007；Gebauer et al.，2005）；二是消费环境的变化，主要体现在产品消费者的追求更加倾向于一种功能，而以往简单的实体产品已越来越难以满足消费者的需求，基本类似制造业服务化的市场驱动力（Vandermerwe and Rada，1988；Oliva and Kallenberg，2003；Slack，2005）。因此，可以认为对制造业服务化的驱动力从经济、战略、市场、环境来划分是科学合理的。

表 2-3 制造业服务化的驱动力

| 驱动 | 代表性学者 | 重点 |
|---|---|---|
| 经济 | Oliva 和 Kallenberg（2003）；Wise 和 Baumgartner（1999）；Slack（2005）；Ward 和 Graves（2005）；Gebauer 和 Fleisch（2007）；Davies 等（2007） | 服务化能在产品生命周期不同阶段中增加新的营业收入来源（Wise and Baumgartner, 1999），服务通常比产品具有更高的利润，提供了更为稳定的收益来源（Oliva and Kallenberg, 2003） |
| 战略 | Vandermerwe 和 Rada（1988）；Mathieu（2001a）；Gebauer 等（2005）；Mont（2002）；Gebauer 和 Fleisch（2007）；Oliva 和 Kallenberg（2003）；Szalaberz（2003） | 制造企业将服务化作为难以模仿的重要手段（Oliva and Kallenberg, 2003），增强竞争壁垒，提高差异化程度（Vandermerwe and Rada, 1988），创造差异化竞争优势（Robinison et al., 2002） |
| 市场 | Vandermerwe 和 Rada（1988）；Mathieu（2001a）；Looy（2003）；Oliva 和 Kallenberg（2003）；Slack（2005）；Ren 和 Gregory（2007）；Gebauer 和 Fleisch（2007） | 顾客对服务的需求越来越多（Oliva and Kallenber, 2003；Slack, 2005），制造企业通过综合提供产品和服务更加符合顾客期望，从而能更好地满足需求（Oliva and Kallenberg, 2003） |
| 环境 | White 等（1999）；Mont（2001, 2004）；刘继国和李江帆（2007）；陈艳莹和周娟（2009）；郭国泰（2012） | 服务化使企业投入更多耐用的材料，采取创新的设计来延长产品的使用期限，从而减少资源清耗，激励企业加强产品的维护和操作，完善设计，优化产品使用（刘继国和李江帆，2007） |

## 2.3 制造业服务化路径与模式

通过对相关文献的梳理发现，国内外学者对制造业服务化的模式和路径的研究存在重合的地方，有些学者将模式和路径作为同样的问题来研究。本章研究认为，制造业服务化的路径和模式应该有所区别，首先必须要界定清晰路径和模式的概念，其次在此基础上梳理有关路径和模式的前期研究成果。现代汉语词典对路径的定义是"道路"和"门路"，指如何到达目的地，强调实体移动的方向与路线；而对模式的定义则是某种事物的标准形式或使人可以照着做的标准样式。因此，本章研究认为路径强调一个动态的变化过程，而模式强调可供参照的标准。通过对前期有关制造业服务化路径和模式研究的相关文献进行整理，发现学者运用了不同的词汇，包括"活动"、"角色"、"阶段"、"层次"、"路径"、"战略"和"模式"等多个术语。根据相关术语的含义及学者提出的内容，本章研究将"阶段"和"路径"归纳为制造业服务化路径的相关研究，将"活动"、"层次"、"战略"和"模式"等术语归纳为制造业服务化模式的相关研究。

### 2.3.1 制造业服务化路径

关于制造业服务化的路径，学者从制造业服务化的发展现状及未来方向提出了自己的见解。国内外很多学者分析了制造业服务化的演进"阶段"和"路径"，部分学者分析 OEM 企业转型升级的"阶段"。

### 1. 制造业服务化演进的阶段

国外学者对制造业服务化阶段的研究较早，Vandermerwe 和 Rada（1988）将制造企业服务化的过程分为三个阶段，即制造企业仅提供产品阶段、制造企业提供产品和附加服务阶段、制造企业提供产品和服务构成的产品-服务包阶段，第一阶段仅提供产品，制造商将注意力集中于生产高质量产品，第二阶段制造商提供的典型的附加服务就是售后服务，如产品安装、维护和修理，但服务是伴随产品的服务，第三阶段，服务才被看做提供内容的重要组成部分，由产品和服务构成完整的解决方案。White 等（1999）提出服务化演进的四阶段，即产品提供阶段、产品和附加服务阶段、产品-服务包阶段、基于产品的服务或功能阶段，前三阶段与 Vandermerwe 和 Rada（1988）的观点基本相同，但 White 等（1999）认为基于产品的服务或功能阶段才是制造业服务化演进的最后阶段。Fishbein 等（2000）提出制造业服务化的"产品-服务连续区"（product-service continuum）理论，具体的演变历程包括卖产品、卖产品及附加服务、资本性租赁、维护性租赁、租赁及附加服务、卖功能、卖服务，这些历程反映了制造企业从卖实体物品到向顾客提供服务的一系列制造业服务化状态。Oliva 和 Kallenberg（2003）提出制造业服务化转型流程分为四个阶段：一是构建与产品相关联的服务。二是进入产品销售累积的服务市场。三是增加销售累积服务的提供，一方面改变与顾客的互动模式，从交易为主到关系为主；另一方面，改变价值主张，从产品效率为主的产品导向转变为顾客导向。四是接管最终使用者的营运，即进入最终使用者的维修或营运服务。何哲和孙岩林（2012）认为，根据服务活动在制造企业中的融入程度，制造企业服务化的过程大致可以归为服务起步、制造+服务、网络构建及服务型制造四个阶段。第一阶段——企业通过延长服务链，初步从销售产品转为销售解决方案，增加服务在收入中的比重，开启服务化；第二阶段——制造+服务阶段，企业逐步实现"产品+服务"的经营模式，服务收入占比总收入的 50% 左右；第三阶段——网络构建，企业开始着手构建或者融入服务型制造的网络系统，服务的比重进一步提高；第四阶段——企业的服务网络构建完善，主要利润来自于服务解决方案，一切活动都致力于满足顾客的服务需求，企业真正实现服务型制造。

### 2. OEM 企业转型升级的阶段

国内学者近年开始对 OEM 企业的发展路径有所探讨。杨桂菊（2010）构建了我国 OEM 企业转型升级的理论模型，并指出我国 OEM 企业转型升级的演进路径是从 OEM 依次延伸到原始设计制造商（original design manufacture，ODM）

阶段和 OBM 阶段，最后达到国际品牌阶段，还指出 OEM 企业转型升级的过程，即是代工企业在"核心能力"不断升级（降低其可替代程度）的基础上，扩展其"价值链活动"范围（提升其价值增值程度）的过程。我国制造企业目前大多从事 OEM 服务，因此，OEM 企业的发展阶段可以看做符合制造企业服务化的演进阶段。

### 3. 制造业服务化转型的路径

简兆权和伍卓深（2011a）基于微笑曲线的观点，以价值链为研究对象，着眼于服务化过程中企业价值链延伸的过程，指出具有不同能力和特点的制造企业可以依循下游产业链服务化、上游产业链服务化、上下游产业链服务化和完全去制造化四条路径实现服务化。刘建国（2012）建立了由"企业转型-转型模式-服务类型-产品服务系统"组成的制造业服务化转型体系结构，认为服务化转型的不同路径是由企业价值链和 PSS 的差异所致，企业应在核心能力和竞争优势的基础上实现服务化转型。周大鹏（2013）提出制造业发展的三种可能路径：一是以制造业务为主；二是进行制造服务的产业融合；三是以提供服务为主。并且在有形价值和知识价值的不断积累下，产业发展呈阶段性螺旋式上升。Raddats 和 Easingwood（2010）指出服务化演化的三条路径如下：路径 A 是从自有产品的附属服务到自有产品服务或第三方产品的附加服务；路径 B 是从自有产品的附加服务到自有产品的营运服务；路径 C 是从自有产品的营运服务到多方供应商的营运服务。邱文宏等（2015）针对中国台湾地区企业的研究发现，制造业服务化中多数企业先以产品导向的跨业或本业服务化开始，再逐步向顾客导向的本业深化服务。该服务化路径在 Raddats 和 Easingwood（2010）的研究中未有提及。

综合来看，针对制造业服务化的发展历程，学者分别从发展阶段、路径和途径等进行了研究，普遍认为企业应基于核心竞争力和优势选择合适的制造业服务化路径。本书在相关文献的基础上，将制造业服务化的路径概括为从仅提供产品到服务附属于产品、产品+服务、产品与服务融合、服务独立产品的功能服务四个阶段（图 2-1）。制造业服务化各阶段是服务比重逐渐增加和完善、企业的核心能力和服务能力不断提升、价值链范围不断扩大和服务附加值不断增值的过程。第一阶段，制造企业开始伴随产品提供"产品附加服务"，仍被称为产品提供商，其典型是提供售后服务，服务只产生较低附加值。该阶段与 Vandermerwe 和 Rada（1988）、White 等（1999）提出的第二阶段观点基本相同。第二阶段，制造企业提供"产品+服务"，但仍以产品为主，被称为产品+服务提供商，服务产生的附加值比重明显高于第一阶段，大约能达到 30%，因而具有中等的附加值。第三阶段，制造企业将产品和服务进行融合，产品和服务密不可分，被称为服务制造商，服务附加值的比重进一步提高，至少能够达到 50%，该阶段类似于 PSS。第四阶段，制造企业已经独立于产品生产，提供整合性解决方案，被称为解决方案提供商，主要利润来源于整合解决方案提供的服务，服务产生的附加值最高。

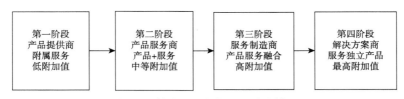

图 2-1　制造业服务化的四阶段模型

## 2.3.2　制造业服务化模式

关于制造业服务化的模式，国内外学者分析了制造业服务化的"活动"、"策略"、"层次"、"战略"和"模式"等，都可以看做制造业服务化模式的研究基础。

1. 制造业服务化的活动和策略

Ren 和 Gregory（2007）将制造业服务化分为售前活动、设计与制造、售后活动和其他活动四种类型，售前活动主要以提供解决方案、企业顾问以及财务管理等为主，设计与制造包含制造服务和系统整合等，售后活动包括产品支持、效益合约、运营管理和扩张 OEM 活动，其他活动包括销售渠道、企业知识和便利的服务团队提供等。Gebauer（2008）认为，制造业服务化有四种策略，即售后服务提供者（ASPs）、顾客支持提供者（CSPs）、外包合作伙伴（OPs）和发展合作伙伴（DPs）。售后服务提供者，企业主要关注服务的成本领先以及保证服务产品满足顾客需要的特定功能；顾客支持提供者，企业通过对某服务产品的投资和服务的足够差异化向市场提出价值主张；外包合作伙伴，企业结合服务的成本领先和差异化向顾客提供具有很强价格吸引力的操作性外包服务；发展合作伙伴，企业向顾客提供研发等服务以使顾客从企业的发展能力中获益。

2. 制造业服务化发展的层次

刘继国和李江帆（2007）通过对制造业服务化内涵的梳理，认为制造业服务化可划分为投入服务化与产出服务化两个层次，投入服务化，属于制造业的投入，企业的投入从以实体要素为主转为服务要素为主，服务的投入决定制造业的竞争力；产出服务化，属于制造业的产出，制造者向顾客提供服务产品，服务产品满足顾客需求，并为业者带来丰厚利润，是制造者竞争优势的来源。

3. 制造业服务化的战略类型

Boyt 和 Harvey（1997）提出基本服务、中等服务和复杂服务三类服务战略，基本服务与经常购买的产品有关，但不是顾客使用功能所必需的；中等服务是与产品使用有关的服务，如设备修理和租用等；复杂服务是指更高级的服务水平和顾客期望的服务，如咨询、设计和个性化服务等。Mathieu（2001a）基于本身服务的性质，提出三种制造业服务，即顾客服务、产品服务和服务产品，同时基于组织强度的角度提出隐性、战略性和文化性三个层次的服务。隐性服务是在产品市场中融入特定的服务行动，对企业整体的影响有限，如扩展产品保修；战略性服务为企业的投资组合注入了关键的竞争力，但不改变企业的使命，如新的技术支持服务；文化性服务重塑了企业的使命，如重新定义企业作为服务组织而不是产品组织。Mathieu（2001b）提出两种服务的类型，即产品支持服务和顾客支持服务。

### 4. PSS 的模式

Mont（2004）提出 PSS 的三大分类：①产品导向，提供额外的服务给产品，如咨询、维修、退换等，与 White 等（1999）提出的产品延伸服务类似；②使用导向，交易的标的是功能而非产品本身，如租赁和共享的服务，与 White 等（1999）提出的产品功能服务类似；③结果导向，确保顾客的满意度，与 Davies（2004）提出的整合解决方案类似。Tukker（2004）建立了一个产品服务范围模型，扩展了以上三种 PSS 分类，认为从纯产品到纯服务的范围内包括八个 PSS 子类别，产品导向包括产品管理服务、建议和顾问服务，使用导向包括产品租赁、出租和共享产品池，结果导向包括活动管理、付费服务和功能结果。Neely（2009）在以上三种 PSS 分类基础上提出五种 PSS 模式：①整合导向，向下游延伸垂直整合附加服务，如零售与分销、金融服务、咨询和物流服务等；②产品导向，提供和产品直接相关的附加服务，如设计与开发、安装和实施、维修保养、外包运营、采购服务等；③服务导向，将服务融入产品并作为产品本身的一部分提供给顾客，如智能管理；④使用导向，关注通过产品提供服务，产品所有权在服务提供方，如租赁和共享；⑤结果导向，服务替代产品，成为纯服务企业，顾客既不拥有产品也不直接使用产品，只需要产品或服务的功能，如语音信箱服务。刘建国（2012）依据制造企业服务化程度和企业竞争优势的重点是基于产品还是服务的区别，总结了 PSS 的四种类型：①面向产品的 PSS（product-oriented PSS，PPSS）。企业以传统方式销售产品，将产品所有权转让给顾客，同时为客户提供相应的服务。在面向产品的 PSS 中，企业只是单纯的产品生产者和提供者，竞争的重点是产品而不是服务，具有最低的服务化程度。②面向方案的 PSS（scheme-oriented PSS，SPSS）。企业在有形产品的基础上增加服务功能，但不转让产品的所有权。在面向方案的 PSS 中，虽然产品仍旧是企业竞争优势的基础，但服务已成为非价格营销的重要手段和收入的重要来源。③面向应用的 PSS（apply-oriented PSS，APSS）。

企业将产品在一定时期内的使用权及相关支持服务出售给顾客，但不完全转让产品的所有权。顾客通过购买产品在一定时期内的使用权和相关的支持服务实现其效用。在面向应用的 PSS 中，竞争的重点进一步转向服务，增值性服务成为收入的主要来源。④面向效用的 PSS（utility-oriented PSS，UPSS）。企业直接向顾客提供产品的功能或解决方案，顾客既不拥有产品也不直接使用产品，而是通过购买产品和服务的功能获得效用。在面向效用的 PSS 中，企业提供给顾客的是几乎没有产权的转让，竞争的焦点也从产品转向服务，具有最高服务化程度。

### 5. 制造业服务化模式

首先，强调服务化在价值链上的延伸。Wise 和 Baumgartner（1999）从价值链角度分析成功的制造服务化模式，将服务的范围延伸至下游端客户，下游端的服务模式包括四类：一是嵌入式服务，将新的数字内容建于产品中，如智慧型产品；二是全面性服务，在产品的生命周期间，提供融资、营运、维修等服务；三是整合解决方案，结合产品与服务的无缝隙服务；四是通路掌握，进入顾问的领域，掌握具获利性的通路活动。安筱鹏（2012）提出制造企业服务化四种模式，即基于产品效能提升的增值服务、基于产品交易便捷的增值服务、基于产品整合的增值服务和从基于产品的服务到基于需求的服务，前三种模式的出发点是基于有形产品的研发设计、产品交易和功能提升，属于制造业服务化的初级阶段。从基于产品的服务到基于客户需求的服务转型才是制造业服务化的高级阶段，企业不再是产品提供商，而是解决方案提供商。

其次，强调提供整合解决方案。Davies（2004）提出整合解决方案的概念，强调制造企业需要同时往上下游移动为客户服务,介入规划设计的上游阶段服务，才能符合客户需求，制造业者转型为整合解决方案的服务业者须具备四项能力：一是系统整合，这是主要的核心能力，包含硬件与软件的整合；二是营运服务，即五星的服务；三是企业顾问，即提供相关问题的建议；四是卖方融资，以价值共享合约的形态降低买方的购买价格。Brady 等（2006）强调企业进入整合解决方案必须发展新能力，包括系统整合、运营服务、企业诊断服务、卖方财务设计，企业需要设立新的组织形态，并且呈现三种类型：①前台面对顾客的机构；②后台能力提供者，产品和服务单位；③策略中心，致力于发展战略、组织结构和品牌，并促成前台和后台合作。

再次，强调提供产品或服务的组合。Livesey（2006）根据服务提供和生产制造成本收益的比重将制造业服务化分为四种类型：①服务领导的生产者，向顾客提供重要生产服务；②服务制造商，几乎没有生产活动，以服务创造价值；③产品制造商，无服务提供，仍以生产制造产品获取收益；④系统整合者，掌握顾客的通路并管理一个外部生产网络。Toffel（2008）研究了两大制造服务形态，突出相关定价模式和营收模式的转变：一是制造-用户服务化，制造商外包部分流程给上游供应商；二是顾客-用户服务化，以组合型租赁概念为主，还包含了单位定价结构、全面性保养、维修和服务等，Toffel（2008）认为服务化是一种与传统销售模式相对应的业务模式，该模式具有四个特点，即制造商向顾客出售的是产品的功能而不是产品本身；制造商保留它所生产产品的所有权；顾客根据产品的使用情况向制造商付费；制造商维修产品而不向顾客收取费用；制造业服务化可归纳为三大发展模式，即产品延伸服务模式、产品功能服务和整合解决方案（表 2-4）。产品延伸服务（也称产品导向）模式，厂商的基本定位仍然是制造者，基于原本的核心供应链或价值链地位向上或向下延伸运营范围，进而提供产品延伸服务（White et al.，1999；Mont，2004），如 ICT 业者由 OEM 转变为 ODM；产品功能服务（也称使用导向），产品的所有权仍在制造者端，制造者提供产品功能，顾客买的是产品的功能而非产品本身，如租赁或共享的概念（White et al.，1999；Mont，2004）；整合解决方案（也称结果导向），制造者提供的是一整套解决方案或结果，涵盖服务、产品和系统等三大要素（Mont，2004；Davies，2004）。

**表 2-4　制造业服务化的模式**

| 模式 | 重点 | 代表性作者 |
| --- | --- | --- |
| 模式一：产品延伸服务/产品导向（product extension service/product-oriented） | 厂商的基本定位仍然是制造企业，但基于原本的核心供应链或价值链地位向上或向下延伸运营范围，进而提供产品延伸服务 | White 等（1999）Mont（2004） |
| 模式二：产品功能服务/使用导向（product function service/user-oriented） | 产品的所有权仍在制造企业，制造企业提供产品功能，顾客购买产品的功能而非产品本身，如租赁或共享的概念 | White 等（1999）Mont（2004）Toffel（2008） |
| 模式三：整合解决方案/结果导向（integrated solution/result-oriented） | 制造企业提供的是一套解决方案或结果，可能涵盖服务、产品和系统三大要素，以回应顾客的需求并确保顾客的满意度 | Mont（2004）Davies（2004） |

资料来源：根据相关文献整理

最后，从二维组合角度分析制造业服务化模式。Raddats 和 Easingwood（2010）认为制造业服务化的运营模式可由多元供应导向的服务（关注本企业/其他企业）与产品/顾客导向的服务两个面向所组成的四种服务模式来表达：①自有产品的附加服务（以产品为导向、关注本企业），如安装、维修、培训等；②自有产品服务或第三方产品的附加服务（以产品为导向、关注本企业和其他企业），如安装、维修、培训等；③自有产品的营运服务（以顾客为导向、关注本企业），如管理服务等；④多方供应商的营运服务（以顾客为导向、关注本企业和其他企业），如系统整合、技术价值服务等。Raddats 和 Kowalkowski（2014）在 Raddats 和 Easingwood（2010）提出的四种服务类型的基础上，归纳三种类型的服务提供和服务战略，服务提供类型包括产品附加服务、自有产品运作服务和独立供应商运作服务；三种服务战略包括服务怀疑者、服务实用者和服务推崇者，服务怀疑者认为服务不能创造差异性，并不提供任何类型的服务，服务实用者认为服务是创造产品差异性的关键因素，只提供和产品关联的服务，服务推崇者认为服务能创造产品差异性和实现服务主导的成长，会选择提供三种类型的服务。邱文宏等（2015）将产品延伸服务（White et al.，1999；Mont，2004）和产品功能服务（White et al.，1999；Mont，2004；Toffel，2008）称为服务化深度较低者的产品导向服务化，将整合解决方案（Mont，2004；Davies，2004）称为服务化深度较高的顾客导向服务化，并将制造服务化模式从本业/跨业服务（广度）和产品/顾客导向服务（深度）两个维度形成服务化的四种模式：①本业增值性服务化，基于本业或相关产业以产品为导向提供服务；②本业差异性服务化，基于本业或相关产业以客户为导向提供服务；③跨业开拓性服务化，基于跨业或非相关产业以产品为导向提供服务；④跨业整合性服务化，基于跨业或非相关产业以客户为导向提供服务。

## 2.4　制造业服务化绩效

　　制造企业受到经济、战略、市场和环境多方面的驱动，通过实施制造服务化战略提升竞争力、顾客满意度和增强经济收益（Vandermerwe and Rada，1988；Wise and Baumgartner，1999）。但制造企业从制造转向实施服务化却面临着不可避免的挑战，由于面临转型的困难，制造商并不能达到服务化的期望结果（Fang et al.，2008），部分学者称为"服务化悖论"的存在（Gebauer et al.，2005，2012）。

　　Vandermerwe 和 Rada（1988）等早期学者认为，服务与产品融合程度的加深有利于提升企业竞争力，为企业带来经济效益（Wise and Baumgartner，1999；Gebauer et al.，2005），尽管较多研究认为制造业服务化能够为企业带来经济效益和竞争优势，但也有研究表明与服务化相关的挑战可能导致整体绩效的下降，也就是所谓的"服务化悖论"（Gebauer et al.，2005，2012）。目前学术界关于制造业服务化对绩效的影响并不清楚，国外学术界一直在探讨制造业服务化对企业绩效的影响，但实证研究还较少，这些为数不多的实证研究还呈现了不同的结论，表明制造业实现服务化存在着困难（Neely，2009；Fang et al.，2008；Suarez et al.，2013；Kohtamäki et al.，2013；Kastalli and Looy，2013）。国内也有部分学者用实证的方法研究制造业服务化与企业绩效的关系，也呈现出了不同的结论（陈洁雄，2010；肖挺等，2014b；李靖华等，2015）。

Neely（2009）首次用实证的方式探讨了服务化与企业经营绩效的关系，采用OSIRIS 数据库中 25 个不同国家的 10 028 家制造企业作为研究样本，将制造业服务化战略分为整合导向的 PSS、服务导向的 PSS、产品导向的 PSS、使用导向的PSS、结果导向的 PSS 五种类型，通过制造企业服务化的数量衡量了制造企业服务化的程度，发现服务化战略的采用与企业规模和地区经济发达程度有密切的关系，服务化的制造企业在销售收入方面比传统制造企业高，但利润却比传统企业低，而且服务化的制造企业破产的比率比预想的高，在 216 家宣布破产的公司中，制造服务化的公司比重高达 52.31%（113 家），研究结论验证了"服务化悖论"（Neely，2009）。

大部分研究认为服务化和企业绩效之间存在"U 形"关系，即一旦服务化达到某个临界值并只有服务化达到该临界值时，服务化和绩效之间的正向结果才会再次出现（Fang et al.，2008；Suarez et al.，2013），Fang 等（2008）对软件行业企业服务转型战略和企业价值之间影响的研究发现，企业服务转型对企业价值的影响在初期保持相对平稳或负面的作用，当企业的服务收入达到临界点后，服务化具有越来越多的积极作用；Suarez 等（2013）选择涵盖西欧、北美、亚太、拉美、非洲和中东地区的 44 个子公司的数据研究结果发现企业服务化与盈利能力下降有关，但当服务化程度达到某个临界点时，附加的服务开始对公司的整体利润产生积极的边际效应。服务化对企业绩效产生先抑后扬的作用，这种服务化与企业绩效之间的关系被称做"U 形"关系。Kohtamäki 等（2013）也发现一个类似的服务提供和销售增长的"U 形"关系。Kastalli 和 Looy（2013）揭示了服务化与制造企业绩效之间正向的非线性关系，即初始服务化水平会导致企业绩效的急剧增加，但在之后一段时间内绩效会随着服务化水平的上升而相对下降，当服务化水平上升到一定水平时，企业绩效会再次上升，这种服务化与企业绩效之间的正向非线性关系被称为"马鞍形"。

陈洁雄（2010）选取 OSIRIS 数据库 2008 年中国和美国上市的装备制造、汽车、家电以及电子信息等制造企业为对象，以厂商开展服务业务的数量作为服务化指标，选取净资产收益率（rate of return on common stock holders' equity，ROE）和总资产收益率（return on total assets，ROA）、企业的人均利润（average profit，AVPROFIT）作为企业经营绩效的变量，将公司规模、资产负债率、第一大股东持股比例、行业因素作为控制变量，对中美两国的制造企业服务化对企业经营绩效影响的实证研究发现：中美制造企业主要存在八种服务化形式；中国企业的服务化程度以及服务的资本、知识和技术强度低于美国；中国企业的服务化对其经营绩效存有显著的"倒 U 形"关系，而美国企业只有显著的正向线性关系。肖挺等（2014）选择 OSIRIS 数据库 2003~2011 年中国部分制造企业以及部分沪深两市上市的制造企业为研究对象，分行业分析服务化困境问题。制造企业的绩效采用净资产收益报酬率衡量，服务化程度采用主营业务外收入占企业总资产值的比重衡量，产业竞争强度、企业规模作为控制变量，将中国制造企业服务化与企业绩效的影响分为四个行业进行实证研究，结果表明四个分行业的"服务化-绩效"曲线都出现了服务化困境的谷底拐点，但不同的是，纺织品和食品饮料加工行业呈现"U 形"，而电子信息设备制造和交通工具制造行业呈现"马鞍形"。李靖华等（2015）选取 CSMAR 数据库等的中国 518 家制造企业作为研究对象，实证分析服务化困境问题。制造业服务化程度由服务数量和服务深度相结合加权，企业绩效采用净资产收益报酬率来衡量，将公司规模、资产负债率、第一大股东持股比例、企业主营销售利润率作为控制变量，研究结果表明：服务化程度与企业经营绩效呈"马鞍形"曲线关系，当制造企业初步实施服务化时，企业绩效有小幅度的上升，但当服务化程度进一步加深时，企业绩效不增反降，直至企业服务程度再进一步加深，企业绩效才又呈现正向上升趋势，并进一步从社会文化环境角度讨论了中国制造服务化困境形成的原因，提出了选准服务化时机和提升心理准备、促进文化转型、坚持服务化投入等管理建议。

从以上的研究可以得出以下几个结论：①关于制造业服务化程度对企业绩效的影响关系的实证研究还较少，并且已有研究呈现几种不同的结论，包括正相关线性关系、"U 形"、"马鞍形"及"倒 U 形"等，这些研究结果证实了"服务化悖论"是制造业服务化的现实问题。②服务规模增长和企业绩效之间存在积极的、非线性的关系，研究者基本认可服务化可以为制造企业带来长期的竞争优势。③我国和西方发达国家的制造企业发展情境不同，制造企业服务化对企业绩效的影响也不完全相同，另外，不同的制造行业服务化程度对企业绩效的影响呈现的结果也不同。④制造服务化与企业绩效的研究一直受困于对相关变量的测量，其中服务化程度和服务化绩效的测量间也存在不同的标准，如服务化程度包括采用服务化的数量、服务化数量和深度相结合、主营业务外收入占企业总资产值的比重等的测量，企业绩效采用净资产收益报酬率、总资产收益率、企业人均利润等来衡量。⑤研究文献大都采用上市公司（OSIRIS 数据库）的财务数据，通过对服务化程度与企业财务绩效之间的关系做统计分析，得出两者之间的关系类型。但这些研究将二手数据（上市公司财务报表数据）作为服务化的绩效，并且将上市制造企业的服务业务数量作为企业服务化程度，其衡量指标的真实性还值得检验。随着服务经济的到来，制造企业的服务化趋势不可逆转，我国制造企业需要在企业文化方面从"制造文化"向"服务文化"转型（陈洁雄，2010），选准服务化时机，提升心理准备，坚持服务化投入（李靖华等，2015）。因此，科学的界定制造业服务化程度和企业绩效的测量标准，根据制造企业服务化实践深入分析不同地区、不同规模和不同制造行业服务化与企业绩效之间的关系，将有助于补充和深化现有的相关研究理论，并为我国制造企业服务化提供理论和实践指导。

# 2.5　制造业服务化的影响因素

制造业服务化绩效的研究指出了"服务化悖论"的存在（Gebauer et al., 2005，2012；Neely，2009），认为制造企业服务化与企业绩效曲线关系动态变化，不同情境下制造业服务化对企业绩效的影响不同，服务化要投入一定程度才能够产生服务化效益（Fang et al., 2008）。因此，有部分研究开始关注制造企业服务化获得企业绩效的边界条件，这类研究认为制造企业服务化对制造企业绩效的改善是存在条件性的，即存在获得服务化绩效的关键影响因素。当前有关制造业服务化影响因素的研究已经有了一定的成果，主要集中在几个方面：一是考虑环境和组织因素对制造业服务化的影响；二是考虑不同服务化类型对制造业服务化的影响；三是考虑企业战略对制造业服务化的影响；四是其他因素对制造业服务化的影响。

## 2.5.1　环境和组织因素对制造业服务化的影响

部分学者研究环境因素或组织因素对制造业服务化的影响，其中一部分研究考虑外部环境因素对制造业服务化的影响。Turunen 和 Finne（2014）从组织生态学的理论出发，分析行业层面上的运作环境对制造企业服务化的影响，提出群体密度、竞争群体、资源依赖、制度关联、技术创新和法律政治压力对组织进入服务化和退出服务化影响的概念模型。解释了内生外生的组织环境的不同方面对服务供应的影响，其中资源和技术既是内生的，也是外生的影响，群体密度是内生影响，竞争群体、制度关联和政治法律压力则是外生影响，这六个方面的影响可作为未来实证调查和分析的基础，并且影响制造业服务化的因素可能存在这六方面以外的环境因素。李海涛（2014）研究了市场环境与网络技术的影响下的制造企业服务增强与企业绩效关系，将市场环境要素分为环境波动性与竞争强度，将网络技术要素分为信息共享水平和网络化水平。研究结果显示，存在"服务增强导向—服务增强实践—企业绩效"这个链式关系；制造企业面临的市场环境要素对制造企业服务增强实践与企业绩效之间的关系具有部分的调节作用；制造企业面临的网络技术要素对制造企业服务增强导向与实践之间的关系部分有显著的调节作用，而制造企业面临的网络技术要素对制造企业服务增强实践与企业绩效之间的关系也具有部分的调节作用。

部分学者则关注组织因素对制造业服务化的影响。Neely（2009）将企业规模作为自变量引入来研究制造业服务化对企业绩效的影响，结果发现，对于小型的服务型企业而言，其盈利能力往往要高于纯制造企业；而对于大型的服务型企业而言，其销售收入要高于纯制造企业，但盈利能力却低于纯制造企业。他认为其中的原因是大型服务型企业不得不支付比纯制造企业高得多的劳动力成本和劳动资本，使通过服务所获得的收益难以弥补这种高昂的投入。姜铸等（2014）构建"组织柔性—服务化程度—企业绩效"概念模型，研究结果表明，组织柔性对服务化程度和企业绩效有正向影响；服务化程度在结构柔性、人员柔性、资源柔性、文化柔性影响企业绩效的过程中起部分中介作用；在创新柔性影响企业绩效的过程中起完全中介作用。Bustinza 等（2015）研究认为组织结构和价值链定位是服务化效益的关键影响因素，专业服务结构或外部合作者发展先进服务有助于实现差异化优势，企业向价值链上游延伸可通过服务化战略提供差异化和顾客满意从而产生更高的绩效，而向下游延伸可通过顾客满意度来获得高绩效。因此，企业通过服务化战略实现顾客满意和差异化，而组织结构和价值链定位将影响服务竞争优势。

还有部分学者则同时关注环境因素和组织因素对制造业服务化的影响。刘继国（2008）从投入服务化战略的维度，提出环境因素和组织因素对投入服务化战略的影响，通过服务化战略进而影响企业绩效。投入服务化战略的维度包括服务要素的数量、服务要素的成本和对服务要素的重视程度；环境因素包括资源约束、市场波动和技术波动；组织因素包括高层管理者重视、员工文化程度和组织专业化分工；企业绩效包括企业创新能力和企业生产效率。研究结果表明，制造业企业采取投入服务化战略，是资源约束、市场波动和技术波动等外部环境因素和高层管理者态度、员工文化程度、组织专业化分工等内部组织因素共同作用的结果。同时，投入服务化战略一方面可以增强企业的创新能力；另一方面可以提高企业的生产效率。周艳春（2010）从环境因素及员工素质、品牌和企业规模等内部组织因素来考察中国转型经济背景下制造企业服务化战略的关键影响因素。研究发现，员工素质、品牌和企业规模与服务化战略正相关，而环境动态性对服务化战略的影响不显著，但对服务化战略与企业市场绩效之间的关系却产生了显著的调节效应。行业差异对服务化战略具有一定的正向影响，区域差异对服务化战略影响不显著。綦良群等（2014）归纳影响我国装备制造业服务化的环境因素和组织因素，环境因素中的产业竞争强度、技术进步因素、服务经济发展、资源约束均对装备制造业服务化有显著促进作用，而政府政策和制度对装备制造业服务化有负向影响。组织因素中影响最为显著的是高层管理者管理水平、员工构成与组织专业化程度。

### 2.5.2　服务化类型对制造业服务化的影响

一部分学者研究了制造企业实施不同服务化类型对服务化战略的影响。周艳春（2010b）讨论了服务化战略对企业绩效的影响，将自变量服务化战略分为服务化战略的程度、服务化战略的类型和服务化战略的模式，研究了服务化程度和产品导向、整合导向、服务导向、使用导向四种类型和"产品+附加服务""增值服务""整体解决方案"三种服务化模式对企业绩效的影响。研究结果表明，服务化战略的程度及三种服务化战略的模式都对企业的市场绩效表现出了积极的正向影响，而对企业财务绩效的影响却不够显著，较高端的服务化战略模式，如增值服务模式、整体解决方案模式，甚至对财务绩效表现出了一定的负向影响。该研究认为服务化战略对企业的市场绩效产生积极的正向影响。而对财务绩效没有积极正向影响，说明服务化战略密切了企业与顾客的关系，对市场绩效往往能起到立竿见影的效果；而企业资源和能力的巨大挑战决定了其对财务绩效的影响必将是一个长期的过程，短期内不可能很快见效，甚至还会因为服务投入的大量增加，短期内所获得的收益难以弥补成本的迅速上升，而对财务绩效产生负向的影响。以上研究表明，不同的服务化类型对服务化战略的影响不同，对企业市场绩效和财务绩效的影响也有区别。

部分学者探讨了服务化类型与产品相关性对制造业服务化的影响。Fang等（2008）从竞争优势的角度来解读服务化对企业绩效影响的问题，认为企业如果自行开展一些与产品相关的配套服务，那么原有所依托的服务商的专业化优势就会逐步丧失，进而甚至会影响到公司的市场价值。因此，提供的服务与企业核心业务更相关和企业具有更多可提供的资源时，服务化战略更有利于增加企业绩效。增加核心产品的服务对企业绩效的影响放大了产业动荡性，但当企业核心产品属于高增长行业时，产业的动荡性会降低。Neely（2009）服务化划分为产品导向、整合导向、服务导向、使用导向及结果导向五种类型，尽管认为采取服务化的制造企业营利性整体上优于仅仅从事制造活动的纯制造企业，但企业涉足服务领域过多对绩效是不利的。Visnjic等（2012）研究了不同服务化类型和对制造企业财务绩效的影响，以提供服务的数量来衡量服务化"宽度"，以服务提供的完整性和成熟度来衡量服务化"深度"，研究发现增加服务"宽度"对服务化绩效有负面作用，而增加服务化"深度"将会导致较高的利润额和市场价值增长。研究还发现，服务深度和产品创新投资之间的相互作用仅仅在一定程度上具有积极性，同时关注高水平的服务熟练度和高水平的产品创新可能导致对绩效的负面影响，因此，应平衡全范围的服务化战略和创新战略。肖挺（2015）将企业所涉足的生产型服务业区分为与商品关联性较强的"产品导向"型服务业以及与商品关联性弱的"消费导向"型服务业，研究发现，制造厂商加大服务业务的投资规模对于企业的成长能力有着显著的促进作用；制造企业所涉足的服务领域越多，对企业的利润水平以及企业价值都越为不利，即"服务化悖论"是存在的，但与产品关联性较强的"产品导向"服务业务数量则不对企业利润水平以及企业的价值产生消极影响；技术研发与服务化战略对于企业绩效有很强的协同效应。肖挺（2015）的研究认为真正导致企业利润率或是企业价值贬损的原因是企业从着重发展与产品关联高的"产品导向"型服务业转向自身并不熟悉的"消费导向"的服务业。从以上研究可以看出，企业实施服务与产品关联性较强时，能够对企业实施服务化产生积极影响，而企业实施服务与产品关联性较弱时，往往会对企业实施服务化产生负面影响。

### 2.5.3　企业战略对制造业服务化的影响

也有学者集中研究战略一致性对服务化绩效的中介作用，认为战略一致性会对服务化实施的企业绩效有正向影响，并且受到不同变量的调节。胡查平和汪涛（2013）研究了制造业服务化对企业绩效的影响，将战略一致性作为中介变量，而顾客需求复杂性作为调节变量。研究结果表明，制造企业服务提供对企业战略一致性有显著影响；战略一致性对制造企业绩效有显著的正向影响；顾客需求复杂性对制造业服务提供与战略一致性有调节影响。制造业服务化战略的选择和战略行为环境的复杂性共同驱动了制造企业聚焦战略一致性行为的选择。胡查平等（2014）检验了组织战略一致性和社会技术能力对制造企业服务化对企业绩效影响的调节作用，研究结果发现服务化绩效的获得很大程度上依赖于组织战略一致性和社会技术能力的调节。战略一致性包括目标一致和手段一致，当目标和手段都达成一致的时候，战略一致性能实现对企业绩效的显著正向影响。社会技术能力是网络中各利益相关的参与者基于各自的核心资源与能力，在自我利益驱动下，为使某种特定产品或服务顺利生产或交付而提供有助于 PSS 生产或交付的各种专业化的人力技能、知识或技术设备。以上研究表明，制造业服务化对企业绩效的影响受到战略一致性的中介作用，并且还会受到不同调节变量的影响。

### 2.5.4　其他因素对制造业服务化的影响

除了环境和组织因素、服务化类型、企业战略等因素会影响企业制造业服务化的实施之外，其他一系列因素也会对制造业服务化产生影响。Fang 等（2008）认为服务化对绩效的影响程度取决于行业和企业两个层面的因素（服务组合的性质和规模）。企业层面的调节因素包括服务的相关性、资源的丰富性和企业市场份额，均对服务化程度对企业绩效的调节有积极影响。产业层面的调节因素包括企业核心产品的行业增长率、动荡性和竞争力对服务化程度，均对企业绩效的调节具有积极影响。肖挺等（2014a）验证人力资本投资、信息技术的引入以及与良好的客户关系三个因素都与制造企业的服务创新绩效正相关，但这些因素对企业的服务、产品和流程的创新绩效的影响程度存在显著的差别，另外，不同的研发投入规模、资产结构以及技术水平企业在服务创新的绩效上也存在一定的落差。姜铸和李宁（2015）以制造业服务化为中介变量，研究了制造企业服务创新对企业绩效的影响，服务创新包括服务概念、服务界面、组织流程创新、技术选择创新。其研究结果显示，服务创新与制造企业服务化程度对企业绩效有显著的正向影响，服务创新对制造业服务化有显著的正向影响；同时，制造业服务化程度在服务创新对企业绩效的影响中起到部分中介作用。Raddats等（2015）通过对影响制造企业服务成功的资源进行分析，发现制造企业服务方法和工具的优越、制造企业领导者和服务人员的服务导向与服务成功之间有着积极的正向关系。

从以上研究可以看出，国内外关于制造业服务影响因素的研究已经比较丰富，分别从不同的角度分析制造业服务化的影响因素，服务化的影响因素也伴随着竞争环境的变化而不断发展和变化。对内部因素的研究向服务化广度和深度、服务创新、网络能力、组织柔性发展，对外部因素的研究也开始关注顾客需求、技术变革等，并提出服务相关性对企业绩效的影响，认为企业产生"服务化悖论"是因为提供了与核心业务不相关的服务，因此，制造企业应发展与核心业务密切相关的服务化战略更有利于增加企业绩效。

## 2.6　本章小结

通过对国内外制造业服务化相关文献的整理，可以发现，国内外学者从 20世纪 80 年代末开始了制造业服务化的理论研究，二十多年来，国内外学者对制造业服务化的研究理论越来越丰富，对制造业服务化的内涵、发展趋势、动力机制、路径和模式等有了系统深入的研究。

1. 总结了制造业服务化的内涵

制造业服务化的概念源于 20 世纪 80 年代末期的美国，发展至今已形成丰富的内涵。国外学者使用服务化（servitization、servicizing、tertiarization）和 PSS等术语来定义，并从不同的角度强调了制造业服务化的内涵，国内学者基本借鉴国外的定义来研究制造业服务化。尽管使用的术语不同，但是总体上来看，制造业服务化的内涵不断发展和完善，主要强调以下几个方面：制造企业服务化变化的动态过程、制造企业内部功能的变化、制造与服务的融合、服务的投入产出和服务化的价值创造。

**2. 指出了制造业服务化的趋势**

制造业服务化已成为全球制造业发展的趋势，制造企业通过与客户的不断互动，从提供产品向全面服务的方向迈进，在产业链的各环节创造更高的附加值。首先，制造企业提供的服务内容不断变化，从"产品"—"产品+服务"—"全面服务"变化，并从强调产品到强调产品的服务功能；其次，通过不断地满足客户需求，提供产品服务产生的附加值越来越高；再次，从产业的角度来看，服务化在产业链的上下游不断延伸，并发生在产品提供的每一个阶段；最后，服务化使企业与客户的关系越来越紧密。

**3. 归纳了制造业服务化的驱动力**

制造业服务化的驱动力主要体现在经济、战略、市场和环境四方面。通过服务化能够在产品和服务的各个环节和整个生命周期增加经济收益；服务化能够提高差异化程度，增强竞争壁垒，创造竞争优势；服务化所提供产品和服务组合能更好地满足客户需求，形成市场优势；服务化能够在产品整个生命周期减少对环境造成的破坏，实现环境效益。

**4. 归纳了制造业服务化的路径**

学者主要用演进"阶段"、"途径"和"路径"等术语来描述制造业服务化的路径，并给予价值链的角度提出制造业服务化路径，制造企业应基于企业核心竞争力和优势，逐步实现服务化的进程，一般遵循提供"产品"—"服务附属于产品"—"产品+服务"—"产品服务融合"—"服务独立于产品"的路径。

**5. 归纳了制造业服务化的模式**

学者主要采用"活动"、"层次"、"角色"和"模式"等术语来描述制造业服务化模式，总体上呈现三种模式，即产品延伸服务、产品功能服务或整合性解决方案。还有学者将传统的服务化模式与其他要素结合，从二维的组合角度分析服务化模式，制造企业根据自身的优势和特点选择合适的发展模式。

**6. 分析了制造业服务化的绩效**

关于服务化与企业绩效影响的理论研究较多，典型的呈现两种观点：一方面服务化促进企业绩效提升（Vandermerwe and Rada，1988；Wise and Baumgartner，1999）；另一方面服务化容易导致企业绩效下降（Gebauer et al.，2005，2012）。但实证研究还较少，这些为数不多的实证研究还呈现了不同的结论（Neely，2009；Fang et al.，2008；Suarez et al.，2013；Kastalli and Looy，2013）。

## 7. 总结了制造业服务化的影响因素

国内外学者分别从不同的角度分析影响制造业服务化的不同因素，包括环境因素和组织因素、服务化类型、企业战略及其他因素对服务化的影响。除了以上基本因素之外，有关研究还关注服务创新、网络能力、组织柔性、顾客需求、技术变革和服务性相关性等对服务化的影响，并且指出"服务化悖论"的存在，要深入了解"服务化悖论"问题，必须考虑互联网环境下影响制造业服务化的关键因素。

# 第3章 制造业服务化如何成功?
## ——基于创新获利理论的视角

中国机械工业联合会与德勤(世界四大会计事务所之一)共同发布的《2014年中国制造业服务创新调查报告》认为,当前全球性的装备制造业服务化转型趋势明显,制造业服务化与服务创新是中国制造业升级的重要途径。但是,并非所有进行服务化的制造企业都能获得好的收益,如前文所述,"服务化悖论"是制造业服务化面临的现实问题。制造业服务化程度与企业绩效之间并非显著的线性正相关关系,它们之间呈"U形""马鞍形""倒U形"等关系,也就是说在服务化转型的早期或者随着服务化程度加深,企业绩效会下降。企业绩效下降的原因还没有定论,但不可否认的是,企业在服务化进程中势必要进行服务创新,服务创新能促进服务化的发展(姜铸和李宁,2015)。然而,从服务创新中获利是有挑战性的,这不仅仅是合理定价和服务营销的问题,还因为服务创新相比产品创新具有不同的特性,会影响服务创新获利的保护,服务创新更容易被竞争者模仿(Hurmelinna and Ritala,2010)。Teece(1986)针对如何从企业创新中获取收益的问题,提出了创新获利理论,指出阻止创新被模仿并拥有将创新成功商业化的能力是企业获取创新收益的关键所在。Chesbrough等(2006)认为与传统经济学理论相比,创新获利理论是从更为实际的角度考虑企业创新管理问题,对创新研究做出了重大贡献。本章将基于创新获利理论探讨制造企业服务创新的获利机制,以帮助服务化转型的制造企业摆脱绩效下降的困境。

## 3.1 创新获利理论

### 3.1.1 创新获利理论的提出

最早对创新如何成功问题有所讨论的是 Schumpeter(1942),他从社会层面进行分析,认为垄断是创新获利的先决条件,较大的市场份额能帮助企业获取创新收益。Arrow（1962）认为专利和知识产权等市场干预手段赋予创新者在一定期限内知识（信息）的排他性权力，限制模仿者对创新所付出的努力搭便车，从而激励创新者对知识产品进行投资。

Teece 于 1986 年在 *Profiting from technological innovation：implications for integration，collaboration，licensing and public policy* 一文中，针对企业如何从创新中获取收益的问题，从企业层面提出了创新获利理论（Teece，1986）。Teece（1986）在文中指出，阻止创新被模仿并拥有将创新成功商业化的能力是企业获取创新收益的关键所在，认为影响创新收益独占性的因素有三个，即技术的特性与知识产权制度、配套资产、是否形成主导设计。保护创新收益的能力首先取决于创新本身的不可复制性，即所依赖的技术或知识的本质，尤其它是否是隐性知识而非编码知识，因为显性技术知识容易传递和模仿，而隐性技术知识很难表述清晰和转移，会增加模仿的难度。如果创新本身不具备不可复制性时，就需要创新厂商采用外部的法律保护或形成主导型设计等手段来保护其创新收益，专利、商标、版权、商业秘密等知识产权机制可以在特定行业或具体情境下保护企业的创新不被竞争者模仿，而且一个创新本身越是不具备知识或技术的不可复制性，对外部保护手段的依赖性就越强。配套资产是指将创新引入市场的互补资产或能力，如制造能力、分销渠道、服务网络等。Teece（1986）区分了 3 种不同类型的配套资产，即通用、专用和联合专用。通用的配套资产可以通过市场交易获得，不属于竞争优势的来源；专用性或联合专用配套资产表现出创新对配套资产（或配套资产对创新）的单边或双边依赖，难以模仿，很难在短时间内建立起来，构成了阻止竞争者模仿、帮助企业获取独特市场价值的重要机制。

### 3.1.2 产品创新获利机制

Teece 的创新获利理论建立在发达国家背景下，主要聚焦于制造企业的产品技术创新。随着学者的进一步研究，创新获利理论有了新的内容，独占性机制从外生扩展到内生，配套资产从有形扩展到无形（张文红等，2014a）。

1. 独占性机制

Levin 等（1987）通过调查 130 个行业中的 650 家美国大型上市公司，将独占性机制从专利、商业秘密扩展到领先时间、学习曲线、销售和服务，认为专利的保护作用好于商业秘密，但有效性低于领先时间和学习曲线。Cohen 等（2000）通过对美国和日本多家企业的调查，发现制造企业的独占性机制包括专利、商业秘密、领先时间、销售和服务、互补制造能力和其他法规 6 项内容，专利在药品、医疗设备和特殊用途机器行业中比较有效,在其他行业保护产品创新的效果较差，而商业秘密和领先时间对所有行业都是最有效的。中国学者朱爱辉和黄瑞华

（2007）在对 302 家中国制造企业进行调查后发现，中国企业的独占性机制与美日企业基本一致，也有专利、商业秘密、领先时间、学习曲线、销售和服务、互补制造能力 6 个方面。以上学者的调查结果还包括：不同行业的独占性机制有效性存在很大差异；小企业不使用专利可能是因为申请手续烦琐、维护成本较高；产品创新和过程创新适用的独占性机制存在显著差异；等等。Hurmelinna 和 Puumalainen（2007）通过对 200 多家芬兰企业的调查，将独占性机制分为外生和内生两方面，外生机制包括知识属性（显性和隐性）、制度保障（知识、产权契约和劳动法），内生机制包括人力资源管理（沟通和流动性）、实务操作（密码、商业秘密和使用限制）以及领先时间（市场进入和持续改进），是目前较为完整的独占性机制分类框架。Gonzalez 和 Nieto（2007）通过对西班牙企业的实证研究发现，大量使用显性知识的公司会选择专利系统作为防御机制，而那些隐性知识占主导的公司则会选择商业秘密。

刘志阳（2014）专门针对本土企业的创新获利问题进行探讨，提出知识产权保护是本土企业应对专利丛林和参与开放式创新的有力武器，还可以利用互补性资产的互补性弱化领先企业的技术优势，利用可移动性增加讨价还价能力，领先优势、学习成本曲线、网络效应和技术标准都会加强创新获利策略对本土企业竞争优势的作用，企业内部规模、技术研发特征决定了本土企业独占性机制的实施，产品生命周期决定了本土企业创新获利策略的重要性，国家知识产权保护水平也会影响本土企业创新获利策略的选择。

2. 配套资产

Teece（1986）最初将配套资产界定为与产品生产相关的机器设备、厂房、仓储、销售渠道等有形资产。之后 Teece 等（1997）将配套资产扩展到无形资产上面，提出了整合、构建和重置内外部资源以适应快速多变的外部环境、获取新颖的创新性竞争优势的"动态能力"。何悦桐和卢艳秋（2011）认为资源柔性对从企业创新中获利起到积极作用。Su 等（2012）认为技术能力和市场能力可以帮助企业提高获取创新收益的能力。Li 等（2010）认为战略柔性能帮助企业从产品创新中获利。孟源等（2013）通过对苏州 200 多家企业的问卷调查发现，内部组织形式和外部市场焦点对创新获利有影响，在低科技企业中独资企业比合资企业更能从创新中获利，在高科技企业中两种组织形式不存在明显差别；无论是高科技企业还是低科技企业，聚焦于出口市场都能增强创新与绩效之间的正向关系。

将学者对产品创新独占性机制和配套资产的研究成果进行整理、分类，发现产品创新独占性机制的专利、商业秘密、领先时间是每位学者研究结论中都会提到的，而学习曲线有三位学者提到（Levin et al.，1987；朱爱辉和黄瑞华，2007；刘志阳，2014），知识属性和人力资源管理（沟通和移动性）被提到过两次

（Hurmelinna and Puumalainen，2007；刘志阳，2014），其他法规、契约、劳动法也被提到，考虑到其他法规指的就是契约、劳动法，因此将其他法规和专利等知识产权都视为外部制度保障的内容。制造能力、销售渠道、动态能力、资源柔性、战略柔性、技术能力、市场能力、内部组织形式则作为产品创新的配套资产被提出。产品创新获利机制的内容整理结果如表 3-1 所示。

表 3-1    产品创新获利机制

| 创新获利要素 | 所含内容 |
| --- | --- |
| 独创性机制 | 知识属性（显隐性） |
| | 制度保障（专利、版权等知识产权、契约、劳动法） |
| | 人力资源管理（沟通、流动性） |
| | 商业秘密 |
| | 领先时间（市场进入、持续改进） |
| | 学习曲线 |
| 配套资产 | 制造能力、销售渠道、动态能力、资源柔性、 |
| | 战略柔性、技术能力、市场能力、内部组织形式 |

### 3.1.3    服务创新获利机制

从服务创新中获利是具有挑战性的，不仅需要合理定价和服务营销，还要阻止竞争者模仿（Hurmelinna and Ritala，2010）。服务创新与产品或过程创新不同的特性影响服务创新获利的保护，服务创新更容易被模仿。另外服务创新通常包含协作活动，这对服务保护来说是一种悖论，一方面企业必须保护带给他们竞争性优势的知识，但另一方面他们需要培养可能与保护性措施相矛盾的知识分享。因此，服务创新不能仅仅依赖知识版权来保护，需要打开视野，考虑人力资源管理、领先时间和契约等方式。

Dolfsma（2005）认为，大多数服务创新不具备 Teece（1986）所说的不可复制性，技术特性、技术产权制度、配套资产与是否形成主导设计并不完全适合分析服务创新收益的独占性。声誉对企业从服务创新中获利极为重要，良好的声誉意味着公司可以更好地向顾客证明所提供服务的价值，为企业带来持续的收益；而专利、商标、版权、商业秘密和配套资产对服务创新的保护并不那么有效。Hipp 和 Gruup（2005）认为，服务创新的获利机制中既包含产品创新使用的知识产权保护机制、商业秘密、领先时间，还包含人力资源管理（长期劳工契约、流动管理等）、客户关系管理以及复杂的流程设计策略（新产品和服务的整合）、组织结构管理等机制。服务业知识产权使用的行业异质性显著，尽管服务型企业采用各种正式或非正式的知识产权工具，但不同行业显示出较大的差异性。商业服务业采用较多的是缩短产品交货期、商业秘密和服务设计复杂化，批发与零售业采用较多的是商标和缩短产品交货期，通信服务业使用专利最多，金融中介采用较多的是商标和商业秘密（吴辉凡和许治，2008）。Antioco 等（2008）提出将与服务创新相关的信息通信技术作为配套资产，可以帮助企业建立优秀的服务系统，实现更高的资源管理效率，最终提高企业从服务创新中获利的能力。Hipp（2008）提出组织结构管理包括复杂的设计策略、提前期、知识管理等，对服务创新的独占性可以起到很好的作用；顾客关系管理包括与顾客的契约和信任关系，对产品创新的独占性可以起到一定作用，但由于服务与顾客高度交互的性质，对提高服务创新的独占性作用巨大。Gremyr 等（2010）对三个案例企业的服务创新实践进行调查分析，结果表明尽管三家企业对创新的理解不同，但它们的共同点是技术与服务的捆绑销售，为标准化和个人定制的结合提供了可能，因此技术被认为是制造企业服务创新的一个成功因素。Lusch 和 Nambisan（2015）从服务主导逻辑视角研究服务创新，指出服务创新的三方框架，即服务生态系统、服务平台和协同价值创造，提出信息技术既可以作为对象性资源，又可以作为操作性资源，能促进服务创新。

对服务创新获利机制的研究成果进行梳理，可以发现服务创新获利机制中独占性机制的内容有很多，但配套资产的内容较少，只有 Antioco 等（2008）、Gremyr 等（2010）、Lusch 和 Nambisan（2015）提出的信息通信技术。可能是由于服务的无形性，在输出过程中更多是靠人的知识、能力和技术，而非厂房等有形资产，而在信息技术和互联网普及的今天，信息技术对服务创新日益重要。在服务的独占性机制中，学者普遍提到了人力资源管理（长期劳工契约、流动管理）、组织结构管理，技术属性和声誉也被认为起到很好作用且极为重要。而知识产权保护机制、商业秘密、领先时间等产品创新独占性机制中极为重要的内容在服务创新中则被认为是不太重要的，因此，这几项本章不作为服务创新独占性机制的内容。将服务创新获利机制的内容进行整理，如表 3-2 所示。

表 3-2　服务创新获利机制

| 创新要素 | 所含内容 |
| --- | --- |
| 独占性机制 | 人力资源管理（内部锁定、管理实务机制、流动管理） |
| | 顾客关系管理（与顾客的契约和信任关系） |
| | 组织结构管理（复杂的设计策略、提前期、知识管理等） |
| | 声誉 |
| | 知识产权（版权和商标权） |
| 配套资产 | 信息通信技术 |

### 3.1.4  产品创新和服务创新获利机制的比较

制造业服务化的创新与产品创新和服务创新都有关系，可以看做产品创新与服务创新的融合。厘清产品创新和服务创新获利机制内容的异同，有助于分析制造业服务化的创新获利要素。

第一，产品创新和服务创新获利都依赖知识产权，但制造业产品创新独占对专利的依赖性比服务创新独占对专利的依赖性要强得多。根据欧洲第三次创新调查（吴辉凡和许治，2008）的数据，服务业使用专利的比例是 5%，而制造业使用专利的比例是 10%，服务业使用专利的比例只有制造业的一半。

第二，除了专利，在产品创新独占性机制中重要的商业秘密、领先时间、学习曲线等内容在服务创新的独占性机制中变得不重要。服务创新的获利机制中强调声誉（Dolfsma，2005a），良好的声誉是服务企业赢得顾客青睐和信任的重要因素，也是保证服务企业获利的重要方式。或许声誉对有形产品获利也很重要，但对无形服务来说，声誉代表着可信赖的程度，对企业的营利性影响更大。

第三，服务创新获利机制中强调顾客关系管理（Hipp and Gruup，2005；Hipp，2008）。由于服务的无形性和不可分离性，服务必须要有顾客的参与才能完成，顾客参与是服务得以实现的充分必要条件，因此服务企业非常重视顾客关系管理。这与产品创新的特点不同，产品完全可以在顾客不参与的情况下完成创新，虽然有顾客的参与产品会更适合市场需求，但在很多情况下，顾客并没有参与产品的设计和制造，因此顾客关系管理对于制造企业就不是那么重要，并不成为产品创新获利的必要条件。

第四，服务创新获利机制还强调组织结构管理（Hipp and Gruup，2005；Hipp，2008），包括复杂的设计策略、提前期、知识管理等，对服务创新的独占性可以起到很好的作用，而产品创新独占机制中却并未提及该因素。

第五，产品和服务创新获利机制都强调了人力资源管理，即对员工的内部锁定和流动管理（Hipp and Gruup，2005；Hurmelinna and Puumalainen，2007；Hurmelinna and Ritala，2010）。人尤其是核心人才在产品或服务创新中都起着关键作用，员工的专业知识、技能、协作和奉献精神是企业最重要的资产。人才的获取、激励和保留能给企业带来成功，在制造和服务企业中都至关重要。

第六，产品和服务创新获利机制中配套资产有很大的差异。产品创新获利的配套资产有很多，包括制造能力、销售渠道、动态能力、资源柔性和技术能力等，而服务创新获利的配套资产已有研究成果中仅提到了信息通信技术（Antioco et al.，2008；Gremyr et al.，2010；Lusch and Nambisan，2015）。服务创新主要靠人的知识和技术，尤其在信息通信技术高速发展的今天，各行各业都在实行信息化、自动化、智能化。例如，微信的出现改变了很多企业服务的形式，医院的挂号由现场排队变为了手机挂号，企业与顾客互动的方式由以前的邮件、电话，变为了微信公众号和虚拟社区。

## 3.2　制造业的服务创新

### 3.2.1　制造业服务的特点

制造业的服务能贯穿产品的整个生命周期，在 PSS 中的比重可大可小，为了更加清晰地描述制造业提供的服务，从产品交付时间、服务占 PSS 的比重两个维度，对制造业的服务划分为产品前端服务、产品后端服务、集成式服务和循环式服务，如图 3-1 所示。

图 3-1　制造业服务的主要类型

产品前端服务是指产品实物在交付客户使用之前，制造企业为客户提供的服务活动，包括产品需求调查、可行性论证、通信服务、个性化研发设计、消费信贷、交流与咨询等，如服装行业大规模量身定制高端服装，汽车行业的消费信贷，产品交付前通过各种交互平台进行沟通、咨询、产品设计与展示等。产品后端服务是指产品实物在交付客户使用之后，企业为客户提供的各种服务活动，包括技术培训、安装、调试、实时化的在线支持、及时的维修、维护、保养、精准的供应链管理等。集成式服务是指提供产品交付使用前后一体化的服务活动，包括产品需求调查、产品设计、方案咨询、系统设计、系统设备提供、系统安装调试和工程承包（包括基础、厂房、外围设施建设）和运行维护等服务。例如，阿尔斯通是轨道交通领域总集成总承包的服务商；陕西鼓风机集团有限公司（简称陕鼓）的"交钥匙"工程；尚品宅配提供在线预约家具量尺设计服务，提供全屋家具定制、免费配送安装及终身维护等服务。循环式服务是指制造企业不仅提供产品交付使用前后一体化的服务活动，还负责产品生命周期末的最终处理，使用户不间断、循环使用产品，包括融资租赁、以租代售、以旧换新、回收处理、再制造服务等形式。

制造业的服务本质上还是服务，但不同于服务业的服务，当然，也不同于制造业的产品。根据制造业的各种服务形式，总结制造业服务的特征如下。

### 1. 服务对产品的从属性

从总体上看，制造企业还是以提供有形物质产品作为主要的产出成果。不管产品的前端服务、后端服务还是集成式、循环式服务，都是产品的辅助或增值活动，制造企业的特定内涵，决定了服务在制造企业经营过程中的从属性。

### 2. 服务对产品的增值性

在产品质量、性能、价格等相差不多的情况下，在服务方面做得好的企业明显占据竞争优势，服务直接带来了市场竞争地位的提升。正因如此，提供有形产品的制造企业，越来越倾向于通过提升服务赢得竞争优势。

### 3. 服务具有相对独立性

制造企业的服务也具有相对独立性。随着客户需求多样化和市场竞争激烈程度的提高，越来越多的制造企业重视服务给客户带来的价值及对提升自身市场竞争力的作用。许多服务业务都被设立成独立核算盈亏的部门，如针对产品前端的消费信贷服务、电子商务服务，企业通常会设立的营销服务中心；产品后端的维修、维护、保养服务、培训服务，企业会外包给专门的维修企业；循环式的融资租赁、二手交易、以旧换新服务，企业会独自设立分销机构或与外界的分销机构合作。

### 4. 服务在产品生命周期的不同阶段性

服务活动在产品生命周期的不同阶段有不同的表现形式。在产品交付客户使用之前，服务活动包括产品需求调查、可行性论证、个性化研发设计、消费信贷等，该阶段服务的作用主要是了解客户需求，有效降低买方的风险，为向客户提供满意的产品做准备，同时有助于企业与顾客建立良好的关系；产品交付客户之后，企业为客户提供的培训、安装、调试、维修、维护、保养等服务，是为了帮助客户更好地使用产品，提高产品的效用，降低维护成本，减少产品损坏给企业带来的损失，延长产品寿命，节省社会资源；贯穿产品整个生命周期的一体化服务活动，不仅能为客户提供满足个性化需求的产品，还能为后期的使用、维护提供全程保障，给客户带来的是更加贴身、便捷、高效的 PSS；产品生命周期结束后，企业提供以旧换新、回收处理、再制造服务，减少了客户使用产品的成本，同时做到了废物再利用、环境保护，大大节省了社会资源。

**5. 客户的参与性**

生产与消费同时展开的服务过程，客户带有很强的参与性。制造企业提供的服务以客户需求为导向，客户是制造企业服务创新重要的源泉。企业在以服务为载体与用户进行动态交互、接触的过程中，能直接、详细地了解客户对企业产品性能、技术特点甚至心理偏好的变化，以差异化、个性化的服务方式，弹性地扩展服务产品整体的内涵，灵活、及时地满足客户的多样化需求。在与客户交流的过程中，发现客户的新要求是创新思想的重要来源。在很多情况下，一些客户提出的特殊要求有可能演变为通用的服务，适用于更多的客户。

## 3.2.2　制造业服务创新的特征

服务化是制造企业为获取竞争优势，在网络信息技术的支持下，强调顾客参与、更好满足顾客个性化需求，从以制造为中心向以服务为中心进行转变的动态过程。由于制造业增加值创造的重点已转向服务要素，企业往往通过基于服务创新的差异化手段来获取优势。Wise 和 Baumgartner（1999）认为制造企业的服务创新是围绕整个产品生命周期中服务内容的变化或与客户互动关系的变化而进行的创新活动。为了获取竞争优势，制造企业向目标客户提供更高效、更周到、更准确、更满意的服务。

制造业的服务创新与产品创新不同，具有如下特征。

**1. 制造业中服务创新与产品创新的来源不同**

产品创新主要来源于新技术的开发和应用，而制造业中的服务创新主要是针对有形产品的，主要来源于客户的需求、服务意识的提升、服务能力的提升等。这种服务创新分为探索式创新和开发式创新，二者相结合更能有效提高企业绩效（McDermott and Prajogo，2012）。

**2. 服务创新与产品创新的表现形式不同**

产品创新表现为创造出新的有形产品，可以进行创新试验。按照创新对象，现代制造业服务创新主要包括服务产品创新、服务过程创新、服务组织创新和服务市场创新等，典型模式包括传统创新模式、新工业创新模式、服务专业模式、组织战略创新模式、工匠模式和网络模式（梁光雁，2010）。因此，制造业的服务创新主要是自身业务创新、服务流程改善和优化、服务组织方式和市场创新。

**3. 创新过程中客户参与程度不同**

在服务创新过程中，客户是重要的创新参与者，甚至有些服务流程的设计和开发都有客户的大量参与。因此，客户本身的属性（如行业特点、客户行业经验、客户员工素质等）对于服务创新影响较大。制造业的产品创新过程中，市场导向和客户需求虽然对创新具有重要的影响，但是在微观层面上，客户并不是制造业产品创新过程中的关键影响因素。

将制造业中服务创新与产品创新的不同特点进行比较，如表 3-3 所示。

**表 3-3　制造业中服务创新与产品创新比较**

| 比较要素 | 服务创新 | 产品创新 |
|---|---|---|
| 创新来源 | 客户的需求<br>服务意识的提升<br>服务能力的提升 | 新技术的开发和应用 |
| 结果表现形式 | 服务业务创新<br>服务流程的改善和优化<br>服务组织方式创新<br>服务市场创新 | 新的有形产品 |
| 客户参与程度 | 客户是重要的服务创新参与者<br>客户本身的属性对于服务创新影响较大 | 客户不是产品创新过程中的关键影响因素 |

# 3.3　制造业服务创新获利机制

制造业的服务具有相对独立性，它的创新来源、结果表现形式和客户参与程度与产品创新都不同，因此，制造业服务创新的获利机制不同于产品创新的获利机制，更趋向于服务创新的获利机制。如前文所述，服务创新的获利机制包括独占性机制和配套资产，独占性机制包含顾客关系管理、组织结构管理、人力资源管理、声誉和知识产权五个要素，配套资产只有信息通信技术。制造业的服务创新涉及更多新概念、流程或商业模式，往往无法通过专利等正式知识产权制度得以有效保护，因此在独占性机制中不考虑知识产权要素。另外，信息通信技术涉及专业的技术知识，本章研究也不予以考虑。本章研究将围绕顾客关系管理、组织结构管理、人力资源管理和声誉这四个方面讨论制造业服务创新获利的机制，并提出一系列命题供未来研究进一步讨论和验证。

## 3.3.1　顾客关系管理

制造企业的服务创新主要来源于顾客的需求，顾客的参与性非常强，顾客对企业的信任即顾客忠诚度是服务创新获利的关键因素，企业与顾客之间良好的合作关系还可以提升企业进行服务创新的可能性，顾客关系对服务创新的影响远大于对产品创新及流程创新的影响，因此顾客关系管理就显得尤为重要。

Miles（1993）提出服务创新不同于产品与技术创新，主要体现在三个方面：

①服务业中人力资本的重要性更容易得到凸显；②信息传输等技术设备对于服务业的创新显得更为重要；③服务创新所面向的是顾客，必须与顾客进行有效的合作与沟通，因此顾客关系成为服务创新的一个重要部分。很多学者支持这种观点，肖挺等（2014a）通过实证研究证实了人力资本、信息技术以及顾客关系这些在过去被认为是影响服务企业创新的因素也都与制造企业服务创新绩效保持了正向关系。

企业与顾客保持良好的关系，会让顾客形成重复购买，进而扩大企业的销售量、增加销售收入和利润。而顾客的重复购买能使交易过程惯例化，缩短交易周期和交易程序，降低企业的宣传和促销费用，进而降低企业的营销成本。Baines和 Lightfoot（2014）探索成功服务化的制造企业在传递先进服务时所使用的实践和技能，对四个案例企业进行分析研究，发现业务流程与顾客关系是其中一个关键做法。企业派驻服务交付人员到顾客工作现场，与顾客保持密切联系，了解顾客的个性化需求和产品运行中的问题，并在第一时间组织人员予以解决，能让顾客感受到服务的价值，产生高度认同感和情感交流，从而形成重复购买，企业盈利水平因此逐步提升。

在与顾客保持密切互动的同时，最好让顾客参与到企业的经营中，让顾客在购买或使用产品或服务后做出反馈并提出意见和建议，了解顾客深层次的感受和对产品或服务的期望，这比让顾客只做口碑传播对企业的盈利贡献更大。Merlo 等（2014）通过实证研究发现，参与企业经营的顾客对企业的忠诚度更高，对价格的敏感度更低，也就是说即便企业的产品或服务有轻微的涨价，顾客仍然会保持购买，而只做口碑传播的顾客对价格的敏感度高，只要企业一涨价，他们就会转移到别的卖家。Witell 和 Löfgren（2013）研究了制造业如何将服务免费变为服务收费的商业模式创新。通过多案例研究提出了从免费服务转为收费服务的八种策略，分别如下：①昨天是免费的，今天是收费的；②设立新服务-新规则；③解释服务的价值；④产品和服务分开收费；⑤基本服务和延伸服务分开收费；⑥解释服务的价值值得付费；⑦企业的合作伙伴需要收费；⑧企业做的服务远超顾客支付的费用。在这八种策略中，企业最重要的工作就是与顾客保持良好甚至稳固的关系，尤其是让顾客参与服务的设计、运营过程，使其亲身感受到企业付出的成本及服务的价值。企业在与顾客亲密互动中，逐渐地将服务为什么收费、收取的费用远低于服务的价值、服务的多重价值等问题解释给顾客，使其从内心认同企业的收费。如果企业与顾客的关系只是建立在低价基础上，这些收费服务的策略便无法实施，创新获利也无从谈起。

除了提高盈利，与顾客良好的关系还能更准确地了解顾客的需求，从而激发服务创意，创新服务模式和服务内容。VWR 国际是世界上第二大实验室供应与配送公司，它给特定的实验室顾客提供超过 8 000 个不同项目，已经变成运营实验室相关活动方面的专家，但它努力让自己与竞争对手区别开来。在一次与顾客密切合作设计一套强大的服务项目之后，VWR 国际的领导意识到公司能利用顾客在科学方面的兴趣和在科学研究、设备管理、运营方面的专业知识，与顾客协作减少运营成本，提高实验室生产力，增加价值到科学流程中。之后，其在与顾客的互动中开发了一个新的服务项目，最近几年，这一服务项目已经呈现显著的两位数增长。可见，企业与顾客良好的关系，尤其让顾客参与到企业的服务经营中，能提高销量、节约成本、提高顾客忠诚度和创新服务业务。而顾客关系管理，通过顾客参与，提高了顾客忠诚度，从而实现服务创新收益的独占。基于以上分析，可以提出下面的命题。

**命题 3.1** 顾客关系管理（顾客参与）对制造业的服务创新获利有显著的积极影响。

### 3.3.2 组织结构管理

组织结构管理（复杂的设计策略、提前期、知识管理）是服务创新独占性机制的要素。对于制造业服务创新来说，组织结构是其成功的重要保障。Zeithaml 等（2014）在 *Profiting from Service and Solutions* 一书中提出制造业服务化的组织结构是发展和交付服务和解决方案的角色、责任、决策权、资源和奖励的结构。大部分产品导向企业围绕产品或产品类型进行组织，在大部分情况下，员工只关注他们自己的产品，与其他产品或产品类型竞争企业的资源、高级管理层和销售人员的关注。产品导向企业的管理架构通常是等级制的，随着时间推移建立明确界定的层级。而服务导向企业的组织结构与产品导向企业的组织结构不同，前者更强调组织内的协作。Neu 和 Brown（2008）就提出，制造企业如果要跨越"服务化悖论"，在组织设计上就必须将组织每个因素设计得彼此支持而非相互矛盾。Ettlie 和 Rosenthal（2012）在案例研究中发现，制造企业的服务创新建立在不同的企业文化基础上，通向商业化的工程文化路径往往会孕育出新于企业的理念，需要跨职能的战略制定，需要来自运营部门的拥护；通向商业化的创业导向路径能孕育出新于行业甚至新于世界的理念,需要来自研发或工程部门的一个拥护者，但这两种路径都需要首席执行官或总裁的支持。图 3-2 显示了制造业服务创新成功的两条路径。制造企业的文化导向、高层管理者支持、组织内的协作促成了制造业服务创新的成功。

制造业进行服务创新既要克服产品固有的组织结构和资源上的"冲突"，又要建立新的能力用于设计、生产和交付服务，因此组织结构必须要重新设计以适应服务的属性，包括服务的内容、目标顾客、难度、规模、成熟度等。Zeithaml 等（2014）认为制造企业提供服务的组织结构依赖服务业务的成熟度以及服务属性，

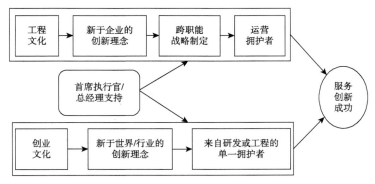

图 3-2　制造业服务创新成功的两条路径

资料来源：Ettlie 和 Rosenthal（2012）

并提出服务嵌入连续体的概念，认为随着服务规模扩大、难度加深，企业需要不断将组织扁平化、增加资源流动、克服组织壁垒等。Gebauer 等（2010）则提出制造业服务战略的成功依赖服务战略与组织设计因素的一致，并通过实证研究得出每种服务战略与组织结构匹配的架构，也强调组织结构与服务业务的一致性。

　　成功服务化的制造企业通常会进行多次服务业务创新，其服务业务的组织结构也会根据服务的属性经历多次变革。20 多年前，西门子成立一个小的、独立的管理咨询部门，仅仅提供 IT 系统解决方案。后来，西门子通过总结自身在变革管理中的经验，开发了一个新的服务业务——提供变革管理建议，组织结构变革为三个顾客组的矩阵组织——工业、财务服务和公共服务，有两种咨询服务业务——战略 IT 咨询和管理咨询。1997 年，西门子把财务服务用于解决西门子和其顾客的财务纠纷，IT 业务仍然努力与 IBM 等进行竞争。在 2010 年，西门子以 11 亿美金的价格把管理咨询部门卖给了它的法国竞争对手，并获得竞争对手 15% 的股份和一个 7 年的外包合同，在这个外包合同下法国竞争对手向西门子提供管理服务和系统整合。西门子进行了三次服务业务创新，服务组织也经历了独立部门—矩阵组织—拆分—出售四次变革。另一个典型企业是 IBM，IBM 在 1993 年扭亏为盈并再次高盈利发展的关键在于实施服务转型，多次创新服务业务，并在组织设计上不断变革。1992 年，IBM 创建了一个小的、独立的组织来管理顾客的 IT 业务流程。1995 年，公司重构业务流程，将 IBM 所有服务交付都外包给一个名为"IBM 全球服务"的业务单元。2002 年，IBM 收购普华永道咨询部门，大大扩展了咨询业务范围，组织结构也重构为矩阵型，包含 6 条服务线、18 个独立行业。IBM 的服务业务从单一的 IT 管理咨询发展为 6 条服务线、18 个独立行业的管理咨询，历经了多次创新，其组织结构也经历了独立部门—外包—矩阵组织三次变革。

　　因此，进行服务创新的制造企业，在组织结构管理方面需要将组织结构设计得符合服务的属性、内部协作，才能取得服务创新的成功。基于以上分析，可以提出下面的命题。

**命题 3.2**　组织结构管理（符合服务的属性、内部协作）对制造业的服务创新获利有显著的积极影响。

### 3.3.3　人力资源管理

Neely（2009）通过进行制造业服务化财务后果的实证研究确认了"服务化悖论"，指出服务化制造企业的平均利润率低于纯制造型企业的平均利润率，在比较两种企业各项财务指标后，发现导致服务化制造企业利润率低的最重要指标是出售产品的成本，纯制造企业的产品成本占总收入的 63.46%，而服务化企业达到67.18%。其中服务化企业的人工成本、人均运营资金和人均总资产高于纯制造企业。的确，提供顾问服务或设计复杂系统的员工要比纯制造企业里拥有单项技能的员工薪酬高得多，而且提供额外服务需要额外的资产和运营资金，而服务化企业没能收回额外投资所期望的收益。可见，人力资源的投入和产出是导致制造业服务化能否成功的一个关键问题。Santamaria 等（2012）利用西班牙制造企业的相关数据，实证研究了制造业新服务引进的问题，分析了制造企业服务创新的决定因素以及服务创新与产品创新、过程创新的区别，研究结果显示 20%的样本企业已引入新服务，服务创新与产品创新、过程创新存在明显的区别，服务创新与人力资源开发更相关，也与顾客有更密切联系。企业在人力资源开发方面投入越多，服务创新越容易成功。肖挺等（2014a）也证实了人力资本与制造企业服务创新绩效保持正向关系。IBM 的服务转型之所以成功并有高盈利，除了有组织结构的支撑和保障外，也得利于企业对员工的保留、激励和招募。IBM 的员工忠诚度很高，许多员工都为企业服务了很多年，IBM 鼓励员工在公司内部自由转换岗位，公司在招聘职位的时候，会优先考虑公司内部员工的转移，让员工在自己感兴趣的岗位上为企业创造更多的价值。IBM 还接纳曾经离开过公司的员工，不因他们曾经离开过公司而歧视他们，将他们重返 IBM 看做他们对企业文化再次认同的回归。为了做好服务转型，IBM 收购了普华永道的咨询部门，又获得了大量优质的管理咨询服务人员。因此，IBM 才能快速扭亏为盈，并维持之后多年的高盈利发展。

人力资源管理（内部锁定、管理实务机制、流动管理）是服务创新独占性机制的要素。但对于制造业服务创新来说，并非企业所有人员的锁定、流动管理都对创新收益独占很重要。Zeithaml 等（2014）认为制造业的服务化如果没有销售人员、服务技术人员、交付人员的能力，是不可能成功的。其中能力是指直接面对客户的员工的技能和知识，也包括组织发展必需的服务人才、提供物和支持系统的竞争力。企业的销售人员、服务技术人员、交付人员是否具备满足客户需求的能力，是企业服务创新能否成功的关键。Baines 和 Lightfoot（2014）也提出成功实施服务化的制造企业在交付先进服务时人员配置与人员技能是必不可少的一项因素，尤其是在前台为客户实施跟踪式服务的人员。但在开放式创新环境下，服务创新通常无法通过专利等知识产权制度进行保护，因此服务技术人员对于创新获利的独占性也就不那么重要。在市场竞争如此激烈的环境下，进行服务创新的制造企业的所有人力资源中，服务销售人员和服务交付人员是独特且稀缺的，对服务创新收益的独占具有重要的意义。

1. 服务销售人员

销售人员需要丰富的、复杂的顾客知识，甚至要比客户自身更了解客户。同时，服务具有无形性、差异性、不可分离性和不可贮存性，因此，销售服务比销售产品更难。第一，服务天生比产品更难解释，因为它们是抽象的。解释复杂服务的属性比解释产品的实物属性更难。与实物产品相比，服务更倾向于体验产品，即在充分理解、欣赏它们价值之前，客户必须体验它们。而且顾客对产品的体验常常可以直接传递，但是对服务体验的经验不能传递。第二，销售服务的动力可能比销售产品的动力小得多，因为服务的价格通常较低，而较低的价格意味着销售人员的佣金和奖金较低，如飞机维修服务的价格要比飞机本身的售价低得多。第三，进行服务购买决策的人通常更高层。服务越复杂，销售周期越长，销售程序常常更加复杂，就需要更加高层的人来决策。销售人员卖产品时，只需要联系企业的采购人员，而卖服务尤其是管理咨询等高级服务时，就需要与企业的高层管理者联系，只有他们才能理解和决定服务的价值，而与高层管理者接触的难度远远大于接触采购产品人员的难度。另外，当销售管理咨询、集成式服务等高级服务项目时，客户与销售人员的关系发生了变化，从交易性销售发展为关系性销售，客户把销售人员视为咨询顾问，销售人员需要向客户提供最好的、无偏见的建议，包括推荐竞争对手的产品和服务。此时，一个销售人员的职责类似于负责"调配内外部资源满足客户需求"的经理人的职责，而这样的人才通常都是稀缺的。因此，一些企业的管理者认为销售人员的能力是企业成长的最大局限，因为现有的销售人员大多数不能胜任顾问式销售，一部分是不情愿，其他是没有能力（Zeithaml et al.，2014）。

但是制造企业的服务创新要想成功，必须要有一批胜任的服务销售人员，才能为企业打开市场、获取订单、提高销量，否则前期的研发投入、组织变革付出的成本就收不回来。顾问式销售人员的身份相当于技术专家，不仅要具备娴熟的专业技术知识，还要具备敏锐的倾听技能、人际关系处理、协作和随机应变的能力（Zeithaml et al.，2014）。企业需要打破传统销售人员的招聘方式，发展更宽的招聘网络，并给录用者提供长期的销售和专业技术培训。另外，企业还要以多种方式激励那些有热情又有能力的销售人员，给他们丰厚报酬或精神激励来设法留住他们。

2. 服务交付人员

企业通过服务销售人员获取订单后，还需要服务交付人员实施并跟踪完成订单。服务交付人员不仅仅是技术人员，还需要拥有商业和技术敏锐性，具有整体观和长远眼光，具有企业家精神。他们长期与顾客接触，需要仔细地听、快速地学习、快速地反应、捕捉顾客的需求，将顾客的需求及时反馈给企业以促进销售和新业务开发。如果顾客的运营出现问题，服务交付人员又要成为具备组织协调能力的"企业家"——调配企业与顾客的资源，果断处理问题来获得顾客的信任，提高顾客满意度和忠诚度（创新获利独占的关键指标）。

通常来说，企业技术人员的市场敏锐性、沟通协调能力可能存在欠缺，而市场敏锐性强、沟通协调能力好的员工又缺乏技术，因此，企业需要多培养具备双重技能的人才。企业可以招聘有技术知识的人再培养他们以客户为中心的服务意识和技巧，也可以挑选有服务意识的人再培训专业技能。同时，企业要为服务交付人员设计一条新的职业晋升路径，因为在传统的产品企业和服务企业里是没有这个职位的。员工需要知道自己职位的发展空间，有吸引力的晋升路径也是激励服务交付人员的重要方式。

对于进行服务创新的制造企业来说，服务销售人员和服务交付人员都是独特且稀缺的，企业要想服务创新获利，必须拥有相当数量这样的人员，而对他们进行大力的培养和激励才能吸引和保留住他们。通过以上分析，可以提出下面的命题。

**命题 3.3**    人力资源管理（服务销售、交付人员的培养和激励）对制造业的服务创新获利有显著的积极影响。

### 3.3.4  声誉

声誉在一定程度上能保护企业的服务创新收益，良好的声誉意味着公司可以更好地向顾客证明所提供服务的价值，为企业的服务带来长期持续的收益。Dolfsma（2005a）认为服务的独占性机制通常是弱的，能够独享创新收益的重要资产是它的声誉。

1. 声誉及物品类型

Terrill（1992）坚持认为"形象和身份对于任何新服务都是关键的"，新服务必须依赖信任使顾客重新购买。企业声誉是竞争优势的重要组成部分，需要花费很多年时间建立。

因为声誉的重要性，一些企业用法律手段来保护代表他们声誉的创新表达，如设计专利和商标被用于建立和维护声誉。快餐企业麦当劳就是一个用法律手段保护声誉到极致的企业。与制造企业相比，服务企业声誉的建立需要外界的参与，尤其是顾客。顾客将基于声誉购买某个企业的服务而不是其竞争对手的。为了说明物品与顾客信任之间的关系，Zeithaml（2000）将物品分为搜索品、经验品和信任品。搜索品是指在被购买之前从外观来辨认品质的物品；经验品是指顾客仅能靠使用或体验物品之后才能决定其价值的物品；信任品是顾客发现自己基本不可能决定物品的价值，在卖家和自身之外，依赖他人判断其价值的物品。假定服务是服务提供者与顾客共创的，假定服务是无形的，尤其假定他们被感知品质的主观性，服务易是经验品或信任品。

2. 制造业服务的类型

如前文所述，根据产品交付时间和服务占 PSS 的比重，制造业的服务可以分为四类，即产品前端服务、产品后端服务、集成式服务、循环式服务。产品交付客户前的需求调查、个性化设计、交流与咨询等服务，对技术和信誉要求相对较低，客户经过自己的体验或者了解与自己情况相似的其他用户的体验，就能决定该服务是否能满足自己的需求，所以这些服务偏向"经验品"。而消费信贷服务，对提供者的资质要求较高，需要服务提供者有银行等金融机构的支持，因此消费者在选择该服务时偏向倾听专业人士甚至政府机构的建议或认证，可被视为"信任品"。产品后端服务相对前期研发、制造技术来说，技术性要求不高，更多的是需要服务人员与用户进行沟通和良好的服务态度，用户主要靠自己或同伴的经历来判断服务的价值，可被视为"经验品"。但是，对于技术性强、工艺复杂的产品，后端服务依然需要专家的建议，此时该服务也被视为"信任品"。因此，产品后端服务以"经验品"为主，技术性强的后端服务也被视为"信任品"。集成式服务技术要求高、设计复杂，对提供者的整体实力要求非常高，根据 Dolfsma（2005a）的观点，服务越复杂、独特，越是信任品，越需要外界的建议，集成式服务大都需要专家建议，如轨道交通领域的总承包，甚至需要多个专家进行多轮论证，用户很难通过自己或同伴进行判断，可被视为"信任品"。不过对于家用的、技术性不强的产品，如尚品宅配的整体家具服务，用户也可通过同伴或自己的体验进行抉择，也可被视为"经验品"。循环式服务需要制造企业的整体实力强以及社会信誉好，用户通常是经过自己或同伴的体验来决定是否购买该服务，而技术性强的产品（如大型机械设备）也需要听取专家的建议，既是"经验品"，又是"信任品"。将制造业服务的四种形式与 Zeithaml（2000）的三种物品类型进行对照，如表 3-4所示。

表 3-4　制造业服务对应的物品类型

| 制造业服务的类型 | 物品类型 |
|---|---|
| 产品前端服务 | 经验品、信任品 |
| 产品后端服务 | 经验品为主，信任品为辅 |
| 集成式服务 | 信任品为主，经验品为辅 |
| 循环式服务 | 经验品、信任品 |

从表 3-4 可以看出，从总体上看，制造业服务和其他服务相似，既是经验品，又是信任品，其中技术性强、复杂度高、对企业整体实力要求高的服务更趋向信任品。如果把制造业服务与其他行业服务（如居民生活服务、金融服务、商业服务）相比，制造业服务的技术性更强、更复杂，可被视为以信任品为主。

3. 提升服务化制造企业声誉的方式

服务化制造企业的顾客通常都是在购买实物产品的同时或者之后购买其服务产品，实物产品对用户所产生的价值、企业与用户的关系将决定用户是否继续购买其服务产品，由于制造业的服务既是经验品也是信任品，用户会更加看重其声誉。

良好的声誉是企业留住老客户、吸引新客户的重要保障，声誉良好的企业在服务化转型过程中更易成功。例如，IBM 在软件生产和制造时期声誉就非常好，服务转型后很快取得成功。卡特彼勒为工程机械用户提供精准的供应链管理、劳斯莱斯提供航空发动机的在线维护服务，客户很容易接受，也是因为它们在产品阶段就积累了良好声誉。越是信任品，越需要外界的建议，Dolfsma（2005b）提出信任品提升声誉的常用方式就是让服务提供商与专家建立起良好的关系。另外，媒体的报道、行业协会的认可，也是赢得消费者信赖的有效方式；为政府或者知名企业服务过的经历，也会为服务提供商带来巨大的声誉。

制造业服务既是经验品，又是信任品，但如果与其他行业服务相比，可被视为以信任品为主。因此，提升服务化制造企业声誉的方式主要考虑信任品的声誉提升方式，兼顾经验品的声誉提升方式。信任品是依靠卖家和用户之外的第三方判断其价值的物品，所以要想提升服务化制造企业的声誉，就要与第三方建立良好的关系，包括政府、专家、行业协会、媒体、非同行大客户等。同时也要多让客户体验服务，形成口碑传播的效应。

服务化制造企业提升声誉方面做得很好的一个企业是尚品宅配。尚品宅配是一家定制家具、提供集成式服务的企业，为客户提供卧房、厨房、书房、儿童房、客厅、餐厅等全屋家具定制，并且免费上门量尺寸、免费出 3D 家具效果图、免费配送安装及终身维护。定制家具既是体验品，又是信任品，为了提高企业声誉，尚品宅配与第三方建立了良好关系。聘请知名影星周迅为其代言，在各大电视媒体、网络媒体及户外投放产品广告；公司领导得到国务院总理的接见、国务院副总理亲自视察公司、公司领导获得"全国劳动模范"称号；获得行业协会颁发的"中国十大衣柜品牌"、"中国环境标志产品认证"及"消费者最喜爱品牌"；聘请华南理工大学的管理专家为其做管理咨询，得到经济学家、工程院院士的参观和认可，在专家的传播推广下，研究尚品宅配管理模式的著作《尚品宅配凭什么？》出版，企业的管理方式成为高校 MBA、EMBA 课堂的教学案例；报纸、杂志上经常刊登其创业和发展的故事。虽然公司高层领导很低调，从不说豪言壮语，但是与政府、行业、专家、媒体的良好关系，使其企业声誉不断提升，成为用户选择该品牌家具的坚实保障。同时，为了方便用户体验，尚品宅配建立了官方网络商城"新居网"，提供在线咨询、在线免费预约量尺、免费设计、赠礼券、实例展示等服务；在全国各大城市设立 800 多家实体店，供用户亲身体验家具设计效果。虽然该公司 2004 年才成立，但凭借过硬的产品、良好的声誉，至 2015 年已成为了同行业的领头羊，产值年均增长 100%。

因此，我们认为制造业服务化要想成功一定要有好的声誉，而好的声誉需要与第三方建立良好的关系。基于以上分析，可以提出下面的命题。

**命题 3.4**　声誉（通过与第三方建立关系）对制造业的服务创新获利有显著的积极影响。

### 3.3.5　各因素之间的关系

顾客关系管理、人力资源管理、组织结构管理和声誉都对制造业服务创新获利起着积极的作用，是制造业服务创新获利机制的四大要素。它们之间也存在着内在联系，厘清各因素之间的关系，有助于更好地促进各因素的提升和发展，共同推动制造企业的服务创新获利。

声誉（通过与第三方建立关系）是企业在市场上的整体形象和身份，代表着用户对企业的信任，是企业综合素质的体现。组织结构管理（符合服务的属性、内部协作）是企业设计和调整内部部门和岗位以共同完成企业战略目标的一系列活动。人力资源管理（服务销售、交付人员的培养和激励）是企业为实现战略目标，对内部人员（服务销售和交付人员）进行挑选、培养、激励的措施和活动。顾客关系管理（顾客参与）是企业与其顾客建立并维持长期、稳定关系，让顾客参与企业经营的一系列活动的协调和管理。企业的服务创新获利最终还要通过顾客的重复、大量购买来实现，而顾客关系管理（顾客参与）能让顾客对企业产生信任和忠诚度，从而形成创新获利的独占，是制造企业服务创新获利的直接推动要素。因此，人力资源管理（服务销售、交付人员的培养和激励）和组织结构管理（符合服务的属性、内部协作）通过顾客关系管理（顾客参与）对企业的服务创新获利产生影响，而声誉（通过与第三方建立关系）更多的是外界对企业的评价，就对这种影响起着调节作用。企业再通过服务创新获利提高服务化绩效，最终克服"服务化悖论"，实现服务化的成功。将四因素与服务创新获利、服务化绩效之间的关系进行描述，如图 3-3 所示。

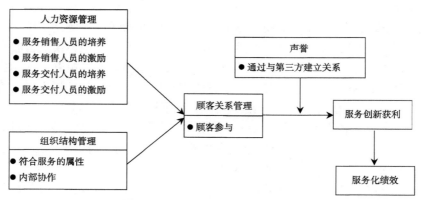

图 3-3  制造业服务创新获利要素与服务创新获利、服务化绩效之间的关系

各要素与服务创新获利、服务化绩效之间的关系是基于本章质性研究结论提出的，还未经实证的检验，未来可对该理论模型进行实证研究，进一步验证制造业服务创新获利机制的要素、要素之间的关系以及与服务化绩效之间的关系。

## 3.4  本 章 小 结

本章基于创新获利理论讨论制造业服务化成功的因素。首先论述了创新获利理论的起源和发展，总结产品创新获利机制和服务创新获利机制的内容，对产品创新和服务创新获利机制进行比较，得出产品创新对专利等知识产品的依赖性更强，服务创新获利更依靠人力资源管理、组织结构管理、顾客关系管理和声誉。而且两者的配套资产差异很大，产品创新获利的配套资产有很多，包括制造能力、销售渠道、动态能力、市场能力、资源柔性、技术能力等，而服务创新获利的配套资产仅有信息通信技术。

其次讨论了制造业服务的特点和服务创新的特征，提出制造业服务的四种类型，在此基础上指出制造业服务具有从属性、增值性、相对独立性、生命周期的不同阶段性和客户的参与性，制造业的服务创新主要来源于客户的需求、服务意识的提升、服务能力的提升，结果表现为服务流程的改善和优化、服务传递方式创新、服务作业系统创新、降低运营成本，客户是重要的创新参与者。

最后，基于对产品创新和服务创新获利机制的比较，以及制造业服务创新的特点，得出制造业服务创新获利机制有顾客关系管理、组织结构管理、人力资源管理、声誉四个因素，详细讨论了每种获利因素对制造业服务创新获利的重要作用。顾客关系管理能让顾客重复购买产品/服务来提高销售量，还能节约成本、刺激服务创意，而让顾客参与企业的运营能提高顾客的忠诚度和企业盈利，从而形成服务创新获利；制造业服务创新的成功需要组织结构的支持与保障，组织结构要设计得符合服务的属性、内部形成协作；服务销售人员和服务交付人员对服务创新企业来说是独特且稀缺的，他们的培养和激励是制造业服务业务获利必不可少的条件；声誉能使企业更好地向顾客证明所提供服务的价值，为企业的服务带来长期持续的收益。通过对四个要素的深入讨论，提出四个研究命题，并描绘了四要素与制造业服务创新获利、服务化绩效之间的关系，为后续实证研究奠定了基础。

# 第4章  制造业服务化的价值创造模式——基于服务生态系统的视角

选择一个合适的价值创造模式，并不断提升企业的价值创造能力，对任何企业都是至关重要的。很多学者对制造业服务化的模式进行了研究，但大多是从运营模式、交易模式角度进行分析，还没有文献专门对价值创造模式进行研究。本章将首先明确价值及其内涵、价值创造模式的研究特点，其次从服务生态系统视角探索制造业服务化与多方参与者共创价值的模式。

## 4.1  价值及其内涵

### 4.1.1  价值及价值创造主体

Lepak 等（2007）在 AMR（*Academy of Management Review*）上发表文章，专门梳理了价值创造和价值获取的区别和联系，认为价值创造既是指价值创造的内容，也是指价值创造的过程，取决于目标用户在主观上所实现的相对价值总量。在价值的定义及价值创造主体方面，不同学者有不同的主张。在商品主导逻辑中，价值是指交换价值，由生产者决定，在生产过程中被嵌入对象性资源（商品）中，顾客是价值的消费者和毁灭者。而在服务逻辑中，Grönroos 和 Helle（2010）、Grönroos 和 Ravald（2011）认为价值是指使用价值（value in use），即顾客的主观感知价值，顾客是价值的唯一创造者，企业只是价值促进者。服务主导逻辑的提出者 Vargo 和 Lusch（2008）也认为价值是使用价值，但取决于受益人的自身特征和服务的情境，甚至认为用情境价值（value in context）来取代使用价值更贴切，顾客是价值的共同创造者，企业仅仅提出价值主张。Vargo 和 Lusch 在 2016年进一步修正服务主导逻辑，认为价值的创造者不只有顾客，而是多个参与者，总是包括受益人（Vargo and Lusch，2016）。Smith 等（2014）提出制造业服务化转型面临的最大挑战之一是思维模式的改变，即对于价值的理解，从价值来自于商品的生产和交换过程，转变为价值是从实现顾客目标的提供物的使用过程中获得。随着服务经济的兴起，服务逻辑、服务主导逻辑更适合现代社会经济发展的规律，也更适合作为制造业服务化价值创造的理论基础。因此本章研究认为价值是指顾客的使用价值，不再是商品经济下的交换价值。同时，随着互联网经济的发展，服务生态系统逐渐建立，价值不再是顾客与企业的二元创造，而是由包括顾客、企业、合作伙伴在内的多个参与者共同创造。

### 4.1.2　价值的内涵

价值是一个具有丰富内涵的词，不同研究领域对价值内涵的关注点不同，如经济学主要研究商品的交换价值，营销学则关注顾客的感知价值。Holbrook（1994）提出价值有技术维度、金钱维度和意识维度，其中意识维度包括信任、承诺、舒适和吸引力、伦理和审美。Holbrook（1999）把价值当做一个多维构想，认为价值是一种相对的偏好，刻画消费者与产品或服务互动的经验，价值来自消费经验或持有经验。Holbrook（1999，2006）提出价值类型具有两个主要维度：第一种维度，价值是外在的（作为达到目的手段的客体或经验）或内在的（消费经验由于自身原因而被称赞）；第二种维度，价值是自我导向的（个体的个人兴趣）或者他人导向的（家庭、朋友、社会、世界等）。根据这两个维度可划分五种主要的顾客价值类型，如表 4-1 所示。

表 4-1　Holbrook 提出的两维度五种顾客价值类型

| 价值类型 | 外在的 | 内在的 |
|---|---|---|
| 自我导向的 | 功效价值：产出/投入权衡（金钱，时间，和精力节省）；卓越（功能）价值：源自实用，特点，质量，绩效，以及提供物的"卓越" | 情感价值：源自情感或情绪易受感染的状态，该情感或状态由产品（性能，趣味性，美好，外观）引起 |
| 他人导向的 | 社会价值：与个体想要反映给"他人"的形象有关 | 利他价值：通常通过基于美德、正义或品行的道德价值来研究 |

资料来源：Holbrook（1999，2006）

Ippolito（2009）提出服务企业在多重合作关系中创造的价值除了财务方面的盈利，还包括组织网络关系的能力、对顾客的理解、在顾客和合作伙伴中形成信任、为合作伙伴创造价值等。Brillet 等（2014）使用 Holbrook 对价值的研究方法，在企业间电子商务（business to business，B2B）背景下研究新服务感知价值的性质。通过对 33 家企业实施的质性研究，发现了服务创新价值多样的接受者，强调了服务的新颖性水平如何影响感知价值的性质，为 B2B 市场中的企业提供了服务创新价值的分析框架，如表 4-2 所示。价值的接受者有三类，即企业的员工、企业组织和外部利益相关者，客户与供应商相互作用的价值有功能价值、效率价值、社会价值、情感价值、道德价值，而参与者之间还有相互作用价值。

表 4-2　B2B 背景下服务创新的感知价值

| 对象 | 客户/提供商相互作用的价值 | | 参与者间相互作用的价值 |
|---|---|---|---|
| | 外在的 | 内在的 | |
| 公司职员（员工，采购中心职员） | 功能价值：任务绩效，灵活性；效率价值：预算控制，节省时间，便利性；社会价值：提升公司在员工心目中的形象 | 情感价值：职业/个人平衡，幸福，平静，挫折，恐惧；道德价值：公民 | 相互作用的价值：与供应商，购买者个人间的相互作用 |
| 作为一个整体的组织 | 功能价值：性能，灵活性；效率价值：金钱和时间节省，提高生产力 | 情感价值：一般气氛；道德价值：共同责任价值观，社会承诺 | |
| 外部利益相关者 | 功能价值：适应性，质量；效率价值：以一个好的价格销售，改善针对客户的竞争性社会价值：提升公司形象 | 情感价值：给客户和竞争者深刻印象；道德价值：社会承诺 | |

注：表头第一列合并单元格为"价值交付的接受者"。

资料来源：Brillet 等（2014）

　　顾客使用价值也是一种主观感知价值，因此这种感知价值的内涵除了经济价值（包括功能价值和效率价值）、情感价值、道德价值外，还有社会价值和参与者相互作用的价值。这与服务生态系统中价值是由多个参与者共同创造（Vargo and Lusch，2016）的观点也是一致的。

　　服务逻辑下，制造业通过匹配供应商与顾客的实践来创造价值，顾客方产生以增长或溢价定价机会或节省成本/成本控制机会形式创造的价值，供应方产生以向上销售、再销售和交叉销售或溢价定价机会或节省成本/成本控制机会形式创造的价值（Grönroos and Helle，2010），这种价值可被视为功能价值和效率价值。White 等（1999）、Mont（2004）提出服务化战略在许多情况下都能带来环境效益，可以促进企业采用耐用的原材料和设计，延长物品的寿命，降低原材料和能源的消耗；可以促使企业改进物品的维护和操作，或者进行更有效的设计，优化物品的利用；可以通过回收活动降低废弃物对环境的影响。这种环境效益可被视为企业创造的道德价值和社会价值。由于道德价值和社会价值难以测量和估算，在研究企业层面的价值创造时，普遍不作为研究对象，而情感价值（主要指顾客满意度和忠诚度），由于在制造业服务化过程中企业总是会想办法更好地满足顾客的需求，因此情感价值是普遍能产生的。因此本章研究把价值的内涵界定为功能价值、效率价值和情感价值。

## 4.2　价值创造模式及服务生态系统

### 4.2.1　价值创造模式的研究特点

Lepak 等（2007）从社会、组织、个体三个层面分析和讨论价值创造和价值获取，认为在组织层面价值创造的目标和用户是消费者和社会，主要过程是发明、创新、研发、知识创造、结构和社会条件、激励选择和培训。陈应龙（2014）研究双边市场中平台企业的商业模式，认为价值创造就是向市场创造、生产和交付产品/服务等利益的价值活动，价值创造就是价值创造活动及其之间的相互关系，在企业层面主要包含三个因素：①为谁创造价值，即目标市场的确定；②创造什么价值，即提出价值主张；③如何创造价值，即组织价值活动，三个因素就是价值创造活动的目标、内容和过程。

　　Grönroos 和 Helle（2010）在制造业中采用服务逻辑度量相互价值创造，提出顾客价值创造逻辑，如图 4-1 所示。供应商与顾客通过形成实践匹配，对技术价值产生影响，技术价值进一步影响金钱价值和心理价值。但供应商与顾客实践匹配的成功需要供应商方和顾客方满足一定的前提条件，即供应商要理解顾客业务流程和顾客的相关实践，顾客也要理解供应商的业务逻辑，并愿意与其匹配相关的实践。

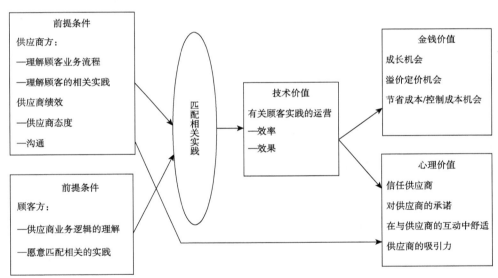

图 4-1　顾客价值创造逻辑

资料来源：Grönroos 和 Helle（2010）

　　Iyanna（2015）基于扩展的方法-目的理论提出评估共创价值的模型，即可利用资源（目标形成前）-目标-资源整合（方式）-价值感知（结果）-目标模型，并认为其研究结论支持 Vargo 和 Lusch（2004）提出的情境导向价值理念。Töytäri（2015）研究评估服务中价值共创与价值获取潜力的管理框架，通过调查多案例企业的管理实践来评估纵向买家-卖家关系中价值创造和价值获取的潜力，得出工业企业需要发展新能力来高效管理机会生命周期不同阶段的价值销售机会。

Vidal 等（2015）基于利益相关者理论研究巴西企业的价值创造模型，目的是理解顶级巴西企业如何考虑及向他们的利益相关者沟通价值创造，通过定性的内容分析法分析巴西 25 家顶级企业持续性的综合报道，这些企业的利益相关者价值创造模型主要被分为三类——狭窄的、宽泛的或从窄到宽的过渡，发现许多企业都是处于宽窄的过渡期，还确定了企业关心的利益相关者价值创造的 7 个领域，即更好的利益相关者关系、更好的工作环境、环境保护、增加顾客基础、地方发展、声誉和利益相关者对话。Iglesias 等（2013）基于品牌有机视角研究品牌的价值共创模型，其研究考虑不同业务范围，包括快速消费品、服务和 B2B，提出品牌传统上是由许多不同的利益相关者共同创造，通过不断地协商，常常超越品牌经理设置的战略目标，管理者需要发展更加谦逊、开放和参与的领导风格。品牌的价值共创模型如图 4-2 所示。

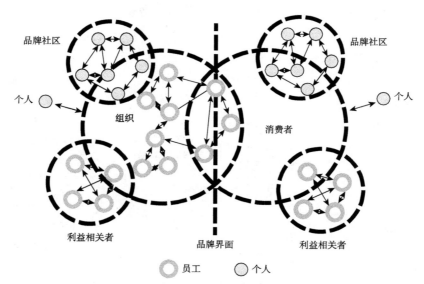

图 4-2　品牌的价值共创模型

资料来源：Iglesias 等（2013）

Hsu（2015）研究组织创新战略——价值共创战略模型。通过两次问卷调查，价值共创战略概念模型被提出，解释了创新、营销、设计共创战略和新产品开发（new product development，NPD）绩效之间的关系。企业的创新、营销、设计和共创战略分别都影响 NPD 绩效，这些战略通过全面的共创也会影响 NPD 绩效。价值共创战略模型如图 4-3 所示。

Marceau（2013）基于企业管理中的价值链原理提出价值创造模型，重点研究企业资源盈利能力相关补贴的发生率，区分能直接盈利的活动和有支持功能的活动，价值共创模型如图 4-4 所示。

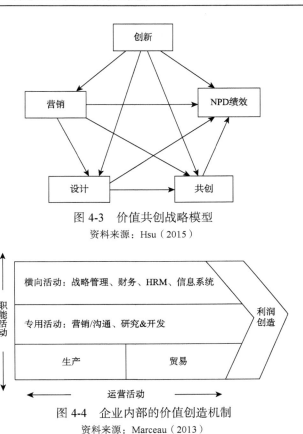

图 4-3　价值共创战略模型

资料来源：Hsu（2015）

图 4-4　企业内部的价值创造机制

资料来源：Marceau（2013）

　　从以上研究可以看出，学者对价值创造模式的研究有以下三个特点：①通常会基于某种理论，如服务逻辑、方法–目的理论、利益相关者理论、有机视角、价值链原理等，根据该理论提出价值创造模式；②不同研究对象的价值创造模型都不相同，有的是描述价值创造的过程（Grönroos and Helle，2010；Marceau，2013），有的是表现价值创造主体（Iglesias et al.，2013），有的是体现企业内各种职能活动与价值创造之间的关系（Hsu，2015），这与它们的研究方法和所依据理论不同有关，也说明价值创造模式还没有一种公认的形式，研究者可以根据研究对象和目的进行灵活设计；③前文所述价值的含义（顾客使用价值）、价值的创造者（顾客、企业在内的多个参与者）以及价值的内涵（功能价值、效率价值和情感价值），现有的价值创造模式还没有全面地表现这几方面。

　　2004 年美国营销协会（American Marketing Association，AMA）将营销定义为"为顾客创造、沟通和传递价值，并管理顾客关系的组织功能和一系列过程"。2007 年又将营销定义修改为"创造、沟通、传递、交换对顾客、客户、合作伙伴和整个社会具有价值的提供物的一系列活动、组织、制度和过程"。而 STP，即市场细分（segmenting）、目标市场（targeting）、市场定位（positioning）理论普遍被认为是现代市场营销战略的核心。因此，本章研究认同陈应龙（2014）提出的价值创造模式三要素，即确定目标市场、提出价值主张和组织价值创造活动。另外，制造业服务化涉及制造商、供应商、分销商等传统价值链的参与者，也涉及互联网环境下与顾客交互、与其他合作伙伴的跨界合作，基于此，服务生态系统理论是研究这一现象的合适理论，因为服务生态系统就是突破传统企业-顾客二元交换、涵盖通过资源集成和服务供应来协同创造价值的一组社会和经济行动者的理论视角。在经济全球化和互联网普及的今天，企业与供应商、分销商、顾客、外界的沟通与协作越来越便利，资源整合和共享成为常态，服务生态系统就是适合研究这种复杂价值创造网络的理论视角。因此，本研究将从服务生态系统视角，对制造业服务化的价值创造模式三要素——确定目标市场、提出价值主张和组织价值创造活动进行研究。

### 4.2.2 服务生态系统

Vargo 和 Lusch（2004）提出的服务主导逻辑拓宽了企业-顾客二元交换的研究视角。Vargo 和 Lusch（2008）的服务主导逻辑提出所有经济活动和社会活动的参与者都是资源整合者。Chandler 和 Vargo（2011）将服务对服务交换的参与者分为四个情景层面：①二元的微观情景层面；②三元的中观情景层面；③复杂网络的宏观情景层面；④情景元层，即服务生态系统。在服务生态系统层面交换重要的是制度化或者各种参与者网络合法化的过程。服务生态系统的概念是价值共创的基础，因为相对于个人、二元、三元、复杂网络的个人服务贡献，它承认大范围社会结构和制度如何发展。Chandler 和 Vargo（2011）提供了一个更长远的视角来看待行动者，即不是把行动者作为生产者和消费者的双重角色看待，而是从更一般的意义上来看——处于其他行动者系统中的行动者们通过资源集成和服务供应来协同创造价值。这种新视角转向系统导向，使用"生态系统"来表明行动者-环境的交互和能量流动，使用"服务生态系统"来明确这种关键流动——相互服务提供（Vargo and Lusch，2016）。Lusch 和 Vargo（2014）将服务生态系统定义为一个相对独立的、自我调节的系统，资源整合者通过共享的制度安排和通过服务交换相互价值创造来联系。李雷等（2013）认为服务生态系统是服务主导逻辑的最终归宿，在这个系统中，参与者的最终目的不再是实现自身和合作伙伴的利益，而是提高整个服务生态系统的适应性和可持续性。Lusch 和 Nambisan（2015）认为服务生态系统主要由松散耦合的社会和经济（资源整合）行动者组成，而行动者是通过交换服务共享制度逻辑和协同价值创造来实现相互联系。因此服务生态系统由三个要素组成：①社会和经济行动者，他们的价值主张大多耦合松散；②共享制度逻辑，能使认知差异相当大的不同行动者之间具有一个共享的世界观；③共同设置的规则和原则，能协调参与者和他们的服务交换。Akaka等（2013）还提出价值共创的参与者在地域上一步步扩展，从企业-顾客个人交换扩展到当地的、组织内交换，全国、国际和全球范围内交换。

　　总的来说，服务生态系统是服务主导逻辑将参与服务交换的行动者范围从二元、三元、网络进一步扩展的结果，处于其他行动者系统中的行动者也参与到价值共创活动中来，它们通过共同协商设置的制度和规则进行服务交换并共同为顾客创造价值。在前文所述的价值创造模式三要素中，根据服务主导逻辑"所有经济都是服务经济、服务是一切经济交换的根本基础"（Vargo and Lusch，2008）的命题，企业的目标市场将会由产品需求者转变为服务需求者；价值主张将由二元情境下企业向顾客提出，转变为服务生态系统视角下跨系统的参与者共同向顾客提出；价值创造活动也由供应商、制造企业、分销商、顾客组成的传统价值创造活动，转变为服务生态系统中的多方参与者在共同设置的制度和规则下相互协作共同创造价值的活动。服务生态系统视角下的价值创造模式如图 4-5 所示。

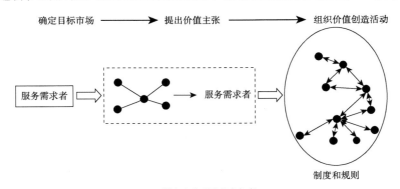

图 4-5　服务生态系统视角下的价值创造模式

　　图 4-5 中参考 Chandler 和 Vargo（2011）对复杂网络和服务生态系统的表达形式，用"黑点"表示复杂网络、服务生态系统的参与者，用"连线"表示参与者之间相互联系，用"双向箭头"表示参与者之间进行服务交换。"确定目标市场"部分表示服务生态系统下企业的目标市场是服务需求者；"提出价值主张"部分用参与者组成的"复杂网络"表示价值主张的提出者，它们共同向目标市场的对象——服务需求者提出价值主张；"组织价值创造活动"部分表示服务生态系统的参与者在制度和规则的协调下相互进行服务交换。虽然服务生态系统的参与者都可以参与价值主张的创造和提出（Vargo and Lusch，2016），但是"复杂网络"的参与者是价值主张的直接提出者，为了表达上的简洁、明确，用"复杂网

络"而不是"服务生态系统"作为价值主张的提出者。

# 4.3 确定目标市场

## 4.3.1 服务生态系统下制造业服务化的目标市场

在产品主导逻辑下,制造业主要是生产产品、销售产品,与顾客进行产品交换,目标市场就是对产品有需求的顾客。而服务生态系统是服务主导逻辑理论的一部分,服务生态系统下,一切经济都是服务经济,服务是一切经济交换的根本基础(Vargo and Lusch,2008)。制造业进行服务化向顾客提供的也是服务,产品只是服务提供物的分销机制。如前文所述,制造业服务化向顾客提供的服务包括:产品延伸服务,如保养、维修、退换服务;产品功能服务,如财务信贷、融资租赁、众筹共享服务;整体解决方案,为用户提供系统设计、安装、运营和维护等总集成、总承包、总服务。

在服务主导逻辑下,制造业服务化为用户提供各种服务,将目标市场由产品需求者变为服务需求者,因此目标市场的范围也发生了变化。企业利用技术和人才优势开展产品延伸服务为顾客提供了便利、节约了成本,一方面提高了自身产品的吸引力,另一方面将对延伸服务有需求的其他企业服务的购买者也纳入目标市场。例如,GE 在 20 世纪 90 年代,将业务由生产销售飞机引擎、机车和发电设备扩展到飞机引擎维修服务,在全球各地收购引擎维修服务商店,降低引擎维修成本,不仅为 GE 飞机引擎的买家提供维修服务,还为其他品牌飞机引擎的买家提供服务,之后飞机引擎服务的收入大幅提升,很快就超过了制造业务。财务信贷、融资租赁等产品功能性服务能将对产品有需求但没有一次性购买能力或对产品有短暂需求的顾客也纳入目标市场,扩大目标市场的范围。例如,福特汽车为经销商和客户提供金融服务,包括消费信贷、信托租赁、保险业务等,很快提升了汽车销售量、市场占有率和企业利润。整体解决方案将对产品有需求,但缺乏施工或运营维修能力的客户纳入目标市场,扩大了目标市场范围。例如,提供电力设备和轨道交通设备总集成的阿尔斯通,为用户提供覆盖产品维护、设备更新、零件供应链管理、客户培训、技术咨询等环节的服务,以及覆盖产品设备全生命周期的修理、维护、备件管理与技术支持,从 2002 年前后濒临破产发展为目前的国际城市轨道设备产品寡头之一。

## 4.3.2 常见企业服务化前后目标市场的变化

制造业服务化已发表论文、期刊和已出版书籍中,有些企业服务化的案例经常被讨论，如 Rolls-Royce、GE、IBM，中国的陕鼓、杭氧、红领、海尔等，本章研究收集相关二手资料，总结分析常见服务化企业在服务化前后目标市场的变化，从而发现服务化后目标市场的变化规律。常见制造企业服务化前后目标市场内容的变化如表 4-3 所示。

表 4-3　常见制造企业服务化前后目标市场的变化

| 企业 | 服务化前的目标市场 | 服务化后的目标市场 |
| --- | --- | --- |
| 通用汽车为用户提供财务信贷服务 | 对汽车有需求并具备一次性购买能力的顾客 | 将暂时没有购买能力但有用车需求，并有稳定收入的顾客也纳入其中 |
| 卡特彼勒为用户提供融资租赁、以租代售、以旧换新等 | 对设备有需求并具备一次性购买能力的用户 | 将有设备需求但不具备一次性购买能力、临时使用设备的用户也纳入目标市场 |
| 杭氧由销售工业气体设备到销售气体 | 对气体有需求并具备一次性购买设备能力的企业客户 | 增加了对工业气体有需求、但设备购买能力不足的企业 |
| 陕鼓提供工程成套服务 | 对产品有需求并具备选址、厂房建设和一次性购买能力的企业客户 | 吸引了对厂房及基础设施建设经验不足的企业客户 |
| GE 提供设备远程诊断服务 | 对设备有需求的客户企业 | 增加了不方便维修维护设备的客户群，也提高了产品的吸引力 |
| 危险化工品生产企业由只卖产品转为卖产品+运输+仓储 | 对危险化工品有需求的企业 | 将缺乏危险品运输仓储能力的用户也纳入了目标市场 |
| Rolls-Royce 飞机引擎绩效保证式合同 | 对产品有需求并具备一次性购买设备能力的客户 | 对飞机引擎使用有需求的客户 |
| IBM 服务转型 | 对大型主机有需求的大型企业客户 | 对 IT 软硬件产品、基础服务和咨询服务有需求的企业、事业单位、政府部门等 |
| 红领集团提供"裁缝"服务 | 大规模、标准化服装对应中低端市场 | 对量身定制有需求的中高端人群，重视着装品位与个性、追求时尚的都市白领、艺人、政界及商界等成功人士 |

资料来源：安筱鹏（2012）；王晶等（2015）；张雅莎（2014）；赵勇等（2012）

从案例企业服务化前后目标市场的变化来看，在服务主导逻辑下，企业服务化后为顾客提供的产品+服务满足了更多顾客的需求，通常是扩大了目标市场，如通用汽车、卡特彼勒、杭氧、陕鼓、GE、危险化工品企业、Rolls-Royce。但也有部分企业随着提供产品转向提供服务，目标市场发生了变化，如 IBM 的目标市场由计算机主机需求的用户转变为对咨询、科技整合服务有需求的用户，红领集团的目标市场由中低端市场转变为中高端市场。而以使用为导向的产品功能服务模式，由于降低了资金门槛，产品的使用者会增多，但是这种服务模式适合有市场潜力的产品，如汽车、高科技产品。如果制造企业所处的是朝阳行业，产品的适众人群多，就比较适合采用功能性服务模式来扩大目标市场。反之，如果企业所处的行业正在萎缩，市场需求越来越少，那就需要通过服务化转变目标市场，如 IBM 和红领，利用企业已有的技术和人才优势，积极进行服务转型，把目标市场锁定为更有增长潜力的市场。

# 4.4　提出价值主张

## 4.4.1　制造业服务化的价值主张

Lapierre 等（2008）认为企业主张的价值由一系列产品和服务特征构成，这些特征都同样被重视，因为它们在特定的使用情况下会实现顾客的目标。Smith 等（2014）基于服务主导逻辑，通过对溢价耐用资本设备制造商的深入案例研究，提出制造业服务化的四种价值主张——产品价值主张、修复价值主张、可用性价值主张和结果价值主张，这些价值主张之间存在相互依存性，随着价值主张的升级，情境多样性逐渐增加。这四种价值主张来自产品、服务和产品服务整体三个方面，与制造业服务化的运营模式相似。制造业服务化的运营模式分为产品延伸服务/产品导向、产品功能服务/使用导向、整体解决方案/结果导向（Mont，2004；Tukker，2004；Neely，2009；郭怡萍和严万璋，2012）。但是 Smith 等（2014）提出价值主张不仅包括服务形式和具体内容，还包括能给顾客带来的使用价值，例如，产品价值主张包含产品自身主张的价值，修复价值主张包含为产品提供维修、零部件带来的价值，可用性价值主张包含确保资产快速恢复到可用的状态、最大化设备使用价值，结果价值主张包含与顾客共同实现目标。因此，制造业服务化的价值主张可视为制造企业提出的产品/服务形式以及能创造的价值。这四种价值主张涉及的价值内涵有功能价值（产品自身主张的价值）、效率价值（确保资产快速恢复到可用的状态，最大化设备使用价值）、情感价值（与顾客一起实现目标，通过四种价值主张提高顾客满意度）。

郭怡萍和严万璋（2012）在对四个成功服务化的制造企业——卡特彼勒、日本森精机制造所、OTIS 电梯公司和中国台湾广运机械进行案例分析之后，得出四家企业的服务化驱动力、运营模式及收益。其中，四家企业的服务模式、服务内容以及能为客户、企业带来的收益可视为制造业服务化的价值主张，总结如表 4-4 所示。

表 4-4　成功服务化案例企业的价值主张

| 企业 | 服务模式 | 服务内容 | 客户收益 | 企业收益 |
| --- | --- | --- | --- | --- |
| 卡特彼勒 | 产品延伸服务 | 代理商客户服务 | 专业知识训练<br>缩短维修时间 | 深化客户关系 |
| | 产品延伸服务 | 再制造/二手货交易 | 降低购买成本<br>品质保证 | 深化客户关系<br>增加企业营收<br>租赁设备货源 |

续表

| 企业 | 服务模式 | 服务内容 | 客户收益 | 企业收益 |
|---|---|---|---|---|
| 卡特彼勒 | 功能服务 | 租赁/金融服务 | 降低购买成本<br>提高采购效率<br>品质保证 | 深化客户关系<br>增加企业营收<br>取得客户信息 |
| | 整体解决方案 | 系统整合<br>营运服务<br>融资服务 | 专业知识训练<br>增加物流效率<br>降低购买成本 | 深化客户关系<br>增加企业营收<br>取得客户信息 |
| 森精机制造所 | 产品延伸服务 | 远程控制、预警系统 | 缩短维修时间 | 缩短维修时间<br>出货效率提升 |
| OTIS 电梯公司 | 功能服务 | 电梯维修 | 降低购买成本<br>免费电梯 | 稳固电梯合约<br>增加企业营收 |
| 广运机械 | 产品延伸服务<br>整体解决方案 | 导入企业资源规划系统，建立知识分享平台 | 缩短开发时间<br>提高生产效率 | 深化客户关系<br>拉高技术门槛<br>吸引客源订单 |

资料来源：郭怡萍和严万璋（2012）

四家企业实施服务化后为客户和企业带来的收益不仅包括功能价值（增加企业营收、拉高技术门槛、取得客户信息、吸引客源订单、专业知识训练）、效率价值（降低购买成本、缩短维修时间、提高生产效率），还包括情感价值（深化客户关系）。

Porter 和 Heppelmann（2015）提出互联网环境下制造业的产品由实物件、敏捷件和连接件组成，这种智能互联产品的售后服务有五种形式——一站式服务、远程服务、预防性服务、增强现实支持服务和新服务。一站式服务是指技术人员不需要两次甚至多次来到客户所在地，只需远程诊断问题，在第一次去客户所在地时就能将维修所需的零件和工具带在身边，仅仅一次就能完成维修任务，而且成功率提升；远程服务是指智能互联产品可以通过连接来传递服务，服务技术人员能够在不在场的情况下获取机器的信息，通过重启设备、发送软件升级、与现场技术人员沟通来修理故障，能降低服务成本和设备停工时间，也能大幅度提升顾客满意度；预防性服务是指企业使用预测性分析来预见智能互联产品中的问题并采取行动，远程采取必要的维护，或者派遣技术人员修理或更换零件；增强现实支持服务是指智能互联产品通过搜集大量数据为服务人员单独工作、在一起工作和与顾客一起工作创造新的方式，当包含产品服务需求和一步步维修指导信息时，服务效率和效果能大幅度提高；新服务是指智能互联产品通过提供数据、连接和分析，扩大传统的服务职能，创造新的服务活动。对智能互联产品的服务形式及为客户、企业带来的收益进行总结，结果如表4-5所示。

**表 4-5　智能互联产品的服务形式及客户、企业收益**

| 服务形式 | 客户收益 | 企业收益 |
|---|---|---|
| 一站式服务 | 减少维修时间<br>提升成功率 | 减少维修成本<br>节约维修时间 |
| 远程服务 | 降低服务成本<br>减少设备停工时间<br>大幅度提升顾客满意度 | 提高营收<br>大幅度提升顾客满意度 |
| 预防性服务 | 减少成本<br>减少停工时间<br>及时提升产品性能 | 节约维修成本<br>提高顾客满意度 |
| 增强现实支持服务 | 提高服务效率<br>提高服务质量 | 节省服务成本<br>提高顾客满意度 |
| 新服务 | 提高产品使用效率<br>降低使用成本<br>提高满意度 | 扩大服务活动范围<br>提高营收<br>提高顾客满意度 |

资料来源：Porter 和 Heppelmann（2015）

　　Porter 和 Heppelmann（2015）提出的智能互联产品价值主张也包括功能价值（增加营收、提高服务质量）、效率价值（提高服务效率、降低使用成本、提高成功率），以及情感价值（提高顾客满意度）。

　　Smith 等（2014）、郭怡萍和严万璋（2012）、Porter 和 Heppelmann（2015）提出的制造业服务化价值主张主要是指企业与顾客之间共创的价值，并没有涉及价值创造的其他参与者。同时，他们的研究都是基于耐用资本设备制造商，如卡特彼勒、OTIS 电梯，强调售后的修复、维护以及整体解决方案服务，因此这样的结论并不完全适合消费品制造商。消费品制造商面对越来越个性化、定制化的市场需求，需要为顾客进行个性化设计和制造。例如，服装、饰品、家具等制造商，除了提出产品自身主张的价值以及售后的维修维护、产品服务整体外，还会在产品生产之前为顾客提供个性化设计服务。对消费品制造企业来说，个性化设计服务是企业为顾客提供的最鲜明的价值主张。例如，制衣企业红领集团提出为顾客提供量身定制的"裁缝"服务，豪柏钻石提出根据顾客的故事为顾客制作独一无二的饰品，家具企业尚品宅配提出"全屋家具数码定制"的服务。因此，可以认为制造业服务化的价值主张应该包括五种，即个性化设计、产品、修复、可用性和结果。在 Smith 等（2014）提出的四种价值主张基础上，将制造业服务化五种价值主张进行阐述，如表 4-6 所示。

**表 4-6　制造业服务化的五种价值主张**

| 价值主张 | 表现形式 | 给顾客带来的价值 |
|---|---|---|
| 个性化设计 | 针对顾客的需求设计独一无二的产品 | 最大化满足顾客的需求，提高采购效率 |
| 产品 | 产品自身的性能、外观、品质等 | 产品自身主张的价值 |
| 修复 | 远程诊断服务<br>设备维修服务 | 确保资产快速恢复到可用的状态 |

续表

| 价值主张 | 表现形式 | 给顾客带来的价值 |
| --- | --- | --- |
| 可用性 | 设备维护服务<br>零件预测与供给<br>使用寿命和报废预测与计划建议<br>回收再制造服务<br>租赁/金融服务<br>由卖设备改为卖功能 | 最大化设备的潜在使用价值，减少资源浪费，为顾客减少资金占用、节省精力 |
| 结果 | 整体解决方案（从产品设计、施工到运营维护的总集成、总承包） | 减轻顾客非核心业务的负担，企业与顾客一起实现顾客的运营目标 |

资料来源：在 Smith 等（2014）基础上修改

个性化设计将为顾客带来：①功能价值——最大化满足顾客独特的使用需求；②效率价值；③一次性满足顾客所有需求，提高顾客的采购效率，减少资源浪费；④情感价值——让顾客感受到自己的独一无二以及企业对自己的贴心和关注，提高顾客满意度。加上前文所述的产品、修复、可用性和整体解决方案的价值内涵，五种价值主张都体现了功能价值、效率价值和情感价值三种价值内涵。

### 4.4.2　价值主张的提出者

根据前文所述，在服务生态系统中，价值不仅是由顾客和制造企业共同创造的，还包括供应商、分销商、外界的合作伙伴等。对于价值主张的提出者，如 Vargo 和 Lusch 在 2004 年提出仅仅企业能提出价值主张，2008 年依然认为只有企业能提出价值主张，但在 2016 年 *Institutions and axioms：an extension and update of service-dominant logic* 一文中，颠覆了以往的界定，提出"参与者（actors）"都可以参与价值主张的创造和提出。因此，价值主张的提出者不再只有企业，还包括了企业的合作伙伴、顾客，甚至供应商、分销商等。例如，手机等智能化产品，移动终端制造商、移动运营商、移动应用平台和应用服务开发商都会为用户创造价值，向用户提出价值主张。移动终端制造商为用户提供手机电路板、显示器、发受话器、电池等硬件，移动运营商为用户提供通信网络信号，移动应用平台为用户提供移动终端软件，而应用服务开发商为移动应用平台提供移动终端软件。同时，移动运营商以终端代售、合作推广、装机嵌入等方式与移动应用平台合作，为用户提供各种移动终端应用服务（杨学成和陶晓波，2015）。因此，不仅是移动终端制造商，其合作伙伴——移动运营商、移动应用平台、应用服务开发商都为用户创造价值，都向用户提出价值主张。而移动运营商和应用服务开发商又为移动应用平台创造价值，向移动应用平台提出价值主张。再如，华为在 2016 年 4 月发布 P9 系列手机，首次与德国百年传奇相机品牌徕卡合作，设计和开发了全新的拍照系统，且 P9 手机背面的相机镜头处印有徕卡的品牌符号，对于消费者而言，虽然是向华为公司购买的手机，但内心会认为是华为和徕卡同时向其提出了价值主张。同一个品牌的服装分别在京东和淘宝上卖，消费者更愿意选择在京东上买，哪怕价格高一点，因为京东的信誉高、物流快，所以该品牌的制衣企业和分销商共同向消费者提出价值主张。

因此，在服务生态系统背景下，制造业服务化过程中不仅是制造企业向顾客提出价值主张，制造企业的合作伙伴也对顾客提出价值主张，而制造企业合作伙伴之间又相互提出价值主张。当然，传统价值链下供应商、分销商、售后服务合作方、顾客等都参与企业的价值共创活动，也都提出价值主张。如前文所述，为了表达上的简洁、明确，把直接提出价值主张的"复杂网络"作为价值主张的提出者。根据前文服务生态系统视角下价值创造模式的表达，重新归纳制造业服务化价值主张的提出者以及所提出的价值主张，如图 4-6 所示。

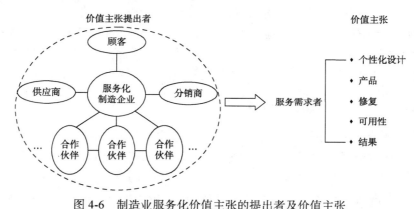

图 4-6    制造业服务化价值主张的提出者及价值主张

# 4.5   组织价值创造活动

## 4.5.1  传统的价值创造活动

Porter（1985）在探讨企业应该如何创造并维持竞争优势时提出了价值链的分析框架，将产生利润的企业活动分为主要活动和辅助活动，主要活动包括运输物流、生产加工、营销销售和服务，辅助活动包括企业基本建设、人力资源管理、技术开发和采购。Porter 的价值链被认为适合传统的、高度纵向一体化的生产制造型企业（陈应龙，2014），并不适合作为制造业服务化的价值创造活动。Grönroos 和 Helle（2010）提出顾客价值创造逻辑，在 B2B 背景下、顾客与供应商相互理解的前提下，顾客与供应商实践匹配以共创价值，如图 4-7 所示。通过供应商与顾客实践的匹配，供应商对顾客实施了完全的服务，提高了双方的工作效率和效果，也会产生相当的经济效益、信任和顾客满意度。但该价值创造活动没有考虑合作伙伴的参与，是在 B2B 背景下提出的，因此有一定的片面性。

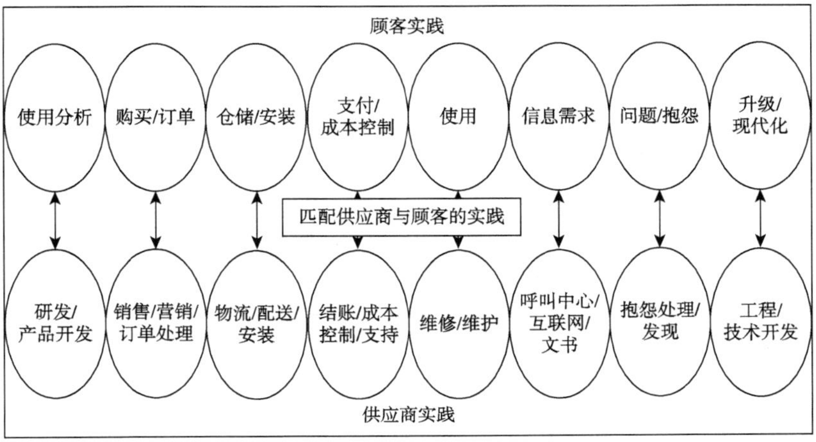

图 4-7　B2B 背景下顾客与供应商实践匹配

资料来源：Grönroos 和 Helle（2010）

杨学成和陶晓波（2015）以小米公司的社会化价值共创为例，梳理了从实体价值链、价值矩阵到柔性价值网的企业价值创造模式。实体价值链是研发—生产—销售—服务的垂直链条式结构，价值矩阵融合了实体价值链和虚拟价值链，加入了企业对信息的收集、组织、选择、合成和分配；而柔性价值网是在价值矩阵的基础上，增加用户链接驱动的价值共创、用户互动驱动的价值共创与用户重构驱动的价值共创三条主线，从而实现物质资源与信息资源无缝衔接，做到社会化价值共创。柔性价值网在实体价值链的基础上加入虚拟价值链和用户的参与，更加全面、立体，也更符合互联网环境下企业的经营环境，但柔性价值网主要从顾客参与企业价值创造的角度进行研究，也没有将跨界的合作伙伴考虑其中。

### 4.5.2　制造业服务化价值共创的参与者及其职能

Pinho 等（2014）认为服务环境变得日益复杂，供应商网络与顾客网络互动，为了理解这种新环境，考虑服务生态系统各部分以及他们相关联系的全局观点是关键的。靠顾客与服务提供者之间的二元互动来共创价值是不够的，还要考虑网络中不同参与者支持和推动的价值共创互动。Ippolito（2009）研究服务企业多重合作关系中创造的价值，提出服务企业通过发展与网络中不同参与者之间的合作关系来创造价值，同时服务网络中的不同参与者都能获得价值，如表 4-7 所示。

表 4-7　服务网络参与者共同创造的价值

| 顾客的价值 | 合作伙伴的价值 | 战略中心企业的价值 |
|---|---|---|
| • 获得的经济收益<br>• 知识和信任 | • 利润<br>• 顾客参与创造的价值<br>• 转化和整合知识的能力<br>• 在顾客与合作伙伴企业中形成的信任<br>• 理解顾客 | • 合作伙伴企业的价值<br>• 组织网络关系的能力 |

资料来源：Ippolito（2009）

制造业服务化形成的服务生态系统也有多个参与者，除了传统价值链上的供应商、分销商外，还有顾客和跨界合作的伙伴，他们共同为顾客创造价值，相互之间也创造价值。成功进行服务化转型的装备制造企业陕西鼓风机集团，在服务化过程中与多方建立战略合作关系，即与重点客户展开战略合作；与重点配套商进行合作，除了提供风机主机设备外，还与配套设备厂商建立合作，进行人力资源培训；与重点外协厂商进行合作，德国西门子、美国 GE、瑞士马格等许多知名企业都是陕鼓协作网的成员；与金融机构合作，与多家银行建立合作关系，提高存贷款、外汇管理水平和融资服务质量；与原材料供应商合作，通过共享生产计划，实行供应商库存管理，避免原料短缺、降低库存费用；与科研机构合作，以委托开发、联合开发、委托审核等方式，借助大专院校、科研院力量，提高产品和服务的研发能力。海尔新产品的诞生也是多方合作的结果，通常是顾客提出创意，然后海尔到外部寻找研发、设计资源，再由模块供应商提供原材料和组件，如海尔新产品"子母免清洗"洗衣机就是这样的诞生过程。海尔了解到消费者对"洗衣机自清洁"的使用痛点后，收集创客的方案，再借助"全球科技创新"平台，与中国科学院合作研发免清洗系统，又与美国3M、联合利华、陶氏等全球 500 强企业进行资源整合和专利分享，最终生产出了具有行业突破性的新产品——免清洗洗衣机。海尔的天樽空调也是从顾客对当时空调的抱怨开始，整合了时尚界的流行元素和汽车行业的设计，又与中国空间动力研究院合作降低空调噪音而完成的。最终，参与创造这款新空调的各方包括提出抱怨的消费者、跨界设计师、中国空间动力研究院等都从中获利。

1. 合作伙伴

在前文所述的制造业服务化运营模式中，产品延伸服务是基于核心价值链向上或向下延伸；产品功能服务是企业向顾客提供产品功能；整体解决方案是为顾客提供一整套解决方案或结果。在服务生态系统下，服务是一切交易的基础，制造业服务化的运营模式倾向于产品功能服务和整体解决方案。在产品功能服务模式下，企业的合作伙伴主要是金融机构，如银行、信贷公司，为用户提供租赁和信贷；整体解决方案模式下的合作伙伴有很多，在研发设计方面合作伙伴有专门的科研机构、高校、外部企业等，售后的安装、配送、培训、维修、维护方面合作伙伴有专业的售后服务商；以旧换新、回收再利用服务的合作伙伴有政府部门、回收企业、拆解处理企业。不管是产品功能服务还是整体解决方案，都会有供应商（代工基地、设备供应商、原材料供应商）、顾客和分销商参与价值共创。每种服务形式都会有相关的合作伙伴，随着制造业不断的服务创新，合作伙伴会越来越多。下面就制造业服务化中常见服务形式的合作伙伴关系进行论述。

（1）跨界研发。随着市场竞争的日益激烈，企业为了更好满足顾客的需求，在研发过程中常常需要从外部组织获取创新知识。除了科研机构、高校、外部企业外，服务中介机构也被认为是重要的服务创新知识源，还能为制造企业进入各种异质性社会网络提供桥梁，并帮助制造企业解决跨界搜索难题，促进服务创新（张文红等，2010）。有学者验证了企业与外部研发机构建立联系能够提升企业创新绩效（张文红等，2014b；奉小彬，2012；徐建中和曲小瑜，2014），也有学者认为研发团队的跨界活动是实现创新的一把"双刃剑"，研发失败率很高（袁庆宏等，2015）。信息资源的跨边界共享具有跨界流动、产权分离、主体多元、合作协同与效益分享五大特征（张波等，2014）。跨界研发会导致产权不清和共享主体，继而带来利益冲突和协调困难，从而弱化信息的价值、降低研发的效率。因此必须在深入剖析知识复杂性基础上，细致平衡吸收与解吸能力各维度，才能提高跨界研发的成功率（韵江等，2014）。另外，跨界研发可以通过团队反思来提高创新绩效，通过知识交易来提高创造力，共享授权领导和垂直授权领导能够调节团队跨界活动与团队反思之间的关系，而低不确定性规避能够提高跨界行为与创造力之间的正相关关系（袁庆宏等，2015；徐建中和曲小瑜，2014）。因此，跨界研发要想提高企业的创新绩效，需要通过协议等制度性文件清晰界定共享主体的权利和义务，并加强自身的吸收能力和抗风险能力，通过反思、领导形式的变革来提高企业的创新绩效。

（2）外包售后服务。企业给用户提供售后服务有两种形式，一种是自建售后服务网络，一种是外包。企业为了关注自身核心能力建设，很多时候都把售后服务的业务外包给签约服务商或特约服务商。例如，我国家电企业售后服务有90%是外包给第三方的（于昊，2012）。然而售后服务的投诉率居高不下，导致企业声誉受损。刘嘉等（2015）认为在售后服务外包方式下，消费者产权遭到分割，消费者无法通过剩余权利的控制来激励厂商实施有利于自身权益的行为；同时，消费者的退出权也受到了种种限制，无法通过自我实施机制维护自身权益。生产商通过自我执行机制和剩余权利安排治理外包合约关系，但由于度量成本高昂和对服务商实施处罚能力有限，生产商难以实现对服务商的完全监管。同时，因为不能获得售后服务的全部收益，服务商的投资激励同样不足。因此，外包合约关系对消费者权益的负外部性常常难以克服。在售后服务外包的条件下，合约双方关于合约关系的治理对合约效率尤为重要（刘嘉和丁志帆，2014）。

（3）提供金融服务。为了解决客户的融资需求，企业通常会自建财务公司或与银行、租赁公司合作，为用户提供信贷、融资租赁等金融服务。例如，福特和通用汽车都是自建财务公司为顾客提供信贷和租赁，福田雷沃重工为用户提供了个贷融、商贷融、信贷融、保贷融和资贷融5大类、50余款金融产品，与银行和租赁公司合作搭建金融服务平台。另外，有些产业因涉及环保、公益等社会问题，政府和国际金融机构也会参与企业的融资服务，例如同方节能工程技术公司通过发展合同能源管理模式和建设、经营、移交模式进行服务化，政府给予节能服务公司财政补助或奖励，对项目收益免征营业税，世界银行给予节能专项贷款。但是，信贷和融资租赁等金融服务受国家政策和制度环境的影响较大，融资租赁市场的管理需要相关法律、税务、会计、监管、保险、风险管理等制度的配合（郑娴美，2015），也需要第三方的效益评估、信用评级组织参与其中。

（4）回收再制造。这一服务形式对环境保护和社会资源的节约意义重大。企业通过回收再制造可以强化客户关系、刺激销量，也会因为节约社会资源而得到政府的支持。例如，为促进废旧物回收和刺激销量，我国政府2010年出台"家电以旧换新"政策，商务部、环保部门、财政部门及国库参与其中，对生产/销售企业下发销售补贴，对拆解企业下发运输和拆解补贴。涉及合作伙伴有回收企业、拆解企业和政府部门。而回收再利用体系需要进一步通过环保积分制来规范，需要政策法规、社会环境等各方面的支持，如建立旧机回收标准、翻新再利用的质量标准，建立第三方质量检测机构，利用行业协会建立企业合作平台等（刘慧慧等，2012）。

可见，企业与外界合作伙伴进行研发、售后服务、金融服务、回收再制造等方面合作时，需要企业与合作伙伴间通过合约进行权利和义务的界定以促进协同合作、效益共享，也需要政府完善相应的法律法规，以及第三方评估、检测机构等社会环境的支持。

2. 分销商

洛夫洛克和沃茨（2015）在《服务营销》一书中将附加服务环绕核心产品形象地比喻为"服务之花"。主体公司创造核心产品和一些附加性服务，分销商强化主体公司的服务并新增一些附加性服务，如保管服务、订单处理、账单服务等，最终构成了顾客的全部体验和收益。可见分销商在提供顾客使用价值方面也起到了很重要的作用。全球最大的工程机械公司卡特彼勒为了应对20世纪80年代市场萎缩、利润下降的困境，在全球设立上千家独立代理商，通过相互信任、充分支援的方式使其为终端客户提供多种服务，包括融资租赁、以租代售、以旧换新、维修保养、再制造服务与二手交易等，使得企业利润大增并稳定，抵御了产品的周期性影响。随着互联网和电子商务的兴起，企业提供的产品和服务不仅通过传统营销渠道销售，还会通过自己的销售网站和第三方电子商务平台，如淘宝、天猫、京东商城等进行销售。在与第三方电子商务平台合作过程中，企业可以利用电子商务平台的优势为消费者提供更好的购买体验，同时也能够提高自身产品服务的销量并降低生产和销售成本，并提升消费者对第三方电子商务平台的关注度。例如，淘宝、京东都推出众筹模式，向网友展示制造企业还未面世产品的创意，争取消费者关注和支持，同时用预购的形式向消费者募集新产品的生产资金，满足了消费者的猎奇心理，也为企业的生产降低了风险和成本。京东还推出消费信贷功能，为优质消费者提供信用额度；京东高效的物流配送模式使消费者网购的到货时间与去实体店购买的时间相差无几，大大提升了消费者的购买体验。

电子商务尤其是移动互联网的普及，提高了分销效率，扩大了受众的范围，但是也带来了市场混乱、监管难度大等问题。我国工商总局抽检网购商品后发现，全国网购的正品率不足六成，淘宝网假货率高达 63%（袁国礼，2015）。比起传统的价值链，电子商务是个新兴事物，打破了传统贸易的时间空间界限，企业需要加强自身监管，与分销商之间订立一些新的合作约定，各国政府和国际组织也要制定新的市场交易法规来加强监管，同时还要加强网络安全体系、个人信用体系等社会环境的建设。

### 3. 供应商

企业通过服务化策略，向价值链上游延伸能够提高差异化及顾客满意度，能够产生更高的绩效，而向下游延伸只能够提高顾客满意度（Bustinza et al.，2015）。因此，企业除了与顾客的密切接触和互动外，还要与供应商展开深度合作，尤其是当企业想为顾客提供多批次、小批量个性化的优质产品时，更需要供应商的密切配合。例如，福田雷沃是一家以农业装备、工程机械、车辆、核心零部件、金融为主体业务的大型产业装备制造企业，对供应链业务发展有极强的需求，企业的采购需要满足精益生产、零库存生产的要求，同时又要降低采购成本、控制采购流程，需要适应市场的柔性采购、全球化采购。另外，主机厂对供应商是一对多，而供应商对企业也是一对多，企业存在多种不同的库存模式和物流模式，生产物料与售后备件的库存组织也不同。为了解决这些问题，福田雷沃搭建了以SAP[①]的企业资源计划（enterprise resource planning，ERP）并外延供应商关系管理（supplier relationship management，SRM）系统协同供应商业务的财务业务一体化供应链管理平台，实现了供应商在采购计划、物流配送、索赔业务、财务结算、对账等方面的协同，实现了数据的统一管理，保证了数据的一致性及准确性，

---

① 注：SAP 公司的产品——企业管理解决方案的软件名称（system application and products，SAP）。

减少了物流环节中浪费，提高了员工的工作效率。而所有采购价格信息也统一管理并充分共享，提高了产品议价能力，减少了采购供应链管理的灰色地带，减少了供应商与工厂的库存资金占用，缩短了采购提前期，减少了停工待料，降低了事业部与供应商的通信费用。由于供应链业务信息化水平的提高，企业的物流配送的速度和准确度提高，财务更加透明化，企业与供应商之间的关系得到进一步改善，实现了双方的共赢发展（王晶等，2015）。红领集团为了适应服务市场消费呈现的品牌化、个性化、多样化、高品质特性，用十年时间从低成本、同质化模式转向大批量量身定制（made-to-measure，MTM）模式，购买德国、意大利、日本、法国等国际上先进的专用智能化设备，建立以服务 MTM 的电子商务平台、服装 ERP 系统、CAM 系统、生产 MES 执行系统为核心的一体化信息系统支撑平台，形成 MTM 模式的物质基础和技术基础。如果没有这些智能化设备供应商的技术支持，红领的 MTM 模式转型会因高成本低利润而失败（安筱鹏，2012）。

由福田雷沃和红领集团的案例可以看出，在信息化、网络化环境下，企业要与供应商实现业务协同、数据统一与共享，就需要搭建一体化供应链管理平台；要实现大批量定制的服务，就需要供应商提供智能化设备，并建立一体化信息系统支撑平台。

### 4. 顾客

在制造业服务化转型中，顾客是价值创造不可或缺的参与者。Prahalad 和 Ramaswamy（2000，2004）提出基于消费者体验的价值共创理论认为，价值共创的基本实现方式是价值网络成员间的互动，共创价值形成于消费者与价值网络各结点企业之间的异质性互动。Vargo 和 Lusch（2004，2008）认为企业是不能单独创造价值的，要与顾客一起合作创造价值。Heinonen 等（2010）甚至提出"顾客主导逻辑"，认为日常生活中的使用价值创造由消费者主导和控制。近几年崛起的小米手机在诞生过程中建立了虚拟社区——MIUI 论坛，利用多种方法鼓励手机发烧友参与手机改进的讨论，认真倾听网友的反馈，并根据用户的反馈及时跟进，不断完善软硬件产品，加上互联网直销的模式，小米手机屡创销售佳绩，创业三年做到了 300 亿元的销售额。中钢集团邢台机械轧辊公司（简称中钢邢机）为应对市场竞争，推出"功能定价，全线总包"的服务业务，改变传统按吨计价销售轧辊的模式，实行按照统计轧辊提供功能的计价方式，派技术人员和营销人员到它的客户——钢铁企业，依据企业的实际需求进行全线配轧，按照生产过程中轧辊的消耗量收取费用，同时技术人员提供全程的检测和跟踪服务。而钢铁企业，除了配合中钢邢机的全流程服务外，还需要将整条轧线进行外包，面临较大的风险。

因此，在服务生态系统中，顾客是价值创造的积极参与者，顾客不仅提出需求，更参与产品的设计、运营和维护，企业需要采取激励措施鼓励顾客积极参与，不仅能更好地完成服务项目，而且更加深了企业与顾客之间的关系，提高顾客忠诚度和满意度。

### 4.5.3　服务生态系统下参与者的关系及价值创造活动

根据前文服务生态系统视角下价值创造模式以及制造业服务化价值创造活动参与者的相关论述，将服务生态系统下制造业服务化的价值创造活动进行描述，如图 4-8 所示。

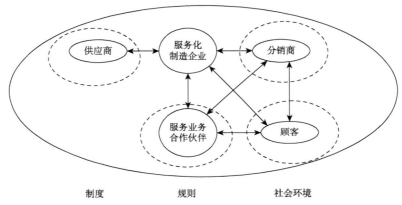

图 4-8　服务生态系统下制造业服务化的价值创造活动

根据 Chandler 和 Vargo（2011）将服务对服务交换参与者划分的四个情景层面可知，三元情景包含若干二元情景，复杂网络包含若干三元情景，而服务生态系统包含若干个复杂服务网络。在图 4-8 中，服务化制造企业与分销商、供应商、顾客、多种服务业务下相关的合作伙伴构成的是一个完整的复杂服务网络，而供应商、分销商、顾客、服务业务合作伙伴又同时属于其他的复杂服务网络，若干服务网络交错叠加、盘根错节地在一起，共同构成了服务生态系统，同时服务生态系统还需要制度、规则及社会环境的协调和支持。根据服务主导逻辑的核心观点，服务是一切经济交换的根本基础，服务生态系统中各参与者进行服务交换而非产品交换，图中用双向箭头表示各参与者之间的服务交换。服务交换是指产品功能的买卖，而不是产品所有权的买卖，如华德空调卖冷气，中钢邢机卖轧辊的功能，研发组织卖专利使用费等。服务业务包括跨界研发、售后服务、金融服务、回收再制造等，服务化制造企业与供应商、分销商、顾客及各种服务业务相关合作伙伴之间进行服务交换，顾客与分销商、服务化制造企业以及服务业务相关的合作伙伴之间进行服务交换，分销商与服务业务相关的合作伙伴进行服务交换。顾客、分销商、供应商和服务业务的合作伙伴又同时参与其他服务网络，与其他服务网络中的参与者进行服务交换。

服务生态系统中的每一个参与者都是资源整合者（Vargo and Lusch，2008）。在图 4-8 中，制造业服务化复杂网络中各参与者同时与复杂网络内部和外部的参与者进行服务交换，目的就是整合资源，通过整合到的资源而非自身创造的资源来为他们的顾客创造价值。

服务生态系统的价值共创要通过参与者共同形成的制度和制度安排来协调（Vargo and Lusch，2016）。由于服务生态系统参与者之间进行的是服务交换而非产品交换，因此协调产品主导逻辑下价值共创参与者之间权益纠纷的制度就不再适用。服务交换会引起产权分离、主体多元等问题，没有明确的制度和制度安排，参与者之间的服务交换就会非常混乱，服务生态系统也会动荡不安。传统产品主导逻辑是以商品产权即对象性资源为核心来制定制度和制度安排的，服务主导逻辑下所有社会和经济参与者都是资源整合者，不再以占据对象性资源为目标，操作性资源成了战略收益的根本来源（Vargo and Lusch，2016）。因此，服务主导逻辑下的制度和制度安排应围绕操作性资源来制定，各参与者的目标也应转变为获取操作性资源。例如，企业间进行跨界研发，就按双方贡献的操作性资源的价值来进行权益比例分配。在这种情况下，操作性资源价值的测量和评估就很关键，需要公立的第三方，如行业协会、政府或有公信力的第三方认证机构来进行操作。例如，同方公司提供节能服务就需要第三方节能效益评估公司和节能减排企业信用评级制度的支持。因此，在制造业服务化生态系统中，除了制度的协调外，还需要第三方评估主体这样的社会环境的支持。综上所述，服务生态系统视角下制造业服务化价值创造活动有以下四个特点。

（1）服务化制造企业与供应商、分销商、顾客及服务业务的合作伙伴之间进行服务（功能）交换，而不是产品所有权交换。

（2）企业与服务生态系统的参与者进行服务交换来整合资源，为顾客创造价值。

（3）协调服务生态系统各参与者之间价值共创的制度和制度安排应围绕操作性资源来设计，而不是围绕产品主导逻辑下的对象性资源来设计。

（4）服务生态系统中参与者之间的价值共创除了需要制度和制度安排来协调，还需要社会环境的支持。

对于服务生态系统中的参与者说，一定要打开眼界、放开传统观念的束缚，具备包容的心态，进行开放式创新，积极与外界合作，通过服务交换来整合资源，以整合资源的方式为顾客创造价值。例如，苹果手机年销售上亿部，但它的总部只负责研发、设计、核心部件和营销策略，手机的零部件全部来自合作伙伴，LG提供手机屏幕、索尼提供摄像头、东芝提供闪存模块……然后所有的零部件在中国组装。未来，会有越来越多的产品/服务会以这样资源整合的方式由复杂网络来提供。另外，企业的核心竞争力在于拥有的操作性资源，拥有操作性资源越多的主体，在资源整合中越具主动性，在竞争中越有优势，因此企业应该更加重视核心能力的提升。美国学者 2011 年发布研究报告《捕捉苹果全球供应网络利润》称苹果公司每卖出一台 iPhone 就独占 58.5%的利润，原物料供应国占 21.9%，屏幕、电子元件等供应商分得了 4.7%利润，而中国大陆劳工只能从中拿到 1.8%的利润。苹果公司拥有最大的操作性资源——创造力、核心技术，因此能获得最多的收益，而只有机械劳动能力的参与者——中国大陆劳工获得的收益就最少。对于政府、行业协会、国际组织来说，积极准备服务生态系统下操作性资源的测量标准和服务交换的制度是未来要做的事，需要制定新的监管政策，推动服务生态系统的良性发展。

# 4.6 本 章 小 结

选择一个合适的价值创造模式对企业来说很关键。本章首先明确价值是指顾客的使用价值，由包括顾客、企业、合作伙伴在内的多个参与者共同创造，并把价值内涵界定为功能价值、效率价值和情感价值。总结价值创造模式文献的研究特点时发现，价值创造模式通常会基于某种理论，如方法–目的理论、利益相关者理论等，而且不同研究对象的价值创造模型都不相同，而服务生态系统理论适合研究制造业服务化的价值创造模式。服务生态系统被认为是一个相对独立的、自我调节的系统，资源整合者通过共享的制度安排和通过服务交换相互价值创造来联系，有三个要素组成：①一组价值主张耦合松散的社会和经济行动者；②能使认知差异相当大的不同行动者具有共享世界观的共享制度逻辑；③能协调参与者服务交换的共同设置的制度和规则。

根据市场营销对价值创造模式设定的确定目标市场、提出价值主张、组织价值创造模式三要素，本章分别讨论了制造业服务化的目标市场、价值主张和价值创造活动。根据服务主导逻辑"一切经济都是服务经济、服务是一切经济交换的基础"的观点，制造业服务化的目标市场将由产品需求者转变为服务需求者，而使用导向的功能性服务将扩大企业的目标市场，结果导向的整体解决方案服务将转变企业的目标市场。服务生态系统下制造业服务化价值主张的提出者不再只是企业，而是由参与价值创造各主体组成的复杂网络，包括了企业的合作伙伴、顾客，甚至供应商、分销商等等。而制造业服务化的价值主张除了 Smith 等（2014）提出的产品、修复、可用性和整体解决方案四种外，还有消费品企业的个性化设计主张。

传统的价值创造活动主要发生在供应商、企业、分销商与顾客之间，而服务生态系统将处于其他系统的参与者也作为价值创造活动的参与者，通过参与者之间相互协作、资源共享，在制度和规则的约束和调节下共同为顾客创造价值。制造业服务化价值创造活动有四个特点：①服务生态系统中的参与者相互之间进行服务交换；②通过服务交换整合资源来为顾客创造价值；③协调参与者价值共创的制度和制度安排应以操作性资源为基础进行设计；④还需要社会环境的支持，来测量和评估操作性资源。

# 第5章　互联网环境下制造业
# 服务化组织设计

习近平总书记在首届世界互联网大会上指出："当今时代，以信息技术为核心的新一轮科技革命正在孕育兴起，互联网日益成为创新驱动发展的先导力量。"互联网技术的飞速发展，给传统制造业的发展方式带来颠覆性、革命性的影响。根据环境–战略–结构权变理论，外部环境影响企业战略目标的制定，战略目标的改变又推动组织结构的变革。随着互联网的普及，制造企业必须要加快战略调整和组织结构变革，以适应互联网给消费环境带来的改变。

## 5.1　制造业服务化组织设计的演进

组织设计是关于如何建立或改变组织结构并使之更有效地实现组织既定目标的过程（罗珉，2010）。适当的组织结构可以清楚地界定每个组织成员的权责角色，再加上恰当的协调和控制，就能够提高组织成员的工作效率，改善组织的整体表现。关于制造企业实施服务化转型组织结构该如何设计，学术界早期有一些争论。Oliva 和 Kallenberg（2003）总结出制造业服务化的关键成功因素是创立一个独立的服务组织，他们研究中最成功的企业把服务组织作为独立的利润中心，拥有盈亏责任，甚至在企业转型的早期。而有学者则认为，分离服务业务对公司来说完全是一个陷阱，虽然服务业务需要自由的氛围，但它也需要与实体产品业务建立强有力的、可行的联系，Neu 和 Brown（2005）也认为定位于服务提供者的企业应该有整合的产品和服务部门，以满足复杂的顾客需求。还有学者认为，如果制造企业要增加服务的盈利和收入，设置独立的服务机构最合适，如果要促进产品销售并提升客户满意度，采用整合型组织结构较为合适（Auguste et al.，2006）。后来的学者普遍认为组织结构应根据服务化战略灵活设计，必须将组织每个要素设计得相互支持并与外部环境相匹配，使服务化战略与这些组织要素相一致（Gebauer et al.，2010；Neu and Brown，2005，2008）。这种观点也符合环境–战略–结构权变理论。

### 5.1.1 服务化战略决定组织设计

认为制造企业组织结构应根据服务化战略来设计的学者有不少，他们提出了不同服务化战略所对应组织设计的特点。Brady 等（2006）指出制造企业如果实施"整合解决方案"的服务化战略，必须建立以顾客现在和未来需求为主的组织结构，包含三大单位：①前台面对顾客的单位；②后台的能力提供者，产品和服务单位；③战略中心，致力于发展策略、组织结构和品牌，并促成前台和后台的合作。Gebauer（2008）提出售后服务提供者仅仅提供基本的服务，应该整合服务到产品组织中，顾客支持服务提供者应该建立独立的服务组织。Gebauer 等（2010）把服务化战略分为售后服务提供者、顾客支持服务提供者、外包搭档和发展搭档四类。售后服务提供者是指企业主要提供产品销售阶段之后的基本服务，包括维修、维护、保养、零部件提供等；顾客支持服务提供者是指提供先进维护防止产品在售后出故障；外包搭档是指通过提供运营服务来为顾客承担运营风险和全部的责任，重构价值链上的责任；发展搭档是指在售前阶段共同研发具有独特价值的产品。Gebauer 等（2010）把组织设计因素分为企业文化（企业价值和员工行为）的服务导向、人力资源管理（员工招聘、培训、评价和薪酬）的服务导向和组织结构（产品与服务业务的组织独特性和顾客接近）的服务导向，通过对 202 家实行服务化的制造企业进行调查，得到服务化战略与组织设计因素的匹配，如表 5-1 所示。

**表 5-1　服务化战略与组织设计因素的匹配**

| 服务化战略 | 售后服务提供者 | 顾客支持服务提供者 | 外包搭档 | 发展搭档 |
|---|---|---|---|---|
| 匹配的组织设计因素 | 企业文化和顾客接近中服务导向、其他因素低服务导向 | 所有因素的高服务导向 | 除了员工招聘和培训之外所有因素的高服务导向 | 除了组织独特性、员工评价和薪酬之外所有因素的高服务导向 |

资料来源：Gebauer 等（2010）

Zeithaml 等（2014）提出服务嵌入连续体的概念，认为随着制造企业能力提升、与顾客协作的加深、企业服务架构的调整，提供的服务从最初的维修、保养到资产管理、业务流程外包、咨询服务、整合的产品服务解决方案，是一步步演化、升级的过程。服务嵌入连续体如图 5-1 所示。

随着服务嵌入连续体由左到右推移，企业需要不断扁平化组织、增加资源流动、克服组织壁垒、围绕服务类型重组、围绕前、后和战略单元重构。服务部门必须跨职能协作，用共用的后勤流程支持前方的顾客服务。

Baines（2014）把服务分为基础服务、中间服务和先进服务，基础服务聚焦

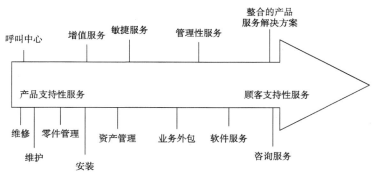

图 5-1　服务嵌入连续体

资料来源：Zeithaml 等（2014）

于产品提供，中间服务聚焦于状态维修，先进服务聚焦于成果保证。对于先进服务的交付，制造商需要部署人员到前线设施，弹性工作，与用户建立密切关系，理解用户，促进积极可持续的顾客关系，同时整合大范围顾客的接触点，建立强大的跨组织关系，积极主动管理人、信息和设备来保持产品状态、使用和定位。

张保军（2013）也认为制造企业组织结构要与服务化策略相匹配，根据服务在企业主要业务中所占比重及顾客需求的变化，将制造业服务化策略分为"产品+附加服务模式"、"增值服务模式"、"整体解决方案模式"及"去制造化模式"，根据组织中服务功能要素的配置，将组织结构划分为"产品型 SBU（战略业务单元）"、"混合型 SBU"、"独立服务型 SBU"和"关注顾客型 SBU" 四种类型，以共创价值为依据，探讨企业组织结构与服务化策略的匹配机理，从而提出企业组织结构与服务化策略的匹配模式，如图 5-2 所示。张雅琪等（2015）通过实证研究得出服务化战略的实施对企业绩效的影响受到组织结构的调节作用，服务化战略与组织区别性的匹配一致性关系会促进企业绩效的提升，服务化战略与组织清晰度间的匹配一致性关系对企业绩效的促进作用不显著。

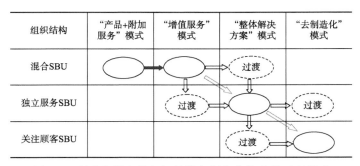

图 5-2　制造业服务化组织结构与服务化策略的匹配模式

资料来源：张保军（2013）

　　经典组织学理论认为每个组织结构必须包含两个基本元素,即差异化和整合。在传统组织结构中,制造企业被划分为职能单元,如研发、制造、物流、销售、营销、售后服务、财务和 IT,这些职能单元享有实质自治权,跨部门的整合是比较少的,整合主要发生在产品生命周期内的关键切换,如设计到制造,销售到服务等,或者捕捉流程和产品现场的反馈(关于缺陷信息、顾客反应),通过产品开发、供应链管理、订单处理等,跨单元作业的流程被设计。互联网的出现,打破了这一经典模式,各职能部门必须整合合作,共同服务市场的需求。

## 5.1.2　互联网环境下制造企业的服务化战略

　　根据环境-战略-结构权变理论,互联网环境下制造业的服务化战略要首先考虑互联网带来的消费环境改变。互联网是社会经济发展到一定阶段的产物,同时又推动着社会的快速发展。很多学者甚至将互联网带来的改变视为人类社会的第三次工业革命。互联网的普及使人与人、人与组织、组织与组织之间的联系越来越便利,全球互联互通。社会发展到今天,物质已极大丰富,根据马斯洛需求层次理论,人的需求普遍跨越了生存、安全的基本需求,进入社交、自尊和自我实现的层次,越来越多的人都在追求自我实现。人们通过自己个性化需求的满足来不断体现自我的社会价值,展现自我的风采,最终达到实现自我的目的。个性化咨询、个性化旅游、个性化婚礼、个性化服装定制、个性化汽车定做、个性化教育……个性化已渗透到了人们生活的各个领域,而且这种个性化发展的趋势还将变得更加明显。在消费环境普遍追求个性化的同时,互联网又用它的互联互通功能进一步推动了个性化消费的实现。在移动互联网的推动下,个性化消费时代正在到来。主要体现在三个方面:①消费者有多种选择,产品款式众多,消费者有很大选择空间;②消费者可以参与设计,量身定制独一无二的款式;③消费者会经常主导产品的创造(沈拓,2015)。

　　消费者随时随地通过互联网向商家发出定制需求,很快就能收到只适合自己、世界上独一无二的商品。随着消费品需求越来越个性化,工业品也朝着个性化制定的方向发展。例如,企业希望机械设备的型号、功能越来越多,根据自身的需求量身定制功能和外形。同时“工业 4.0”技术的出现,智能数据、智能网络、3D打印、人机互动等技术又为这种工业品和消费品的个性化定制提供了技术支持。市场有需求,技术上有实现条件,所以个性化定制必将成为未来制造业服务化的发展方向。

　　传统的制造业服务化主要是企业在用户购买产品前后为用户提供消费信贷、售后维修/维护、整合解决方案等服务。Gebauer 等(2010)把服务化战略分为售后服务提供者、顾客支持服务提供者、外包搭档和发展搭档四类。张保军(2013)

将制造业服务化策略分为产品+附加服务模式、增值服务模式、整体解决方案模式及去制造化模式。邱文宏等（2015）考虑了服务化的深度和广度，把服务化战略分为本业加值性服务化、本业差异性服务化、跨业开拓性服务化和跨业整合性服务化。而在互联网环境下，不管企业采用何种方式，提供售后服务、外包方式、整体解决方案或者跨业开拓，都是为了提供"个性化定制"服务。因此，可将"个性化定制"视为制造业的服务化战略。

　　在"个性化定制"服务化战略下，产品的创意、设计、生产、售后都以满足顾客个性化定制为目标，在产品的整个生命周期都要具备服务意识。而顾客，不论消费品顾客还是工业品顾客，都要与企业保持互动，参与产品的创意、设计、售后，甚至是生产过程，即将自身的个性化的需求与企业充分沟通，与企业共同创造满足需求的个性化产品，如图 5-3 所示。

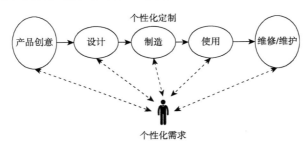

图 5-3　互联网环境下制造业的"个性化定制"服务化战略

　　在商品主导逻辑下，消费者和生产者是两个相对封闭的系统，但在服务主导逻辑下，生产者和消费者成为两个逐渐开放和相互融合的子系统，两者通过互动共同创造价值。服务主导逻辑的核心观点是服务是一切经济交换的根本基础，消费者是价值的共同创造者（Vargo and Lusch，2008）。"个性化定制"要求企业的一切活动都是为了满足顾客的个性化需求，企业时时刻刻都要具备服务的意识，产品只是服务或体验的载体，并不是企业创造的最终目的，企业要创造的用户价值。消费者参与产品创意、设计、制造到销售、使用、迭代的全流程，与企业共创令顾客满意的个性化产品/服务体验。因此，"个性化定制"符合服务主导逻辑的思想。

　　根据环境-战略-结构权变理论，服务化战略决定组织结构，那么互联网环境下"个性化定制"服务化战略将决定互联网环境下制造业服务化的组织结构，因此，本章提出第一个研究问题，即制造企业的组织结构如何设计才能满足"个性化定制"服务化战略的需求？

## 5.2　互联网环境对企业组织结构的影响

### 5.2.1　互联网对企业组织结构的影响

所谓互联网思维是指在互联网时代的生存环境下，企业需要将对客户和市场的快速响应放到首要位置上，实现由标准化到个性化、由提供产品到提供服务的转变，这需要企业对于当前职能管理、运营机制进行重构（王秋实，2015）。互联网正倒逼企业从封闭走向开放，由科层走向平台化，由孤立走向协同。

1. 由封闭走向开放

互联网环境下，科斯的边界理论受到挑战，企业的边界越来越模糊。企业从传统的以产品制造为核心转而提供具有丰富内涵的产品和服务，直至为顾客提供整体解决方案，互联网企业与制造企业、生产企业与服务企业之间的边界日益模糊（王喜文，2015）。企业间的技术资源、人力资源、市场等传统环境下被隔离的资源变得流通、开放。

随着互联技术和大数据的普及，更多的员工成为知识型员工，他们对自我的认知非常明确，对生活有着清晰的追求和目标。人们不再局限于一个地区、一个组织来选择，他们愿意尝试新的行业、新的组织、新的工作，以及新的生活挑战，这些都导致了"员工忠诚度下降"。因此，个体与组织是共生关系，组织必须外部导向，打开内外边界。在互联网环境下，组织中的每一个人，不论职位高低，能力与职位如何，互联网都会让人在瞬间获取来自各个地方的大量信息，任何创意都能在瞬间传遍全世界，而不需要花费数月或数年时间慢慢渗透，这些变化深远地影响着消费者与生产者之间的关系。互联网授予了消费者前所未有的权力，在消费者的需求驱动下，任何一个组织都不得不开放自己，融合在互联网缔造的全新价值网络中，重新界定企业的价值。Porter 和 Heppelmann（2015）认为产品在进入服务之后长时间持续进化，企业与产品和与顾客之间的关系正变得连续和开放。

互联网的特征是开放、公正、参与（郭重庆，2014b）。在互联网时代，成员之间是一种网络的关系，各个点之间互联互通，成为一个有机的生态圈，成员既独立又包容，因此，开放、合作、共享是互联网组织形态的基本生存法则（陈春花，2015）。随着企业由封闭走向开放，虚拟组织在正式组织里广泛运用，跨部门的小组、跨职能的小组、项目管理以及创新社区等组织形态层出不穷，虚拟组织正式化成为一种趋势和现实。对于互联网环境下的企业而言，开放结构而非建立壁垒是极其重要的组织管理要求。

## 2. 由科层走向平台

传统企业的架构大都按照马克斯·韦伯提出的科层制，由高管管理者、中层管理者、基层管理者和普通员工一级级像金字塔一样搭建，企业的工作流程和信息传播都是按层级进行，成员无法真正做到平等交流、对称沟通。互联网推动传播方式去中心化（罗珉和李亮宇，2015），突破空间和地域的限制，点对点沟通、远程沟通成为可能，沟通效率极大提高。高层管理者通过互联网可以直接、远程、随时向执行层传达信息，为组织结构扁平化提供了条件。而组织结构的扁平化有利于企业发挥管理机制的灵活性，提高管理效率，降低管理成本，增强企业的竞争力，更好地适应互联网下快速变化的动态环境。郭重庆院士认为传统制造业企业面临的问题是自身的人力资本与知识结构和信息化大潮的要求不相符，企业的组织架构上要进行改造，使其垂直化、扁平化、分散网络化、社会化、国际化（郭重庆，2014b）。互联网企业加平台型企业，将成为未来制造业企业发展的一个范式。谷虹（2012）也认为在平台化过程中，市场结构和企业关系从垂直的、线性的产业链向产业价值网络转变，竞争思维从封闭、控制、垄断向以开放来获得成长、以合作来获得竞争优势转变，产业组织形式从金字塔式层级结构向基于平台的对等协作转变。

## 3. 由孤立走向协同

互联网使得组织内部成员之间协同起来，同时，企业与消费者之间互动协作，与外部资源跨界协作。互联网的连接功能使得人与人之间的距离缩短，人类社会经济活动史无前例地交织在一起。

互联网出现之前，组织中的个体并不是独立的个体，往往具有组织的属性，但互联网出现之后，组织中的个体既是独立的个体，又具有组织的属性，企业既要尊重个体的独立性，不能简单采用管控的方式，又要协同人们的行为，让个体与组织能够融合。华为总裁任正非把华为的管理特征描述为"流程固化，人员云化"，把华为的组织打造成为"云"，通过流程让人员活化，能够彼此交互与协同。微软已经放弃了员工分级制，认为任何层级的员工将来都可以变成组织运行的中心，这样的调整让成员之间非常好地互动，构建出新的价值关系网络。

同时，互联网环境下企业与顾客也不是孤立的，两者在研发、设计、制造、销售、售后等各环节互动，协同创造顾客价值。企业跨越行业、领域进行合作，互联网与大数据资源广泛应用于供应商、销售商和协作商的协同过程中，形成全球化网络制造，优化价值链和价值网络，更快地在全球组织制造资源，提高制造业的资源利用效率（杨善林等，2016）。例如，在 20 世纪 50 年代，波音 707 上

98%的部件都来自美国本土，而在今天互联网环境下，波音飞机的 10 000 多个零件由 70 多个国家生产，最后在西雅图组装完成。中国的国产飞机 ARJ21，由上海的中国商用飞机公司负责整机研制和项目管理，中国航空工业集团下属的西安飞机工业公司负责机翼、前/中机身生产，成都飞机工业公司负责机头，沈阳飞机工业公司负责后机身、垂尾方向舵，上海飞机制造公司负责平尾升降舵以及整机总装、测试，中航工业试飞院承担试飞任务，飞机的主要系统则由全球的成熟供应商提供。与其他制造业一样，参与飞机零件和系统制造的各方每天都通过互联网开协调会、调动会，保证项目的进度和质量。

### 5.2.2　智能互联产品企业的组织架构

Porter 和 Heppelmann（2015）在《哈佛商业评论》发表论文，提出了互联网环境下制造业的一种新型组织架构。他们认为全价值链工作的转型正迎来制造企业整个的组织转型（Porter and Heppelmann，2015）。智能互联产品的出现，使企业必须调整组织结构以更好地开展内部协作和服务用户，首先是 IT 和研发之间更多更深的协作和整合，同时智能互联产品的企业组织会形成三种新型单元——统一的数据组织、开发运营组和顾客成功管理单元，如图 5-4 所示。

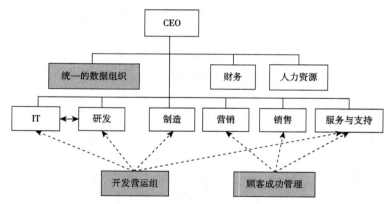

图 5-4　智能互联产品企业组织结构

资料来源：Porter 和 Heppelmann（2015）

智能互联产品会产生大量的数据，且数据结构复杂、战略作用强，每个职能部门自己建立数据分析能力、处理自己的数据安全不太现实，也浪费资源。为提高数据处理和利用的效率，企业需要专门的数据部门加强数据收集、聚合和分析，并负责处理跨职能业务单元的数据。这样的组织被称为"统一的数据组织"。常青产品设计、连续的产品运营和支持、持续的产品升级需要一个新职能组，汇集传统产品开发部门的软件工程师，以及 IT、制造和产品运营服务部门的员工，负责管理和持续优化智能互联产品的绩效，缩短产品发布周期，管理产品更新和修补程序，提供新服务和增强售后，这种职能组被称为"开发运营组"。第三个新的组织单元负责管理顾客体验并确保顾客从产品中得到最多，称为"顾客成功管理"组织，它不是代替销售和服务单元，而是主要承担售后客户关系。"顾客成功管理"组织执行传统销售和服务单元没有配备也没有采取激励措施的功能，即监控产品使用和性能数据来测量顾客获取的价值并确定提高它的方式，是原有营销、销售和服务单元的持续协作。

　　Porter 和 Heppelmann（2015）设计的智能互联产品企业组织结构，凸显了顾客服务的重要性，强化了传统企业部门间的协作，在一定程度上拉近了企业与顾客的距离，可以作为传统制造企业服务化后向互联网环境下组织结构转变的过渡，但是并不完全符合互联网环境下组织结构应具有的开放性、平台性和协作性。第一，该组织结构并没有完全对用户、合作方开放，用户与企业的互动还仅限于营销、销售和售后服务环节，在研发、制造和使用环节用户并不能参与其中，也就无法实现真正的"个性化制定"；第二，这样的组织结构还没有达到扁平化、平台性要求，图 5-4 中至少有三个层级，第一层是 CEO 领导层，第二层是统一的数据、财务、人力管理层，第三层是 IT、研发、制造、营销、销售、服务与支持管理层；第三，IT 与研发、开发运营组和顾客成功管理组都体现了协作性，但这样内部的协作并没有体现以员工为中心、人员活化的互联网下组织属性，也没有体现企业与顾客、合作方的协作。

　　基于此，本章提出第二个研究问题，即制造业服务化转型后什么样的组织结构能让企业开放、平台化和协作？

# 5.3　案　例　研　究

　　考虑到本章研究的主题还处于研究的发展阶段，并且案例研究是制造业服务化组织设计研究的一种恰当方法（Neu and Brown，2008），本章采用深入的探索性案例研究，分析以上两个研究问题并根据案例间的共性总结互联网环境下制造业服务化的组织架构。

## 5.3.1　案例选择

　　本章研究采用一定程度的"立意抽样"（Patton，1990），选择三个案例企业——海尔、华为和韩都衣舍，这三个案例企业都是在互联网背景下成功实施制造业服务化的企业，并在组织设计方面进行了创新。海尔是全球著名的家电企业，早期以卓越的售后服务闻名遐迩，2007 年为应对互联网时代的机遇与挑战，海尔宣布从制造型企业全面转型为服务型企业，并在组织架构方面数次进行改革，从"市场链 SBU"模式到"人单合一 1.0"模式，再到"人单合一 2.0"模式，市场占有率和盈利能力逐渐提升。2007~2012 年海尔实行"人单合一"服务化转型的第一阶段，实现了人均利润是同行的两倍、运营与创新能力远超行业平均水平、连续四年市场占有率蝉联全球白电第一的骄人业绩。2014 年海尔利润同比增长 39%，利润增幅是收入增幅的 3 倍；2015 年收入、净利润均有所下滑；2016 年一季度在收入下滑的情况下，净利润却同比大幅增长 48%。因此，可以认为海尔在服务化转型中组织结构改革是成功的。

华为刚成立时是一家通信产品的制造企业，服务只是作为产品的附属品，2003 年成立包括服务产品、服务营销、技术支持等独立核算、考核的"全球技术服务部"，2007 年提出"让听得见炮火的人"做决策，前端综合化、后端专业化，即"铁三角"的组织模式。近年来华为快速成长为世界 500 强企业，成为全球领先的信息与通信解决方案供应商，为客户提供咨询、培训等服务，以及公共安全、政务、轨道等各行业的解决方案。

2008 年韩都衣舍创立之初是在互联网上销售服装，最开始是做海外代购，一年后转做自有品牌，目前是一间大型的互联网服装运营企业，连续四年获得淘宝女装销量冠军，截至 2016 年 2 月，该公司有 58 个业务部门，员工超过 2600 人。通过内部孵化、合资合作及代运营等方式，韩都衣舍品牌集群达到 28 个，独创的"以产品小组为核心的单品全程运营体系"是企业利用互联网提升运营效率的一个成功案例，入选清华大学 MBA、长江商学院、中欧商学院以及哈佛商学院 EMBA 教学案例库。严格来说，韩都衣舍并不属于制造企业，但它在互联网环境下成功进行快速消费品运营和销售的经验值得制造企业借鉴。

正如前文所述，目前还没有文献专门研究互联网环境下制造业服务化的组织架构问题，而这三个案例企业能为解决以上两个研究问题提供丰富的背景。

### 5.3.2 资料收集与分析

陈晓萍等（2012）认为使用二手资料的样本量大、拥有连贯性的优势，二手资料的客观性高、研究具有可复制性。本章研究以案例企业官网、搜索引擎（百度）、中国知网、书籍和报刊等二手资料为主要研究对象。

分析步骤如下：搜集网络、报刊、书籍等二手资料，如在百度上以"海尔+组织设计"为关键词，共搜集到 1 180 000 个结果，经分析判断后留有 213 份资料，与研究问题相关的有 56 个，包括海尔领导人在公众媒体上对人单合一模式的解读、媒体对该模式的评价等。在分析资料时，本章研究根据 Yin（2014）所提出的分析模式，经由类型对比、解释建构、时间序列分析与程序逻辑，以提高研究的内在效度。以下举一个分析范例，如图 5-5 所示。

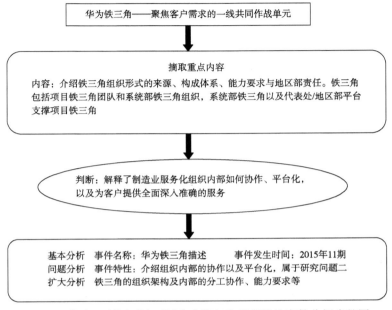

　　图 5-5　华为互联网环境下制造业服务化组织架构事件分析步骤图
资料来源：胡左浩（2015）

　　另外，本章研究团队分成三组进行二手资料归纳分析，首先在分析前沟通问题的界定并建立资料判断准则；其次以 10 份资料预试，再进一步统一对问题的认识和判断准则；最后针对统计结果的数字解读与研究发现的合理性，再与相关的学者专家进行访谈，进而提出最后的研究结果与发现。

### 5.3.3　信度效度检验

　　Yin（2014）认为为了达到研究的严谨性和严守研究的可信赖度要求，资料方面要求多重资料来源，以提高研究的信度。本章研究的资料来自不同渠道，有搜索引擎、学术资源库（期刊、会议、学位论文）、报纸、书籍；资料来自不同时间点，海尔的组织变革从 1998 年至今，华为的服务组织变革从 1988 年至今，韩都衣舍的组织变革从 2008 年至今；在研究者三角方面，本章研究团队分成三组进行资料分析，最后在分析结果撰写阶段，再与其他专家学者讨论。

　　为了准确判断和分析研究的问题，本章研究使用了扎根理论的编码（Strauss and Corbin，1990），由三名研究人员分别采用开放式编码，对三个案例企业相关资料中对两个研究问题的解答进行了识别、判断和分析。如图 5-5 所示，识别该资料是否属于三个案例企业的组织设计内容，再判断属于哪个研究问题的解释，最后分析如何回答两个研究问题以及三个案例企业组织设计的共性。编码结束后，为了解决不一致性并提高内容的有效性，研究人员多次进行研讨，并与专家学者以及了解案例企业的相关人员进行多次交流，最终确定研究结果。资料搜集及分析目标始终围绕着能否解决前文的两个研究问题以及三个案例企业新型组织结构的共同特征。

## 5.4　研究发现——"平台+自治组织"型组织结构

### 5.4.1　三案例企业的组织设计

经过对三案例企业二手资料的收集、分析与总结，发现了三案例企业组织结构变迁的历程以及在互联网环境下进行服务化时组织设计的共同特点。

1. 海尔

1998~2004 年，海尔实行"流程+组织+SBU 机制"的市场链再造，并取得了阶段性的成功。在 SBU 机制下，海尔组织架构由传统科层组织颠覆为三类三级自主经营体构成的倒三角组织：一级经营体是由一线的研发、营销和制造人员组成，协同一致直接面向用户；二级经营体是资源平台，原职能部门大幅精简后从下指令转变为为一级经营体提供资源；三级经营体就是企业管理层，对外创造机会，对内协调一致。

为应对互联网环境带来的机会和威胁，在 2007~2012 年，海尔从制造型企业向服务型企业全面转型，并实行人单合一模式。"人"是自主创新的员工；"单"不是狭义的订单，而是有第一竞争力的市场目标；"合一"是每个人都有自己的市场目标；"双赢"是在为用户创造价值的前提下，员工和企业的价值得以实现。人单合一模式的本质是对外用碎片化组织应对碎片化市场，捕捉用户需求，创造用户价值；对内搭建机会公平的组织平台"自主经营体"，激发员工企业家精神，分享价值增值。海尔正式推行以"自主经营体"为载体的人单合一模式以来，销售额增长开始加速，净利润复合增长率 38%，利润增幅达同期销售额增幅 2.5 倍以上。2012 年 12 月，在互联网时代的大背景下，海尔进入网络化战略阶段，企业的组织设计变为"企业平台化、员工创客化"，企业平台化，即企业无边界，整个组织形态演变为动态优化的网络组织，并转型为平台型企业，经营单元在自主经营体基础上升级演化出小微企业和按单聚散的利共体。

2. 华为

华为成立之初的组织结构是直线制，在发展中期转变为直线职能制，成为大公司后又改为事业部制,按战略性事业划分为的事业部和按地区战略划分的地区公司是华为最主要的两个利润中心,作为事业部的地区公司承担实际盈利的责任,加快了公司的发展速度。

伴随着全球经营以及业务增加,华为内部组织部门不断扩大,部门各自为政,相互之间沟通不畅、信息不共享,各部门对客户的承诺不一致;客户接口涉及多个部门的人员,关系复杂;对于客户的需求,更多的是被动的响应,难以主动把握客户深层次的需求。为了解决这些问题,由其苏丹办事处发起,很快在全公司推广并完善了一种新的组织形式——铁三角模式。华为的铁三角模式包含两个层次:一个是项目铁三角团队,一个是系统部铁三角组织。项目铁三角团队是代表华为直接面向客户的最基本组织,也是一线的经营作战单元,由客户经理/系统部部长、产品/服务解决方案经理、交付管理和订单履行经理三种人员组成,而系统部铁三角组织是项目铁三角各角色资源的来源以及项目铁三角业务能力的建设平台,系统部平台及地区部和代表处平台则负责系统部铁三角的资源和能力建设。因此,华为的铁三角组织结构由三个层次组成,代表处/地区部平台支持系统部铁三角,系统部铁三角支持项目铁三角团队。

### 3. 韩都衣舍

韩都衣舍转做自有品牌后,打破了传统的直线职能制,引入了“小组制”组织结构形式。即从设计师部、商品页面团队及对接生产、管理订单的部门中各抽出 1 个人,3 人组成 1 个小组,每个小组对一款衣服的设计、营销、销售承担责任,依据服装市场的变化,快速设计、生产、销售。“小组制”解决了韩都衣舍业务流程中的产品设计、运营推广、订单维护等非标准化环节,而智能、生产、摄影、客服等业务系统则环绕于产品小组,为小组提供着标准化服务,并在不断改良升级中,形成韩都衣舍生态。截至 2015 年年底,韩都衣舍有近 300 个这样的“产品小组”,实现作为经营者责权利的统一。

这种小核算单元、责权利统一的方式,激活每个小团队的战斗力,再加之其他业务环节的通力配合,韩都衣舍最大限度地发挥互联网的优势,建立了“款式多,更新快,性价比高”的核心竞争优势。

### 4. 三企业互联网环境下服务化组织结构的共性

海尔、华为和韩都衣舍三企业在互联网环境下服务化的组织结构具有一些共同点。首先,三企业都在企业内部建立了小的自治组织,海尔建立的是“自主经营体”,华为建立的是“铁三角”,韩都衣舍建立的是“产品小组”,这些自治组织都是独立核算、责权利统一并为顾客全周期体验负责的组织;其次,三企业自治组织的组成成员很相似,海尔的“自主经营体”由营销、研发和制造人员组成,华为的"铁三角"由客户经理（负责营销）、产品/服务解决方案经理（负责技术）、交付管理和订单履行经理（负责产品/服务交付）组成，韩都衣舍的"产品小组"由页面设计专员（负责营销）、设计师（负责设计）、货品管理专员（负责制造），因此，三企业的自治组织都是由营销、研发/设计、制造或交付人员组成的；最后，三企业自治组织背后都由平台或支撑系统，海尔的"自主经营体"由企业平台来支持，华为的项目"铁三角"由系统部平台及地区部和代表处平台提供资源和能力建设，韩都衣舍的"产品小组"由企划、摄影、生产、物流等相关业务环节提供支持。对三企业组织设计的共性进行总结，如表 5-2 所示。

**表 5-2　三案例企业互联网环境下服务化的组织设计**

| 企业 | 海尔 | 华为 | 韩都衣舍 |
|---|---|---|---|
| 自治组织 | 自主经营体 | 铁三角 | 产品小组 |
| 自治组织的组成成员 | 营销、研发、制造 | 客户经理、产品/服务解决方案经理、交付管理和订单履行经理 | 页面设计专员、设计师(选款师)、货品管理专员 |
| 平台 | 企业平台 | 系统部平台及地区部和代表处平台 | 企划、摄影、生产、物流等相关业务环节 |

### 5.4.2　"平台+自治组织"型组织结构

三企业组织设计的共同特点可以看做互联网环境下制造企业进行服务化典型的组织设计，即"平台+自治组织"型组织结构。而"平台+自治组织"型结构能否满足前文的两个研究问题，即"个性化定制"服务化战略的需求以及让企业开放、平台化和协作的需求呢？答案是肯定的。首先，个性化定制通常是小批量多批次的需求，对企业的制造能力提出了很大挑战，企业要对订单快速反应、灵活应对，并与顾客及时互动，详细了解顾客的个性化需求，让顾客参与产品的设计，并在后续的制造、配送和售后服务中持续与顾客保持互动。而传统的科层制从客户下订单到产品出产需要一层层指令，反应慢、效率低，并不适合这种小批量多批次的生产要求。个性化定制需要的是拥有高度自治权的小团队组织，能够围绕顾客的个性化需求快速反应，并对顾客的满意度负全责，与顾客的互动保持统一接口，避免科层制下责任不清、承诺不一致的问题。"平台+自治组织"中的自治组织就是适合应对顾客个性化需求的小团队。其中包含的营销、研发/设计、制造或交付人员，能够为顾客提供产品创意、设计、制造、销售、使用、维护、升级的全流程服务，再加上企业平台提供支持性资源，能比个人更有实力、比传统组织更灵活高效地满足个性化定制的需求。

其次，企业的开放、平台化和协作问题，如前文所述，企业的开放包含对内的开放和对外的开放，对内各部门员工可以相互流通，对外可以让顾客参与、第三方参与甚至吸收临时员工。而三案例企业中海尔的自治组织完全做到对内、对外都开放，华为的铁三角由于行业的技术密集性主要是顾客参与、内部流通，第三方参与、吸收临时员工这样的开放还没有做到，韩都衣舍的"工作小组"也可以做到内部流通、顾客和第三方参与。在平台化和协作方面，"平台+自治组织"型组织结构本身就是平台化的组织，而平台与自治组织也会协作配合，自治组织间也会协作、流通。因此，可以提出在互联网环境下制造业服务化的典型组织结构就是"平台+自治组织"的组织结构。平台像一块肥沃的土壤，提供各种基础性服务和支持，小型的自治组织拥有自主权，与用户保持零距离，持续与用户互动创造用户价值，也与合作方直接互动，吸收全世界的优质资源，如图 5-6 所示。

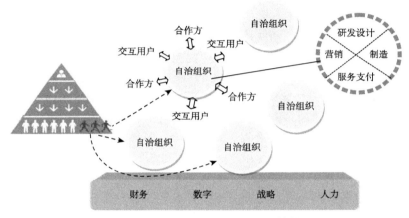

图 5-6　"平台+自治组织"组织结构

### 1. 平台

随着数字技术和互联网技术的不断发展,平台成为网络化过程中的重要话题。被称为"数字化教父"的尼葛洛庞帝（1997）认为数字化为生存和活动于现实社会的人提供进行信息传播和交流的平台，这个平台借助于数字化结构，虽是虚拟但却是能真实感受到的虚拟空间。进入 21 世纪，平台经济兴起，徐晋（2007）认为平台实质上是一种交易空间或场所，可以存在于现实世界，也可以存在于虚拟网络空间，该空间引导或促成双方或多方客户之间的交易，并且通过收取恰当的费用而努力吸引交易各方使用该空间或场所，最终追求收益最大化。而平台企业是指在双边市场中运作的、向两边性质截然不同的用户提供互动交易的平台和相关服务的一类企业（陈应龙，2014）。徐晋（2013）介绍了新经济时代存在的 12 种平台，包括淘宝网等电子商务平台、新浪等门户网站、百度等搜索引擎、QQ等通信平台、安卓系统等操作系统与应用平台、Facebook 等人际交往平台、支付宝等电子支付平台、智联招聘等求职平台、有线电视等媒体平台、沃尔玛等购物平台、超级女声等娱乐平台、高新技术开发区等城市经营平台。这些平台形式都是基于双边市场理论提出的，即平台是为了促成双方或多方客户交易的独立经济组织，与海尔、华为、韩都衣舍的企业平台不同。

Gawer（2009）把平台分为产品平台、产业平台和双边市场平台，产品平台是适用于一个企业内部的平台，主要目的是增加企业生产效率、以较低的成本产生多样性、实现大规模定制和提高新产品设计的灵活性和继承性；产业平台适用于基于平台技术的生态系统参与者，由若干企业参与，平台所有者使用平台是为了刺激和获取来自外部互补创新的价值，互补者使用平台为了能从平台的安装基础、网络效应和互补创新中获益；双边市场平台适用于双边市场的参与者，有平台企业及其双边用户三类参与者，平台企业把双边用户吸引到平台上来互动而获益，双边用户基于平台的互动获益。海尔、韩都衣舍等企业平台类似于三种平台类型中的产品平台，它们发生在一个企业内部，目的是更快、更好地满足用户个性化的需求。但企业平台又不完全等同于产品平台，企业平台上是一个个自治组织，而产品平台上是一个个产品事业部或模块化组件制造商。在互联网环境下，自治组织不同于传统的产品事业部，虽然同是自主经营、独立核算，但自治组织不是像产品事业部那样执行上级命令安排生产、销售，而是直接与用户保持持续互动，主动寻求用户的需求，让用户参与产品的设计、制造、使用、升级等全流程，比产品事业部更小巧、更灵活、拥有更多自主权，与用户零距离。

因此，企业平台是一种新型的、不同于以往的平台形式。按照海尔总裁张瑞敏的说法，企业平台是一种能在上面增值、共创共赢的平台，能使相关各方都实现利益最大化。那么企业平台具有什么功能，与自治组织是什么样的关系呢？海尔的企业平台要建成共享平台和驱动平台。共享平台是指能使企业的各种资源得到最佳配置，并利用企业的信誉和权威为各自主经营体寻求外部的资源；驱动平台是指为创业者在不同创业阶段提供资金支持，成为创业小微的股东。而韩都衣舍的"生态系统"，就是围绕着产品小组的七大公共服务系统，即柔性供应链系统、中央仓储系统、客服系统、智能系统、营销系统、品牌设计系统与集成服务系统，这些生态系统也具有共享企业资源、数据管理、投资驱动的功能。华为的系统部平台及地区部和代表处平台则是为项目铁三角提供资源和能力建设。

本章研究认为企业平台具有四大职能——财务平台、人力资源平台、数据平台和战略平台。"平台+自治组织"新型组织结构的财务平台和人力资源平台与波特的智能互联产品企业组织架构中的财务部门和人力部门不同，后者仍是属于职能管控部门，拥有人事任免权和资源分配权，而前者只是服务平台、分享平台和驱动平台，人事任免权和资源分配权归自治组织所有。前者的平台是自治组织成长的一个基地和服务后台，为各个自治组织提供人力、财务、数据和战略的服务。利用品牌优势、企业信誉，为自治组织连接合作方、对有发展潜力的自治组织进行投资，同时处理政府、融资市场等对企业所要求的常规事宜。

（1）财务平台。将原来事业部制下分散的财务管理体系整合在一个信息平台上，统一为平台内各自治组织进行财务核算、缴税等事务。海尔实行财务平台共享后，财务人员的工作效率提高了 10 倍，因为平台是信息化的，不需要人对人地去工作，所以既能提高效率又不会发生混乱（张瑞敏，2015）。同时，财务平台还有一项职能是评估各自治组织的财务效益，为战略平台的投资决策提供财务意见。

（2）人力资源平台。传统企业分工细、岗位多，对人力资源管理采用"选育用留"式的管理模式，在对新员工招募、筛选、培训后，配置到适合的职位，再通过考核、激励，留住优秀的人才。而企业平台化后员工从原来的被雇佣者、执行者，变成创业者、合伙人，企业不再对自治组织的员工拥有人事任免权，员工根据自己的创业需求可以自行流动，人力平台对全世界开放，有相似创业意向的人可以自行加入企业人力平台，与某个自治组织负责人互选，成为某自治组织的合伙人。新型的人力平台利用品牌优势、企业信誉为平台内各自治组织吸引外界的优秀人才，必要时提供相关的培训，管理企业的人力资源信息系统，并办理社保、个人所得税、人员流动手续等常规事务。

（3）数据平台。这个平台与波特的智能互联产品企业组织结构中"统一的数据组织"相似。互联网环境下，智能互联产品运行及与制造企业、用户连接将产生大量复杂数据，各自治组织自行管理数据有很高的成本和风险，为了提供数据系统运行效率、保障信息系统的安全，企业需要统一的数据平台，收集、聚合、分析各智能互联产品的数据，为各自治组织提供所需的数据和分析建议，并培训组织如何应用数据资源、监督数据权利和入口，推动价值链上先进数据分析的应用。权威 IT 研究和顾问咨询公司高德纳预测，到 2017 年全世界四分之一公司将有专门的数据单元。韩都衣舍根据产品小组的需求，自主研发了"H 系"智能信息系统，能保障每分钟处理订单 1.5 万件，日发 50 万包裹，强大的数据驱动能力和系统协同能力，使多数电商企业、线下转线上企业望其项背。

（4）战略平台。战略平台的职能由科层制下企业的最高管理层演变而来，科层制下的最高管理层制定企业发展战略、向下级下达决策指令、在外塑造企业形象、公关等事务，而战略平台不再具有产品、市场和人事的决策权，也不用为下级下达指示命令，其主要的职能是设计组织架构、选择投资对象和一些对外的事务。战略平台像是一个内部风险投资者和组织架构设计者，对内部各自治组织进行评估、预测，选择有潜力的项目和组织进行投资，同时根据内外环境变化及时调整组织架构。海尔的总裁张瑞敏认为企业组织转型后，他的角色由管理者、决策者转变成了组织的设计师（魏城，2015）。

基于平台的这四大职能，平台与自治组织之间的关系不再是产品事业部制那样的上下级关系、管理者与被管理者关系，而是服务与被服务者、投资者与被投资者关系。

2. 自治组织

如图 5-6 所示，原来科层制金字塔低端的员工走出去，进入一个个自治组织。设置自治组织类似稻盛和夫的"阿米巴经营"，将企业划分为若干个"小集体"，"小集体"自行制订计划，独立核算，持续自主成长，每一位员工都是主角，全员参与经营（稻盛和夫，2015）。但是自治组织比"小集体"更强调互联网环境下与用户的互动，让用户参与产品的设计、生产、使用等全流程，企业与用户共创价值。对于服务化的制造企业来说，自治组织通常由营销、研发/设计、制造或交付人员组成，拥有前所未有的经营自主权。海尔自主盈亏、独立核算的小微企业和韩都衣舍责权利高度统一的产品小组都是典型的自治组织。这些自治组织能更加灵活和贴心地为用户服务，与顾客保持零距离能够高效、准确地为顾客提供个性化定制服务。

自治组织中的员工也从原来的被雇佣者、执行者，变成了创业者、动态合伙人，在互联网环境下与用户零距离，与用户共同设计个性化产品，共同完成个性化服务。这样的自治组织人数少、分工合作、灵活作战，能极大地调动员工的积极性、主动性和创造性，克服了传统科层制层层传达、步步监控、低效率、反应慢的弊端，同时又有企业平台的支持和服务，比外界的创业公司成功率更高。从本质上来说，这种小微自治组织，对外是用碎片化组织应对碎片化市场，捕捉用户需求，创造用户价值；对内是搭建机会公平的组织平台，激发员工企业家精神，分享价值增值。

企业平台会投资和服务于自治组织，同时也会设计自治组织的游戏规则来保证企业的活力和持久性。海尔对自主经营体的管理方式是基于用户的需求，要求"人单合一"，每个自主经营体与用户是合为一体的，自主经营体之间则是"竞单上岗，按单聚散"；韩都衣舍会定期对各个品类小组的综合实力排名、竞单上岗，排名前三位的会得到奖励，后三名的会被打散重组；华为赋予项目铁三角经营管理、奖金分配、资源调度、相关重大问题决策、成员绩效目标承诺和关键绩效指标制定等重要权利，并根据绩效目标的完成情况进行奖惩。但相比海尔和韩都衣舍的自治组织，华为由于其行业的技术密集性，赋予自治组织的自主权还不够大，组织层级也比较多，平台还没有完全放权，自治组织还不能像海尔和韩都衣舍那样拥有高度的自治权。

自治组织允许非本企业的创客自由加入，只要有创业理想和能力，认同企业的管理方式，就可以申请加入成为创客。根据用户对于产品的需求，企业平台可以为自治组织寻求跨界协作，向外部寻求各种技术、供应商及人才。自治组织对用户充分开放，产品的全流程都可以让用户参与，还可以线上线下同时开放，向用户提供无缝化、透明化、可视化、全方位、多角度的体验。自治组织的成员都是创业者、投资人，是一个命运共同体，因此组织内成员会通力协作，与用户也会亲密协作，同时自治组织间、自治组织与平台间也会资源互补、展开合作，还会邀请第三方加入合作，因自治组织体小灵活、拥有的自主权大，比起其他任何组织形式，自治组织的协作会更加便捷、高效。因此，"平台+自治组织"的组织形式比其他任何组织形式都更能满足互联网环境对企业组织开放、平台化、协作的要求。

### 5.4.3　实施挑战

"平台+自治组织"型组织结构颠覆了企业长久以来保持的科层制，对现有员工的观念和利益都是一次巨大的冲击，会让企业面临许多的阻碍和风险。张瑞敏在 2015 年"全球最具影响力 50 大管理思想家"颁奖典礼上发表演讲，众多管理学家和企业家都感到震惊，认为这是非常激进的管理改革（张瑞敏，2015）。张瑞敏（2015）面对外界的质疑，专门发表演讲解释"人单合一 2.0"实施的路径、难点和目标，指出企业平台化有三个难点：①企业从串联流程变为并联生态圈，要求用户流量要求多，停留在平台上的时间长；②把一次性交易的顾客转变为全流程最佳体验的用户；③职能部门从进行管控转变为提供服务。这些都是对企业管理层的巨大考验。而把员工变为自治组织中的创客，员工定位转变、角色转换、薪酬来源转变，对员工来说也是巨大考验。

本章研究认为"平台+自治组织"组织结构最核心也是最困难的就是自治组织的运作，主要是员工观念转变、能力的培养和员工短期合作价值观冲突的解决。自治组织的员工都是创业者，要承担创业失败的风险，而很多人是不愿意从事冒险工作的。海尔进行"人单合一"改革取消了一万多名中层管理人员，这些人有的成为创客，有的就离开了企业。在传统科层制企业中，员工最重要的素质是执行，但在"平台+自治组织"中员工不需要听从上级的命令，需要自主决策、计划、协调，员工的思想在短时间内很难适应。海尔的改革现正面临着很多困难，其中最重要的就是员工还不能完全理解高层的理念，也很难在短期转变自己的观念和工作习惯。

除了观念，自主经营的能力也需要一定时间的培养，刚毕业的大学生很难胜任创业的工作。韩都衣舍认为"小组制"最难的就是培养人，一个成熟的产品小组成员需要至少两年时间的培养，他们不仅要有设计能力，还要熟知市场需求，揣测消费者的喜好，同时又要具备企业家精神，敢于冒险、勇于进取，这种综合素质很强员工的招聘、培训、激励和保留，对企业来说都是很大的挑战。自治组织根据用户和订单而组成，具有短期性和临时性，尤其是海尔"竞单上岗，按单聚散"，对成员的合作能力、协调能力提出了极大的挑战。组织行为学认为组织内除了书面的契约还有心理契约，心理契约具有主观性、内隐性、动态性和双向性的特点，组织成员需要一定的相处时间和共同经历才能形成价值观一致、工作风格相似的团队，而按单聚散的自治组织如何在短时间内形成心理上的默契呢？这对塑造企业文化、制定自治组织游戏规则的高层管理者来说又是一个挑战。

## 5.5　本章小结

　　本章首先通过总结制造业服务化组织设计的演进，得出服务化战略决定组织设计的结论，再提出互联网环境下制造业"个性化定制"的服务化战略，得出第一个研究问题，即制造企业的组织结构如何设计来满足"个性化定制"服务化战略的需求？通过论述互联网环境对企业组织结构的影响，即从封闭走向开放、由科层走向平台化、由孤立走向协同，评价波特的智能互联产品企业组织架构并不完全符合互联网环境下组织结构应具有的开放性、平台性和协作性，得出第二个研究问题，即制造业服务化转型后什么样的组织结构能让企业开放、平台化和协作？

　　采用案例研究方法，立意抽样三个进行组织结构变革并成功服务化的企业——海尔、华为和韩都衣舍，通过对二手资料的收集和分析、信度效度检验，得出三案例企业的组织设计、"平台+自治组织"新型组织结构及其实施的挑战。三案例企业都在内部建立了小的自治组织，都有企业平台支撑，自治组织都是由营销、研发/设计、制造或交付人员组成，并且这种"平台+自治组织"型的组织结构能够解决两个研究问题，即能都满足"个性化定制"服务化战略的需求，并能使企业开放、平台化和协作。进一步论述平台的性质、功能及与自治组织的关系。企业平台不同于常见的双边市场平台，企业平台上的自治组织是产生在一家企业内部，是比产品事业部更加小巧、灵活、更具自主权、与用户全流程互动的组织，类似于稻盛和夫"阿米巴经营"中"小集体"，但比"小集体"更强调互联网环境下与用户的互动和共创价值。但"平台+自治组织"组织结构也面临着许多挑战，包括自治组织成员观念的转变、能力的培养以及成员短期合作价值观和工作风格的统一问题。

# 第6章　制造业服务化的运营模式
## ——基于服务主导逻辑的视角

制造企业在服务化过程中根据所在行业、产品和面向市场的不同，会有很多种运营模式，好的运营模式可以帮助企业事半功倍，获取更多的利润和竞争优势。制造业服务化运营模式已有的研究成果大都建立在产品主导逻辑的基础上，与服务经济占据主导地位的当下经济发展形势不相符，而服务主导逻辑更加符合当今社会经济发展的需要。本章将通过海尔的案例研究，讨论制造业服务化运营模式的相关问题，并提出基于服务主导逻辑的服务化模式。

## 6.1　制造业服务化的运营模式

服务经济的快速发展使得制造与服务之间的界限越来越模糊。制造业把整个竞争战略都放在服务创新上——重新思考它们的提供物，用持续的、价值创造的方式替换一次性产品销售（Baines，2015）。由于制造业服务化实践与理论的迅猛发展以及"服务化悖论"的存在，学者对制造业服务化运营模式进行了大量研究。运营模式是一个系统性的整体概念，要素构成包括定价、收益方式、产品服务、客户关系等，企业改变运营模式的目的在于提升销售、利润、现金流量与竞争力（Mitchell，2003）。在制造业服务化的相关研究中，大量文献探讨了制造业服务化的运营模式或发展模式、策略，从不同角度对制造业服务化的业务模式进行划分。也有文献是对 PSS 进行的分类，学者通常将 PSS 的类型也视为制造业服务化的运营模式（邱文宏等，2015；Smith et al.，2014）。

### 6.1.1　服务化运营模式的三大类

White 等（1999）提出制造业从提供产品转变为提供服务，提供的服务包括"产品延伸服务"和"产品功能服务"。Hockerts 和 Weaver（2002）在 White 等（1999）基础上提出产品导向 PSS、使用导向 PSS 和结果导向 PSS。这三种类型的划分成为后来学者进行制造业服务化运营模式研究的主要依据，Mont（2004）、Tukker（2004）、Neely（2009）、郭怡萍和严万璋（2012）等学者都是基于这种分类方式提出相似的运营模式类型或者在此基础上加以扩展提出更多的运营模式类型。

Mont（2004）提出 PSS 的三大分类：①产品导向型，即提供额外的服务给产品，如咨询、维修、退还等；②使用导向型，即交易的标的是功能而非产品本身，如租赁或是共享的服务；③结果导向型，即着重在结果，要确保顾客的满意度，如最低成本规划，与"整合解决方案"类似。Tukker（2004）提出了纯产品和纯服务之间 PSS 的八个子类别——产品相关服务、建议与咨询服务、产品租赁、活动管理、按服务单位支付、功能性结果等，认为随着 PSS 的核心提供物对产品依赖性逐渐降低以及顾客需求的增加，为顾客确定真正利益的机会也增加。Neely（2009）通过大样本实证研究归纳出服务化的五种选择——整合导向 PSS、产品导向 PSS、服务导向 PSS、使用导向 PSS 和结果导向 PSS。关于中国台湾制造业服务化模式的研究指出，制造业服务化的发展模式可分为三类：①产品延伸服务：服务范围涉及购买前、购买时与购买后的服务；②产品功能服务：产品服务扩展至价值链的上下游，其中上游的价值活动包括产品设计、流程设计、制造控制、仓储/包装/运送等，下游的价值活动，如租赁、维修服务、重置/升级、再利用、回收等；③整体解决方案，在处理复杂产品系统时，需具备系统整合、运营服务、企业顾问与卖方融资等能力。郭怡萍和严万璋（2012）在对卡特彼勒、日本森精机制造所、奥蒂斯电梯公司与中国台湾广运机械 4 个企业的服务化运营模式作分析时，采用的也是的分类方法。

### 6.1.2　考虑其他因素的运营模式

以上文献对制造业服务化运营模式分类的依据主要是服务的目的，服务是为了提高产品价值、提供产品功能还是为了满足顾客全面的需求，分类的依据并没有考虑其他因素，还有一些学者在对制造业服务化运营模式分类时考虑了其他因素。Wise 和 Baumgartner（1999）从价值链角度，分析成功的制造服务化模式是将服务的范围延伸至下游端客户，服务模式包括四类：①嵌入式服务——将新的信息技术嵌于产品中，如智能产品；②全面性服务——在产品的生命周期内提供融资、运营、维修等服务；③整合解决方案——结合产品和服务提供全面的"无缝隙服务"；④通路掌握——进入顾问领域，掌握具获利性的通路活动。Raddats 和 Easingwood（2010）考虑了服务的对象是否跨越本企业产品或顾客，用"多元供应导向的服务"和"产品/顾客导向的服务"两个维度将制造业服务化运营模式分为四类：①为自有产品提供产品附属服务，如安装、维修、训练等；②为自有和第三方产品提供产品附属服务，如安装、维修、训练等；③为自有产品提供营运服务，如管理服务等；④供应商独立的营运服务，如系统整合、技术加值服务等。Raddats 和 Kowalkowski（2014）通过大样本实证研究确定了制造业的三类服务产品——产品附加服务、为自己产品和运营的服务、独立运营服务，并用这三类服务产品识别出三个常见的服务策略，即服务怀疑者，认为服务不是很强的区分者，不关注任何一种服务提供物；服务实用主义者，认为产品附加服务是关键的区分者；服务爱好者，认为服务既是产品区分者又是经济增长的推动者，所有三类服务提供物都重要。邱文宏等（2015）考虑了服务化的深度和广度，提出制造业服务化的四种策略——本业加值性服务化、本业差异性服务化、跨业开拓性服务化和跨业整合性服务化。本业加值性服务化策略是仅针对产品提供无形服务，且仅提供本业或相关产业的产品服务；本业差异性服务化策略是指制造企业不再单纯针对产品提供服务，而是为了满足消费者需求，并与顾客密切互动，提供本业或相关产业的弹性或定制化服务；跨业开拓性服务化策略仅针对产品提供无形服务，但已进行跨业或跨非相关产业的产品服务；跨业整合性服务化策略，是制造企业提供跨业或跨非相关产业的弹性或定制化服务。通过大量案例企业分析（从台湾百大制造业中筛选 58 家作为案例研究对象，进行二手资料分析和专家访谈），邱文宏等（2015）又进一步将制造业服务化四大策略区分为 12 项（含 24 项细类），如本业加值性服务化细分为售后服务、技术服务和代理服务，售后服务细分为维修服务和咨询服务，技术服务又细分为产品价值服务和技术衍生服务，代理服务细分为承包服务和品牌代理服务。Porter 和 Heppelmann（2015）提出在互联网环境下，智能互联产品能提高服务的效率，从被动式服务转变为主动的、预防性服务。售后服务形式有五种——一站式服务、远程服务、预防性服务、增强现实支持服务和新服务。

## 6.2　服务主导逻辑及研究问题的提出

### 6.2.1　服务主导逻辑的核心观点

在工业革命背景下，有形产品是国民财富的基本来源，产品主导逻辑（G-D Logic）因此形成并长期占据上风。直到 2004 年，美国学者 Vargo 和 Lusch 提出了服务主导逻辑（S-D Logic），认为在信息化和经济全球化的今天，服务在各国经济发展和国际贸易中的地位迅速提升，在广大发达国家服务的地位已远远超过产品，因此产品主导逻辑不再适合当今社会经济发展的需求。服务是一切经济交换的根本基础，社会、营销和组织都与服务交换有关，所有的企业都是服务企业，所有的市场都是服务交换的中心，产品只是服务的载体。随着学者持续的研究，服务主导逻辑理论日趋成熟，并对相关学科的发展和企业实践产生了重要影响（Vargo and Lusch，2008；Grönroos and Helle，2010；Smith et al.，2014；Lusch and Nambisan，2015）。Vargo 和 Lusch 数次修正服务主导逻辑的初始框架，2008 年形成了 10 个基础性命题，也是服务主导逻辑的 10 个核心观点。李雷等（2013）分析这 10 个基本命题的逻辑关系，提出操作性资源与竞争优势是其基础，市场交易机制和市场共创模式是其核心，服务生态系统是其归宿。2016 年 Vargo 和 Lusch 又对服务主导逻辑进行扩展和更新，将其中的 4 个命题做了修改，并新增 1 个命题，形成 11 个命题。其中修改的命题主要是将价值创造、价值主张和价值决定的主体由生产者、顾客扩展为多个参与者，考虑了复杂网络环境下企业与外部的资源整合和知识共享，更加符合互联网时代企业所处的环境和交易的模式。整理服务主导逻辑的 11 个基础性命题和相关解释说明，如表 6-1 所示。

表 6-1　服务主导逻辑的 11 个基础性命题及解释说明

| 命题序号 | 命题内容 | 解释说明 |
| --- | --- | --- |
| 命题 1 | 服务是一切经济交换的根本基础 | 有形产品不再是市场交易的基础，服务才是市场交易的基础，市场上是以服务交换服务 |
| 命题 2 | 间接交换掩盖了交换的根本基础 | 产品和货币掩盖了"以服务交换服务"的本质属性，命题 6.2 是对命题 6.1 的补充说明 |
| 命题 3 | 产品是提供服务的分销机制 | 产品是知识和技能的载体或传递服务的手段，该命题说明产品在市场交易机制中扮演的角色 |
| 命题 4 | 操作性资源是战略收益的根本来源 | 知识和技能是最重要的资源，组织可凭借操作性资源来获取战略收益，而不仅仅是竞争优势 |
| 命题 5 | 一切经济都是服务经济 | 制造业、服务业、第三产业都是服务经济 |
| 命题 6 | 价值被多个参与者共同创造，总是包括受益人 | 价值不仅由生产者与顾客共同创造，还包括合作伙伴等其他参与者，并总是包括生产者、顾客和其他相关的受益人 |
| 命题 7 | 参与者不能传递价值，但是能参与价值主张的提出 | 提出价值主张的不仅仅有企业，还包括顾客、合作伙伴等其他参与者 |
| 命题 8 | 服务核心观点是内在的受益人导向和关系导向 | 服务是各受益人决定和共同创造的，不同资源整合者之间相互影响、相互制约 |
| 命题 9 | 所有经济活动和社会活动的参与者都是资源整合者 | 涵盖企业、顾客、员工、合作伙伴和利益相关者，为了实现各自的目标而进行资源整合，"溶解"自己掌控的资源，实现"密度最大化" |
| 命题 10 | 价值总是由受益人独特地以现象学方法来决定 | 使用价值是一种主观感知价值，取决于受益人的自身特征（如知识、技能）和使用服务的情境，具有体验性和情境依赖性 |
| 命题 11 | 价值共创被参与者形成的制度和制度安排所协调 | 各参与者协作共创价值，需要由协商形成的制度和规则进行规范、约束和保证 |

资料来源：Vargo 和 Lusch（2004，2008，2016）；Lusch 和 Vargo（2014）；李雷等（2013）

## 6.2.2　服务主导逻辑对已有服务化运营模式的解释

服务主导逻辑认为价值实现于技术和知识的整合，操作性资源（技术和知识）

会相互作用或者作用于对象性资源（如产品）以实现使用价值。因此，不论顾客的利益是通过有形产品还是服务来获得，以顾客为中心的导向都会关注从产品或服务活动的结果中获得的使用价值，所以说，价值是在所提供产品的功能和顾客使用之中创造的，并不是通过产品的所有权创造的（Vargo and Lusch, 2004, 2008；Smith et al., 2014）。根据这一观点，制造业服务化运营模式的"常见分类"中，产品延伸服务/产品导向模式是以产品为导向提供少许服务，专注于有形产品的开发，属于产品主导逻辑；产品功能服务/使用导向模式和整体解决方案/结果导向模式都是关注顾客使用过程，而不是产品所有权，包括产品生产和较多的服务提供，属于服务主导逻辑。Raddats 和 Easingwood（2010）以"多元供应导向的服务"和"产品/顾客导向的服务"两个维度将服务化运营模式分的四类，为自有产品提供产品附属服务和为自有和第三方产品提供产品附属服务，都是针对产品提供附属服务，属于产品主导逻辑；而为自有产品提供营运服务和供应商独立的营运服务，是为顾客提供使用过程中的全面服务，属于服务主导逻辑。邱文宏等（2015）提出的服务化四种模式与 Raddats 和 Easingwood（2010）的四种模式类似，本业加值性服务化策略和跨业开拓性服务化策略属于产品主导逻辑，本业差异性服务化策略和跨业整合性服务化策略属于服务主导逻辑。Porter 和 Heppelmann（2015）提出敏捷有联产品售后服务的五种形式，虽然互联网环境下制造企业服务的效率会大大提高，但作者仅关注产品的售后服务，因此在观念上仍偏向产品主导逻辑。

虽然产品主导逻辑不再适合当今社会经济发展的需求，但现有的制造业服务化运营模式大多数是建立在产品主导逻辑基础上，Johnstone 等（2009）已经对此进行了验证，发现企业中存在一种"产品中心论"的嵌入式工程文化，表现为对顾客"需求"理解的缺失，这种基于产品主导逻辑的思考把服务化看成是制造企业通过服务提供来实现"增值"（Smith et al., 2014）。尽管已有的部分制造业服务化运营模式属于服务主导逻辑，其研究者也提出是"使用导向"或"顾客导向"，但其研究者并未从服务主导逻辑的视角进行分析，甚至就是基于产品主导逻辑进行的研究（Raddats and Easingwood, 2010），也未就服务主导逻辑的核心观点对服务化模式的操作进行深度挖掘（White 等，1999；Mont，2004；Tukker，2004；Neely，2009；郭怡萍和严万璋，2012；Raddats and Kowalkowski，2014；邱文宏等，2015）。

### 6.2.3　研究目的和问题

主导思维模式能够帮助组织和企业家解释并获得新机遇及机遇的相关回报（Lounsbury and Crumley，2007；North，1994），鉴于产品主导逻辑具有局限性，不适合当今经济发展的要求，可以认为应使用服务主导逻辑来探索制造业服务化的运营模式。运营模式是一个系统性的整体概念，构成要素包括定价、收益方式、产品服务、客户关系等（Mitchell，2003），由于产品和服务的定价受多种因素影响，在已有的制造业服务化运营模式研究中一般不涉及产品服务定价问题，而大多是从产品服务形式、客户关系及价值创造方式等方面进行分析和讨论。因此，本章研究将根据服务主导逻辑已有的研究成果尤其是十一个基础性命题及其延伸的讨论，来分析制造业服务化的产品服务形式、客户关系及价值创造方式等方面的问题。在服务主导逻辑的十一个基础性命题中，命题 6.4、命题 6.6、命题 6.10 涉及企业的价值创造、客户关系问题，Chandler 和 Vargo（2011）又提出参与者构成的价值共创网络——"服务生态系统"，本研究将从四个方面来探析制造业服务化的运营模式，即操作性资源、价值共创者、价值的决定方式和服务生态系统，并试图通过对四个方面的深入探讨来构建新的服务化模式。

产品主导逻辑与服务主导逻辑的的价值创造方式明显不同。产品主导逻辑的重点在于对行动者的分离和控制，从而使经济过程的有形产出最优化并便于管理，产品作为市场交易的基础，企业所追求的价值便是"交换价值"，企业独立创造价值，顾客被排除在价值创造过程之外（Vargo and Lusch，2004，2008）。而服务主导逻辑的重点在于服务的过程，而不是互相交换产品的形式，服务作为市场交易的基础，其价值在于"使用价值"，企业提出价值主张并推动价值共创各方的交互，共同进行价值创造（Lusch and Nambisan，2015）。而现有的制造业服务化研究文献也提到顾客导向、整体解决方案、弹性和定制化服务等需要顾客参与的运营模式，但是研究者只是提出并论证了这些模式，并没有专门讨论顾客和其他相关主体如何与企业共创价值（White et al.，1999；Mont，2004；Tukker，2004；Neely，2009；Raddats and Easingwood，2010；郭怡萍和严万璋，2012；邱文宏等，2015；Porter and Heppelmann，2015）。

基于此，第一个研究问题是根据服务主导逻辑，制造业服务化应如何引导顾客和其他相关主体共同创造价值？

服务主导逻辑在对象性资源和操作性资源之间做了区分。对象性资源是指行动者为了获得支持而作用的对象，经常是有形和静态的（如自然资源），操作性资源是指那些作用于其他资源以产生效果的资源，是作用于其他物品或者是对其他物品进行操作，而不是被操作的对象，操作性资源常常是无形的和动态的，如一个人的知识和技能。产品主导逻辑将产品作为交易对象和对象性资源，顾客也被视为对象性资源，企业通常要采取行动推动顾客。而服务主导逻辑认为产品是操作性资源的传递者，顾客是操作性资源的拥有者，顾客把自己的知识、技能和经验等投入价值创造过程，是价值共创的一个重要前提。操作性资源是最关键的资源，通常是动态的并很难转移，因此是持续竞争优势的来源之一。由于服务主导逻辑下企业对顾客操作性资源的利用是价值共创的一个重要前提，而已有的制造业服务化研究文献主要是从宏观层面讨论企业如何研发产品（如智能产品）、改变运营模式以推动顾客参与，都没有关注到对顾客操作性资源进行利用这种微观问题（Raddats and Easingwood，2010；郭怡萍和严万璋，2012；Raddats and Kowalkowski，2014；邱文宏等，2015；Porter and Heppelmann，2015）。

　　基于此，第二个研究问题是为了达到价值共创，制造业服务化应如何利用顾客的操作性资源？

　　服务主导逻辑认为使用价值是作为受益人独特地以现象学方法被共同创造的。产品主导逻辑下价值镶嵌于产品中，通过市场交易企业获取了产品的交换价值，而服务主导逻辑关注的是主观感知价值，具有体验性和情境依赖性，取决于受益人即顾客的知识、技能、经验和使用服务的情境，因此被认为是作为受益人独特地由现象学方法被共同创造。在制造业方面，顾客必须学会使用、维护、修理并调整设备使其适应自己的独特需求以及在不同情境中的行为（Smith et al.，2014）。利用现象学方法来创造或提高产品和服务对于顾客的使用价值，既涉及制造业服务化的价值创造，又牵涉到企业与顾客之间的关系，而已有的制造业服务化运营模式文献都没有考虑到这个问题。

　　基于此，第三个研究问题是制造业服务化应如何利用现象学方法来创造或提高产品和服务对于顾客的使用价值？

　　服务主导逻辑提供了一个更长远的视角来看待行动者，即不是把行动者作为生产者和消费者的双重角色看待，而是从更一般的意义上来看的——从处于其他行动者系统中的行动者们通过资源集成和服务供应来协同创造价值的角度来看，而这些行动者构成的价值共创网络被称为"服务生态系统"（Chandler and Vargo，2011）。Lusch 和 Nambisan（2015）认为服务生态系统是一个相对独立的、能够自动调节的系统，该系统主要由松散耦合的社会和经济（资源集成）行动者组成，而行动者是通过交换服务从而共享制度逻辑和协同价值创造来相互联系。李雷等（2013）认为服务生态系统是服务主导逻辑的最终归宿，在这个系统中，参与者的最终目的不再是实现自身和合作伙伴的利益，而是提高整个服务生态系统的适应性和可持续性。已有的制造业服务化文献都没有考虑到构建自身服务生态系统的问题，而服务生态系统既包含了产品服务的形式，又包含了客户关系、价值创造方式，是一个综合性的组织存在系统。

　　基于此，第四个研究问题是制造业服务化如何基于服务主导逻辑构建自身的服务生态系统？

# 6.3　研究方法

考虑到该研究主题还处于发展阶段，并且案例研究是制造业服务化运营模式研究的一种恰当的方法（White et al.，1999；Raddats and Easingwood，2010；郭怡萍和严万璋，2011；Smith et al.，2014；邱文宏等，2015），本章采用深入的探索性案例研究，分析和解决以上四个研究问题并试图提出基于服务主导逻辑的新的制造业服务化运营模式。

## 6.3.1　个案选择

本章研究采用一定程度的"立意抽样"来选择一个案例企业（Patton，1990），该案例企业是进行服务化的制造企业中最符合服务主导逻辑的企业之一。被选中的案例企业是一个杰出的中国家电制造企业——海尔电器。海尔早期以产品延伸服务即售后服务（包括产品配送、安装、维修和保养）的卓越著称，后来又提供个性化定制化产品、家电全面解决方案等面向顾客结果导向的服务，从 2007 年开始，为应对互联网时代的机遇与挑战，海尔从制造型企业向服务型企业全面转型，推行以"自主经营体"为载体的人单合一双赢模式，让"企业平台化、员工创客化、用户个性化"，海尔逐渐成为平台型企业，通过平台上一个个创业小微企业构建海尔大企业的并联生态圈，同时让顾客变成参与用户，进而形成用户生态圈。平台上的创业小微企业在与顾客的充分互动中，与顾客共同开发设计新产品，在产品使用过程中构建虚拟社区，让用户参与其中，贡献知识、技能和经验，解决各个用户个性化的问题，提高产品的使用效率，从而创造和提升产品的使用价值。而企业的盈利既可以来自使用产品和服务的用户，也可以来自参与生态圈的其他合作方。2007~2012年海尔实行"人单合一"服务化转型的第一阶段，实现了人均利润是同行的两倍、运营与创新能力远超行业平均水平、连续四年蝉联全球白电第一品牌的骄人业绩。截至 2015 年年底，海尔已支持内部创业人员成立 200 余家小微公司。创业项目涉及家电、智能可穿戴设备等产品类别，以及物流、商务、文化等服务领域。另外，在海尔创业平台，已经诞生 470 个项目，汇聚 1 322 家风投，吸引 4 000 多家生态资源，孵化和孕育着 2 000 多家创客小微公司，为全社会提供超过 100 万个就业机会。这是一个在管理理念上非常先进的向服务型企业转型的传统制造企业，因此在2015 年，该企业的领导人张瑞敏获得 Thinkers50 杰出成就奖之"最佳理念实践奖"。正如前文所述，目前还没有文献以服务主导逻辑的视角探讨制造业服务化的运营模式，而该案例企业能为解决四个研究问题提供一个丰富的背景。

### 6.3.2　资料收集与分析

本章研究以案例企业官网、搜索引擎（百度）、书籍和报刊等二手资料为主，搜索到的海尔领导人近年来在公共场合对"人单合一双赢模式"解读的演讲、知名报刊、电视台、网站记者对其管理理念的访谈、管理学者与其对话的实录等，再通过对海尔创业小微企业主和合伙人的多个深入访谈进行交叉对比。分析步骤如下：第一，回顾文献、期刊论文、相关书籍等，确定案例研究对象和研究问题；第二，搜集网络、报刊、书籍等二手资料，如在百度上以"海尔人单合一"为关键词，第一阶段共搜集到 283 000 个结果，经分析判断后第二阶段为 821 份资料，第三阶段与研究问题相关的有 108 个，包括海尔领导人在公众媒体上对人单合一、众创汇等管理模式创新的解读，海尔新产品发布的新闻报道，海尔官网、社区论坛、创业小微的微信公众号、百度贴吧等社交平台，《张瑞敏人单合一》及《海尔是海：张瑞敏随笔选录》等书籍；第三，在"百度贴吧"及"微信公众号"等用户交互平台上与小微企业主、合伙人及工作人员进行访谈，以验证二手资料中获得的信息，并详细了解小微企业的创立、运营，尤其是与顾客的互动、关系维护及服务生态系统建设等研究问题。在资料分析方面，本章研究根据 Yin（2014）所提出的分析模式，经由类型对比、解释建构、时间序列分析与程序逻辑阶段，以提高本章研究的内在效度，以下举一个分析范例，如图 6-1 所示。

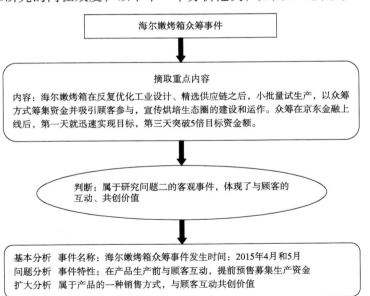

图 6-1　海尔基于服务主导逻辑的制造业服务化运营模式事件分析步骤图

资料来源：http://z.jd.com/project/details/9110.html

　　另外，本章研究团队分成三组进行二级资料归纳分析，研究团队在分析前沟通问题的界定并建立资料判断准则，然后以 10 份资料预试，再进一步统一对问题的认识和判断准则。最后针对统计结果的数字解读与研究发现的合理性，再与小微企业相关负责人和论坛管理员进行 14 次访谈，被访者背景与访谈记录表如表 6-2 所示。根据访谈所获得的信息进一步修正二手资料统计的结果，进而提出最后的研究结果与发现。

**表 6-2　小微企业主和合伙人访谈记录表**

| 序号 | 姓名 | 受访者所在小微企业 | 受访者职责 | 访谈方式与次数 | 次数/次 | 访谈时间 |
|---|---|---|---|---|---|---|
| 1 | 李×× | 雷神笔记本 | 合伙人 | 邮件互联 | 2 | |
| 2 | 田×× | 嫩烤箱 | 合伙人 | 微信公众号（海尔智慧烤箱） | 3 | 两个小时 |
| 3 | 李×× | 咕咚手持式洗衣机 | 海尔设计师 | 海尔众创汇互动平台 | 3 | 1 个小时 |
| 4 | 王×× | 分区免清洗洗衣机 | 网民设计师 | 百度贴吧（海尔官方吧） | 2 | 1.5 小时 |
| 5 | 张×× | 天铂空调 | 工作人员 | 海尔官网互动社区 | 3 | 1 个小时 |
| 6 | 李×× | 探路者扫地机器人 | 负责人 | 邮件互联 | 2 | 1 个小时 |
| 7 | 小海 | 海尔社区管理员 | 社区管理员 | 海尔社区私信 | 3 | |

### 6.3.3　信度效度检验

　　本章研究在资料搜集方面主要以二手资料为主，陈晓萍等（2012）认为使用二手资料有以下优点：①二手资料的样本量大，拥有连贯性的优势；②二手资料的客观性高；③二手资料研究具有可复制性。

　　本章研究通过资料三角、研究者三角、理论三角与方法三角这四个方面的三角检验来保证研究的信度（Denzin，1978）。第一，在资料三角方面，本章研究的资料来自不同渠道（网络、报刊、书籍和直接访谈）、不同时间点（主要资料跨越近 10 年）、不同的访谈对象（共 8 位被访者）；第二，在研究者三角方面，本章研究团队分成三组进行资料分析，最后在分析结果撰写阶段，再与专业内其他专家谈论；第三，在理论三角方面，对每个研究问题进行多个观点或理论的探讨；第四，在方法三角方面，本章研究采用二级资料搜集（包含网络、书籍、报刊等），并进行交叉对比、当事人深度访谈法、观察法（研究团队曾参与案例企业有关项目的众筹、讨论等）三种方式。

　　研究的有效性是运用三角测量的技术和调查对象的反馈来进行评估的（Miles and Huberman，1994）。为了准确判断和分析研究的问题，使用了扎根理论的编码（Strauss and Corbin，1990），由三名研究人员分别采用开放式编码，以识别二手资料和访谈记录中提到的对四个研究问题解答。为了更好地交叉对比二手资料，编码中将能够解答每个研究问题的资料进行了分类，一类是案例企业领导人对企业服务化思想和做法的解释，可以称其为"主观解读"，另一类是体现案例企业服务化运营模式的客观事件，如"海尔嫩烤箱众筹事件"，可以称其为"客观事件"。编码结束后，为了解决不一致性并提高内容的有效性，研究人员多次进行研讨，并与企业访谈对象进行多次交流，最终确定研究结果。资料搜集及分析目标始终围绕着能否解决前文的四个研究问题及能否找到新的制造业服务化运营模式。

## 6.4　若干命题的提出

产品主导逻辑下，企业独立创造价值，顾客被排除在价值创造过程之外，企业与顾客之间缺乏直接的联系（Vargo and Lusch, 2004）。服务主导逻辑强调顾客是价值的共创者，而顾客参与价值共创正是制造业服务化的体现。海尔的新产品设计都是根据用户所提的需求，在设计过程中与用户反复交互，如 50 万名用户参与众创定制的洗衣机，全球 10 大交互渠道、19 个交互平台，超过 500 万粉丝参与创意设计的"免清洗"洗衣机，30 多名发烧友构思、1 700 多名用户建议和支持的鸟巢形状天铂智能空调。因此，海尔的新产品设计是根据用户在网上提交的创意，由用户、网民设计师、海尔设计师、合作方设计师共同参与定制的众创过程。

服务主导逻辑激发了组织对行动者生态系统和服务交换平台的探索，也激发了对协同价值创造和服务创新过程的探索（Lusch and Nambisan, 2015）。海尔就非常重视顾客及其他相关主体互动平台的搭建和管理，设立"众创汇"、"众创意"、"HOPE 开放创新平台"及"海立方"等多个专门的顾企交互定制平台，鼓励顾客发表产品创意和需求，并根据人气推荐和其他用户建议，与企业和合作方设计师一起完成新产品迭代；设立并维护各类论坛、贴吧、微博，及时解答用户的疑问，积极与用户交流互动；开设各类型产品的 QQ 群、微信公众号、APP，进行产品购买、使用和服务咨询、意见反馈以及用户间交流等等。除了与顾客共创价值，海尔也整合供应商、其他合作方的资源来共创价值。海尔建立了"海达源"模块商资源平台，为供应商提供直接对接用户需求的零距离平台；打造海尔"U+智慧烘焙生态圈"，集合烤箱、烘焙供应商、冷链供应商、烘焙培训、烘焙课堂、美食类媒体等资源，提供给消费者从烘焙学习、购买、制作、分享等一键式服务，让消费者的烘焙工具、食材和培训学习都在海尔平台上完成；让美国、欧洲、日本研发中心分块负责免清洗洗衣机的研发，并与多个全球 500 强企业进行资源整合和专利分享。总结海尔与顾客的交互平台和工具，如图 6-2 所示。

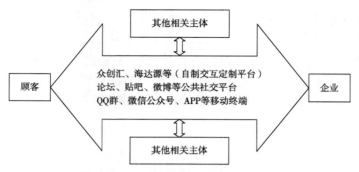

图 6-2　海尔与顾客交互的平台和工具

由此可见，与顾客和其他相关主体共创价值需要建立开放共享的交互平台，尤其在互联网环境下，用户终端交互平台和工具的设立和维护成为共创价值的重要条件。参与者越能轻松使用其中的平台和资源，资源集成的机会就越多，服务平台的主要作用在于它们利用了资源液化并增强了资源的密度，不仅能为参与者的日常服务交换提供平台，更能作为产品或服务创新的场所来使用（Lusch and Nambisan，2015）。基于此，提出下列命题。

**命题 6.1**　用户终端交互平台和工具的设立和维护是引导顾客和其他相关主体共创价值的重要条件。

服务主导逻辑所强调的是为另一个参与者或者是参与者本身的利益，而对专业知识和技能的应用，知识及其培养的技能是最基本的操作性资源（Chandler and Vargo，2011）。产品主导逻辑下消费者与企业是隔离的，因此企业不知道他的顾客是谁，更不可能利用到顾客的知识和技能，而知识和技能是隐性的、动态的，制造业服务化应如何利用顾客的操作性资源呢？海尔智慧烤箱移动终端交互工具——烤圈 APP，提供烤箱链接、食谱、热厨、推荐等服务，其中热厨是各用户在烤箱使用过程中将烘焙作品及制作食材、工具、操作步骤等上传，其他用户来借鉴、学习和交流，企业还多次开展线下活动，将用户的线上分享与线下交流结合起来，利用顾客的操作性资源来提升顾客的使用价值。海尔"浴室魔镜"的诞生就是企业设计师吸收顾客的创意，并开设"海尔智慧浴室粉丝会"交互平台，总结网友们对浴室使用的困扰和对未来浴室的畅想，在强大的技术研发团队支持下诞生的，之后又在粉丝所提出的数百条优化意见中不断的优化、升级魔镜的外观和功能。

服务主导逻辑识别了顾客三大角色——构思者、设计者和中介人，这三大角色折射了顾客操作性资源的具体内容，即顾客的需求和独一无二的工作背景知识，并根据这些知识以及对现有产品使用而设想新产品或服务的能力，混合搭配现有知识或资源从而配置新服务的能力，跨多个生态系统融合知识的能力和在服务创新中起到的中介作用的能力（Lusch and Nambisan，2015）。在产能过剩、用户需求多样化、个性化的时代，用户的操作性资源是企业开发新产品或服务的最重要资源。从海尔企业的案例可以看出，顾企交互平台不仅是企业与顾客价值共创的平台，也是企业利用顾客操作性资源的平台。

交互平台如果明确规定参与规则，而且相互作用的能力更加开放，那么交互平台将会对更大程度的资源集成起到支持作用（Lusch and Nambisan，2015）。参与规则是指顾客如何进行交互作用，会影响顾客的参与积极性和顾客价值共创的效果。海尔为了激励用户到交互平台提交自己的创意，设置了一套完备的激励机制。从精神层面，高质量的创意作品会受到粉丝们的欢迎和热捧，也会引起设计师注意，将简单的创意模拟成真实的产品；在物质层面，当用户的创意真的变成产品并且上市，该用户将被任命为企业的准设计师，每一台产品成功销售都会获得 0.01%的利润分成，并采用一系列合理的方式保护用户的版权。正是因为有了完备的参与规则和激励机制，海尔得以在新产品开发时获得用户贡献的大量创意、建议和支持。基于此，提出下列命题。

**命题 6.2**　建立交互平台并明确参与规则和激励机制才能更好地利用顾客的操作性资源。

价值是在使用接触中创造出来的，而这种接触的情境条件会影响价值的共同创造（Lapierre at al.，2008）。Palmatier（2008）指出情境变量可能来源于多种层面，如物理环境、行业或顾客本身，在一个设备的使用接触过程中，存在许多情境因素影响这个设备的价值创造，如与供应商、顾客（如顾客目标、使用者行为、设备知识）的关系或设备使用环境。在产品主导逻辑下，制造企业只负责生产产品，不用考虑顾客的使用情境。而在服务主导逻辑下，制造企业为了更好满足顾客需求进而提供产品及服务，在顾客使用产品的过程中与顾客共创价值，就要重视顾客在获得利益时扮演的角色，理解顾客消费的过程（Ng and Smith，2012）。服务主导逻辑认为设备使用者扮演着资源整合者的角色，以便获取情境中的利益，随着企业从产品向 PSS 转型，情境使用多样性也逐渐增加（Smith et al.，2014）。

与海尔雷神游戏笔记本合伙人沟通后发现，雷神的售后服务充分考虑了用户的使用情境，令用户感动不已。有位用户购买笔记本后发现机器没装操作系统，而他自己并不擅长安装，在找到系统盘试着安装系统后，游戏笔记本运行得并不稳定，他就在官方 QQ 群里抱怨。正好在当地出差的雷神合伙人直接带了一台安装好系统的新机器，在当天深夜亲自送货上门。后来这位用户称雷神是"雷电速度，神级服务"，急人之所急、想人之所想的雷神服务被广为传播，"雷电速度，神级服务"也成为雷神的一个品牌理念。另外，由于天气原因，一名大学生寒假前网购的笔记本一再延误，而他为了在假期前收到笔记本一再改签车票，雷神知道情况后免费送他机票，将人和笔记本一起快递回家。用户感受到了企业对他们的温暖和体贴，从此变成"铁粉"（忠实的粉丝）。

海尔的免清洗洗衣机在正式上市之前，在上海实施面向 1 500 个社区 5 万多户家庭的"洗衣机免清洗"体验活动，让用户零距离体验新产品的性能和品质。为了让顾客获得满意的产品和服务，海尔建立多种服务渠道，包括电话咨询、在线咨询、用户交互定制平台、论坛、贴吧、微信公众号、APP 以及线下体验店等，对用户的疑问或投诉及时解答或追踪反馈。

由此可见，利用现象学方法提高产品的价值就如同教育学领域中的"因材施教"，企业需要实行个性化的服务，及时追踪每位用户的使用情况，根据用户的使用情境来实施相应的服务。只有高质量、及时的、个性化的服务才能解决每位用户使用过程中的问题，从而创造或提高产品或服务对顾客的使用价值。基于此，提出下列命题。

**命题 6.3**　根据顾客使用情境实施个性化服务是创造或提高产品和服务对于顾客使用价值的必要举措。

服务生态系统是一个交互实体的"社区"——含有组织和个体（包括顾客），他们为了整体的效能和生存而相互依赖，共同发展他们的能力和作用（Iansiti and Levien，2004）。服务生态系统有三个要素组成：①一组社会和经济行动者，他们的价值主张大多是耦合松散的；②共享制度逻辑，能使认知差异相当大的不同行动者之间具有一个共享的世界观；③共同设置的规则和原则，能协调行动者和他们的服务交换（Lusch and Nambisan，2015）。

海尔的服务生态系统有两个，一个是海尔内部形成若干个小微企业，原来各部门串联的企业变成了并联小微企业组成的共创共赢生态系统。同时，体验经济把顾客变成了参与用户，用户与企业、其他相关主体又构成了一个服务生态系统。两个生态系统都有共享的制度逻辑和明确的行动规则，海尔为了建设内部的共创共赢生态系统将自己变为无边界的平台，将员工从原来的雇员变为创客，以最大限度发挥人的主观能动性，达到"人是目的，不是工具"的目的。而用户的生态系统企业会根据每种产品的特性提出共享的价值观，例如烤圈生态系统，共同的价值观就是让用户"吃得好，吃得安全，吃得放心"，给用户一场轻松、简单、安全、快乐的烘焙之旅；雷神笔记本电脑提倡的价值观是"只为游戏而生"。同时，每个服务生态系统都要制定参与者的行动规则，来提高系统的适应性和可持续性。海尔各种服务生态系统都将用户的参与行为量化，如"海尔社区"会员每日签到会奖励积分，发帖、跟帖回复、投票等能获取积分，分享作品也能获得积分。积累到一定量的积分就能到海尔商城兑换实物礼品、虚拟礼品或抽奖、秒杀等增值活动，海尔还提供大量免费试用产品专供给论坛参与人员。如果用户的创意被采纳即可获得大礼包，如果创意形成了产品并上市，用户将成为企业的准设计师并获得销售利润分成。

而国内其他家电知名企业，如美的、格力、创维、TCL 等，在创建互动平台和虚拟社区经营方面远远落后于海尔。格力甚至还没有建立与顾客互动的虚拟社区。Merlo 等（2014）认为与企业互动得越多的顾客越容易购买企业的产品，在购买或试用产品/服务后做出反馈并提建议或意见的顾客，比只做口碑传播的顾客为企业盈利贡献更大。因此培育顾客参与是非常有利可图的。比起顾客之间的互动，顾客直接参与企业的各种活动能创造更强的顾客黏性。为了鼓励用户参与虚拟社区的讨论，增加顾客黏性，海尔社区设置专门的管理员，负责每日根据企业动态或社会热点发布帖子，让用户进行讨论，并根据用户的发帖数量、发帖质量、在线时长等进行奖励，保持论坛的活跃度，提高企业的美誉度和用户的忠诚度，并将用户提出的有意义的建议反馈到企业相关产品或服务部门。

除了活跃的线上虚拟社区活动，海尔的小微企业会为用户或粉丝举行线下活动，如"免清洗洗衣机"举行粉丝见面会，烤圈用户举行"面包 party"，雷神笔记本电脑将粉丝称为"雷疯"，定期举行线下聚会。将线上资源和线下资源整合，是互联网环境下企业商业模式发展的必然趋势（杨善林等，2016），也是维护服务生态系统的必要举措。基于此，提出下列命题。

**命题 6.4** 服务生态系统需要共享制度逻辑和规则，并将线上资源与线下资源相结合。

## 6.5 "个性化定制"服务模式

通过对四个研究问题的分析和讨论，得出基于服务主导逻辑的制造业服务化运营模式应该是建立各种交互平台和工具并制定制度和规则，鼓励各参与者共创价值，为用户实施个性化服务的模式。为了实施个性化服务，企业必须与顾客充分沟通、互动，详细了解顾客的需求，并吸收外部资源、与多方合作为用户提供定制的产品或服务。我们将这种服务模式称之为"个性化定制模式"，即制造企业通过建立交互平台并制定规则鼓励顾客及其他参与者共创价值，为用户实施个性化服务的服务化模式。

消费品行业实施个性化定制已司空见惯，如服装定制、饰品定制、家具定制。工业品行业也越来越朝着定制的方向发展，如 IBM、华为的整体解决方案，汽车的个性化定制等。进行服务转型的海尔，其新产品都是由顾客提出创意，并在产品的设计、制造、销售、使用、售后等阶段让顾客充分参与其中，满足顾客的各种需求。通过与海尔洗衣机的设计师访谈了解到，海尔冰箱、洗衣机等家电已经可以做到个性化定制。顾客可以通过电脑或移动终端在网络商城上对冰箱等家电的颜色、款式、性能、结构等特征做全方位选择，然后下订单，订单接受后就可以电脑或手机上随时查看定制的产品在哪一个工序、有没有出厂、有没有装运。随着工业生产技术的进步，尤其是"工业 4.0"的推广，制造车间实现自动化、信息化和联网化，产品生产过程透明化、可视化，企业有能力进行大规模定制。而用户收到定制的产品后，个性化服务没有停止。海尔建立了多种用户交互平台，如"海尔社区"、"海尔贴吧"及"梦想+海尔会员俱乐部"，通过制定积分规则、兑换商品等措施，激励用户与企业互动，分享使用过程中的体验和感受，并提出改进建议或新产品创意。在售后的维护/维修、回收/再制造阶段，企业依然通过多种交互平台和远程监控、实时诊断等方式为用户提供高效、贴心的服务。

　　服务主导逻辑的重点在于服务的过程，而不是互相交换产品的形式（Lusch and Nambisan，2015）。"个性化定制"服务模式向顾客提供的不仅仅是个性化设计的服务，还包括制造、使用、售后服务的全流程的服务，如图 6-3 所示。

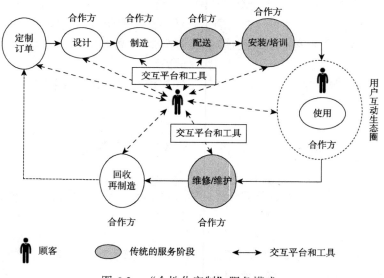

图 6-3　"个性化定制"服务模式

　　如图 6-3 所示，传统的制造业服务化通常是为用户提供配送、安装/培训和售后的维修/维护服务，顾客向企业提出产品需求后，在配送、安装/培训和维修/维护阶段与企业互动配合。而"个性化定制"服务模式下，顾客会参与从产品定制、设计、制造、配送、安装/培训、使用、维修/维护、回收/再制造的全流程，通过各种交互平台和工具，顾客与企业保持直接、频繁的互动。首先，顾客通过交互平台和工具发出定制订单，企业接受定制请求后，顾客继续与企业互动，参与产品的设计，以保证产品能符合顾客的定制需求。产品进入工厂制造时，企业的可视化工厂可以让用户了解整个生产过程，让顾客对产品的品质和造型放心。生产完毕进行配送时，物流的信息实时传递给顾客，顾客方便接收产品、配合安装和培训。在使用阶段，用户与企业继续保持着互动。为了鼓励用户与企业以及用户之间的互动，企业在这一阶段可以创建另外一个生态圈，即"用户互动生态圈"。企业通过建立社交平台、制定规则，鼓励用户及时反馈产品的使用体验，并将使用过程中的经验和感受与其他用户分享。同时引入其他合作方，为顾客提供更全面、优质的服务，进而提高顾客黏性，扩大盈利点。在维护/维修和回收、再制造阶段，企业会在与顾客持续的互动中高效、顺利地完成这个阶段的服务。

　　服务生态系统中不仅包括企业和顾客，还包括跨系统的参与者（Chandler and Vargo，2011；Vargo and Lusch，2016）。在"个性化定制"服务的全流程中，合作方会出现在各个阶段，与企业展开各种合作。在设计阶段，企业与外界的高校、研究院、企业合作，提高研发能力，来满足顾客的非标准化需求；在制造阶段，产品的零部件会外包给模块供应商，几个工厂共同来完成一个产品的生产；在配送阶段，与外界的物流公司合作；在安装/培训阶段，与分销商合作；在使用阶段，与互补产品的制造企业合作，如烤箱的互补产品企业——鲜活食品商，洗衣机的互补产品企业——洗涤用品企业；在售后的维护/维修阶段，与分销商合作；在回收/再制造阶段，与废品回收再利用企业合作。而产品的金融服务，通常会与银行、保险公司和其他金融企业合作。为了与企业、合作方有序地互动和合作，企业需要与顾客、企业共同制定互动、合作的规则，这也是服务生态系统运行的前提和保障。

　　随着互联网和移动终端的普及，整个世界越来越互联互通、资源共享，人与人之间的沟通前所未有地便利。制造业服务化是必然趋势，在制度保障下与多方合作、为用户提供贴心的个性化服务成为制造企业必然要走的道路，而"工业 4.0"及《中国制造 2025》等为企业的个性化服务模式提供了技术支持和政策指引。

## 6.6　本 章 小 结

　　制造业服务化运营模式已有的研究成果大都建立在产品主导逻辑的基础上，与服务经济占据主导地位的当下经济发展形势不符，而服务主导逻辑更加符合当今社会经济发展的需要。本章首先归纳了制造业服务化三类常见运营模式——产品延伸服务、产品功能服务和整体解决方案。其次梳理了考虑其他因素的运营模式，但是这些运营模式的研究大都建立在产品主导逻辑基础上，并未从服务主导逻辑的视角进行分析，也未就服务主导逻辑的核心观点对服务化模式的操作进行深度挖掘。根据服务化运营模式的构成要素、服务主导逻辑的核心观点本章提出四个研究问题，即如何与顾客、其他相关主体价值共创、如何利用顾客的操作性资源、如何利用现象学方法提高顾客的使用价值、如何构建服务生态系统。

通过对海尔企业的二手资料的收集和相关人员的访谈，得出四个研究命题：①用户终端交互平台和工具的设立和维护是引导顾客和其他相关主体共创价值的重要条件；②建立交互平台并明确参与规则和激励机制才能更好地利用顾客的操作性资源；③根据顾客使用情境实施个性化服务是创造或提高产品和服务对于顾客使用价值的必要举措；④服务生态系统需要共享制度逻辑和规则，并将线上资源与线下资源相结合。基于四个研究命题及案例企业的做法，提出基于服务主导逻辑的制造业服务化运营模式——"个性化定制"服务模式，即企业创立各种交互平台与顾客互动，制定规则鼓励顾客、合作方参与产品的全生命周期，为顾客提供个性化的产品和服务。

# 第7章 制造业服务化路径研究
## ——基于价值网络的视角

　　互联网的迅速发展，引发了商业模式和价值创造视角的变化。工业和信息化时代，商业模式基于一个企业为中心的视角强调价值链的整合（Tronvoll et al.，2011），价值创造的视角是价值链活动内部一体化；而互联网时代，智能互联产品的强大功能重塑了价值链（Porter and Heppelmann，2014，2015），商业模式转变为以社群为中心的"平台模式"，价值创造视角从价值链向价值网络转变（罗珉和李亮宇，2015），价值创造主体从单一产业内的企业个体向跨产业的企业网络转变，价值链不断重构、延伸和模块化，企业的边界变得愈加模糊，价值网络成为互联网环境下的企业运营的新范式。

　　作为我国传统的支柱产业，近年来，制造业面临成本上升、产能过剩和竞争力下降等问题，并一直在探索产业转型升级的路径。继 Vandermerwe 和 Rada（1988）提出服务化（servitization）概念，制造业服务化成为制造业转型的趋势和学术研究的热点，产品与服务融合是制造业的趋势，越来越多产品的核心价值已不再是产品本身而是服务（郭重庆，2014a）。"互联网+"行动将"互联网+"协同制造作为重点行动，明确提升网络化协同制造水平和加速制造业服务化转型。"互联网+"协同制造将互联网看做一种战略资源，将制造业服务化从工业信息时代的"制造+服务"转向互联网时代的"互联网、制造和服务"的深度融合。因此，本章的研究从互联网环境下的商业模式和价值创造视角出发，剖析互联网环境下的组织特征，从价值网络的视角提出制造业服务化升级的路径。

## 7.1　相关理论界定

### 7.1.1　价值链与价值网络理论

#### 1. 价值链理论

　　价值链是将原材料转换成最终产品的一系列过程，包括设计、生产、营销、交货以及对产品起辅助作用的各种活动的集合，通过实施价值链活动，可为自身和顾客增值。企业价值链上各活动创造的价值不相同，创造价值较高的只是价值链上某些特定活动。早期企业一般完成价值链上的所有活动，随着竞争的激烈和劳动分工的深化，企业内部的一些活动环节分离出来，成为独立的企业（Porter，1985）。"微笑曲线"理论认为处于价值链顶端的研发、设计、营销和品牌运营创造了较高价值，而处于价值链低端的加工制造环节则创造了较低价值（图7-1），制造企业应沿着价值链低端不断向顶端的路径攀升，实现制造业服务化转型升级（简兆权和伍卓深，2011a）。

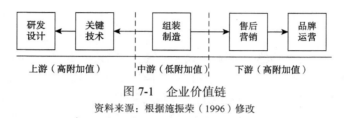

图 7-1　企业价值链

资料来源：根据施振荣（1996）修改

### 2. 价值网络理论

价值链理论强调企业在价值链上延伸，以获取较高的价值，但任何一个企业都很难完成全部价值链活动。企业间分工合作行为越来越普遍，互联网时代，企业间存在更多的跨界合作，许多学者提出了价值网络理论（Slywotzky，1996；Simmie and Sennett，1999；Callahan and Pastemack，1999；Bovet et al.，2000；Kathandaraman and Wilson，2001；桑福德和泰勒，2008；Allee，2000，2008）。价值网络理论的发展大致经历了从"价值链—价值星系—虚拟价值链—知识价值链—价值网络理论"几个阶段。

继 Porter（1985）提出价值链后，价值星系将顾客和企业比做恒星与行星的关系，恒星是星系的引力中心，顾客则是价值系统的根本驱动力（Normann and Ramirez，1993）；虚拟价值链认为每个企业都在管理者可感知的物质世界和信息构成的虚拟世界竞争，将信息作为价值链中重要的价值创造要素（Rayport and Sviokla，1995）；知识价值链将知识作为价值链中重要的价值创造要素，也使价值创造从价值链上向虚拟空间拓展（Weggeman，1997）。Slywotzky（1996）认为价值网是一种新业务模式，是商业生态系统的一种具体表现形式。

价值网络的雏形是 Brandenburger 和 Nalebuff（1997）提出将竞争与合作组合起来，创造了新词"竞合"，强调企业在制定战略过程创造双赢策略，企业组织之间、组织与个人之间，形成了有机的可以产生价值增值的"共生网络"。Simmie 和 Sennett（1999）提出价值网络是由多条相互作用的价值链整合而成的系统，价值网络包含供应商、渠道伙伴、服务提供商及竞争者（Callahan and Pastemack，1999）。

价值网络是一种新业务模式，将顾客需要的前端和及时响应交货的后端融为一体，将独一无二的服务和个性化产品交付给顾客（Bovet et al., 2000）。Kathandaraman 和 Wilson（2001）认为价值网络是一种以顾客为核心的价值创造体系，卓越的顾客价值是价值网络模型中价值创造的目标，核心能力是价值网络存在和运行的关键，是合作关系建立的基础，该概念进一步强调了企业价值网络的外部客户驱动性和合作的重要性。Berger 等（2001）则从企业能力扩张的角度指出，价值网络的基本特征是通过横向、而不是垂直一体化的产业组织形式来实现范围、规模的外部经济特性。价值网络间接为企业提供获取信息、资源、市场、技术以及获得规模经济和范围经济的可能性，并帮助成员企业实现战略目标，如风险共享、价值活动外包或组织能力提升等。Slywotzky 等（2002）提出由于顾客的需求增加，国际互联网的冲击和市场竞争加剧，企业应该将传统的供应链变为价值网络。价值网络的实质是企业围绕顾客价值，按照整体价值最优的原则，重构原有的价值链。价值网络集战略、结构、管理、文化于一体，是企业与不同层次的利益相关者相互耦合交织而成的关系结构，以便实现价值的创造、分配、让渡和使用。价值网络作为企业领域引领性的理念向世界传递，价值网络有别于价值链，价值链依赖于一个企业自身所拥有的组织以及该企业与供应商之间所商定的，并且有严格控制的合同，而价值网络是通过研究、设计、制造和客户服务等几个方面动态连接、创新协作，从而推动自身成长（桑福德和泰勒，2008）。价值网络实质上是一个价值交换系统，网络价值的创造与传递过程就是一个或多个企业、顾客、供应商、战略伙伴之间复杂的动态交易过程（Allee, 2000, 2008）。

综合以上学者的观点，本章研究认为价值网络突破了价值链内部一体化的思维，价值网络是以合作共生为基础，以顾客需求为导向，通过对价值链的分解、整合和重构，由网络成员与利益相关者共同创造价值的开放动态的网络。

### 7.1.2 制造业服务化路径的相关研究

关于制造业服务化的路径，一部分研究从企业所提供的“产品和服务”的组合程度强调制造业服务化的“阶段”（Vandermerwe and Rada, 1988；White et al., 1999；Oliva and Kallenberg，2003；何哲和孙岩林，2012），另一部分研究则从价值链的角度提出制造业服务化转型的路径（杨桂菊，2010；简兆权和伍卓深，2011a；刘建国，2012；周大鹏，2013）。

国外对制造业服务化过程的研究较早，主要是界定了制造业服务化的阶段。Vandermerwe 和 Rada（1988）将制造企业服务化的过程分为三个阶段，即制造企业仅提供产品、制造企业提供产品、附加服务和制造企业提供产品和服务构成的产品-服务包阶段；White 等（1999）提出服务化演进的四阶段，即产品提供、产品和附加服务、产品-服务包、基于产品的服务或功能阶段，前三阶段与 Vandermerwe 和 Rada（1988）的观点基本相同，但 White 认为第四阶段制造企业向顾客提供完全的服务契约才是制造业服务化演进的最后阶段。Oliva 和 Kallenberg（2003）提出制造业服务化模式的转型流程分为四个阶段：一是构建产品所能提供之服务；二是进入产品销售累积的服务市场；三是扩张销售累积服务的提供，包括从交易关系到关系为主和从产品效率为主的产品导向转变为顾客导向；四是接管最终使用者的营运，即进入最终使用者的维修或营运服务。何哲和孙岩林（2012）认为制造企业服务化的过程大致可以归为服务起步、制造+服务、网络构建及服务型制造四个阶段。

国内学者更多地从价值链角度提出制造业服务化路径。杨桂菊（2010）构建了我国 OEM 企业转型升级的理论模型，指出我国 OEM 企业转型升级的演进路径是从 OEM 依次延伸到 ODM 阶段和 OBM 阶段，最后达到国际品牌阶段，OEM 企业转型升级的过程，是代工企业在"核心能力"不断升级的基础上，扩展其"价值链活动"范围的过程。简兆权和伍卓深（2011a）基于微笑曲线的观点，以价值链为研究对象，着眼于服务化过程中企业价值链延伸的过程，指出具有不同能力和特点的制造企业实现服务化可以依循的下游产业链服务化、上游产业链服务化、上下游产业链服务化和完全去制造化四条路径。刘建国（2012）建立了由"企业转型-转型模式-服务类型-产品服务系统"组成的制造业服务化转型体系结构，认为服务化转型的不同路径是由企业价值链和 PSS 的差异所致，企业应在核心能力和竞争优势的基础上实现服务化转型。周大鹏（2013）提出制造业发展的三种可能路径：①以制造业务为主；②制造服务的产业融合；③提供服务为主，并且在有形价值和知识价值的不断积累下，产业发展阶段性螺旋式上升。

现有研究更多是基于工业和信息化环境，从价值链的视角研究制造业服务化的路径。整体上基本认为制造业应从服务化"初级阶段"向"高级阶段"逐步迈进，从"提供产品"向"提供服务"转变，从价值链的低端向高端延伸。然而，互联网环境下，网络化生态成为组织新范式，因此，突破价值链的视角，从价值网络的视角来研究制造业服务化的路径，实现组织创新和价值创造，有利于我国制造企业服务化升级。

## 7.2 互联网环境下的组织特征

"互联网+"协同制造行动，促进了制造与服务的深度融合，颠覆了传统的组织模式，推动着制造业组织创新。互联网思维下企业再造的方向是打造智慧型组织（李海舰等，2014），网络化生态和平台化运作成为组织新范式，衍生出"众包"、"众筹"、"创客"等新型商业模式，组织突破了传统价值链内部一体化的视角，呈现出开放、模块化、共创、互动和动态性的网络生态特征。

### 7.2.1　开放性

传统的封闭式创新范式下组织具有明确的边界，从基础性研究到进入市场等活动都是企业内部完成。开放式创新是通过有目的性的"由外而内"的获取知识和"由内而外"的输出知识，从而拓展新的业务市场的创新模式（Chesbrough，2003）。开放式创新范式下，企业的边界被打破，"互联网+"协同制造使组织突破了地域、技术、行业、规模等的界限，为开放的网络化组织发展注入了动力。

开放式创新强调从基础性研究到发展的过程，都不断吸收外部的知识和将内部知识扩散到外部，并开拓新市场和实现商业模式创新。因此，利益相关者，包括顾客、竞争者、供应商、分销商、技术支持机构、政府等是获取外部知识的重要来源，应突破边界，用开放和包容的态度吸引利益相关者加入网络，实现知识共享和新市场开拓。价值链理论认为企业存在明确的边界，而价值网络意味着企业边界的消失，将传统的价值链上的活动分解，构建合作的开放式平台，企业不再依靠内部资源，而是依靠外部协调合作（姜奇平，2009）。

### 7.2.2　模块化

当今产业已经进入模块化设计、模块化生产与模块化消费的大发展时期（Baldwin and Clark，1997）。模块化正从本质上改变着产业结构，企业组织形态出现模块化倾向，产生了模块化组织（Sanchez and Mahoney，1996），而"互联网+"推动组织模块化发展。"模块化"是指半自律性的子系统，通过和其他同样的子系统按照一定规则相互联系而构成的更加复杂的系统或过程（青木昌彦和安藤晴彦，2003）。模块化组织是各个高度自律性的分部，相当于一个个"内部市场"，在不违反界面联系规则的前提下可以自主创新，而不是传统意义上完全依附于总部的科层单位（李海舰和聂辉华，2004）。

Fredriksson（2006）提出企业模块化系统"产品、流程和组织"三维架构，组织模块化包括组织内部模块化和组织外部模块化（青木昌彦和安藤晴彦，2003），组织内部模块化是在企业内部，围绕产品或功能的模块化进行的部门或分公司的模块化，表现出企业集团、控股公司等组织形式；组织外部模块化是在企业所进行的业务外包、代工等活动以及企业战略联盟，表现为核心企业协调下的网络组织模式或模块生产网络。Pekkarinen 和 Ulkuniemi（2008）对服务业提出服务模块化三维架构，指出"产品、流程和组织"三者并非并列关系。

产品模块化和流程模块化是技术维度创新，而组织模块化是管理维度创新，产品和流程模块化是组织模块化的基础（陶颜和魏江，2015），组织模块化和产品、流程模块化之间形成反馈机制。通过对价值链不断分解、整合和重建，形成价值模块化，实现价值创造的创新，组织模块化是价值模块化的基础，并相互形成反馈机制，如图 7-2 所示。

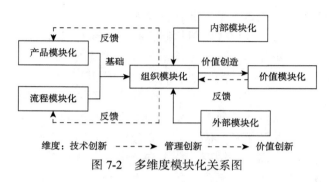

图 7-2　多维度模块化关系图

### 7.2.3　共创性

服务主导逻辑认为价值是在资源使用过程中共同创造的，顾客从价值创造的被动参与转变为主动参与的角色（McColl-Kennedy et al.，2012；Payne et al.，2008），价值创造发生在顾客获得理想需求的一系列活动中（Payne et al，2008）。因此，企业不仅可以依靠顾客参与创造价值主张（Vargo and Lusch，2008；Vargo et al.，2008），而且应全面考虑企业与顾客的关系、顾客与顾客的关系（Verhoef et al.，2009），顾客共创价值被定义为：通过在顾客服务网络中同合作者参与和互动的资源整合的利益实现（McColl-Kennedy et al.，2012）

在价值网络视角下，价值共创超越了企业和顾客二元性，价值共创的环境更加复杂，所有参与者（如企业、顾客、供应商、雇员、股东和其他网络成员）有助于为自己和其他成员创造价值（Vargo et al.，2008）。同时，价值创造的影响要素还可以拓展到网络外部，如社会结构和力量对服务系统的价值共创和资源整合也有重要的作用（Edvardsson et al.，2012）。因此，价值创造不再只是企业边界内，而是在价值网络内部和外部多个要素之间共同创造（Phinho et al.，2014）。

### 7.2.4　互动性

价值网络是多个相互作用的价值链整合而成的系统（Simmie and Sennett，1999），价值网络包含供应商、渠道伙伴、服务提供商及竞争者（Callahan and Pasternack，1999）。Bovet 等（2000）认为价值网络将顾客需要的前端和及时响应交货的后端融为一体，将个性化的服务和产品交付给顾客。

　　传统"商品主导逻辑"的观点局限于价值交换，价值是被企业和分配的市场创造的（Vargo and Lusch，2008）。在服务主导逻辑下，价值源于使用，强调企业与客户之间的双向互动（Vargo et al.，2008）。网络视角下，需要考虑多元关系和复杂能力，关注网络内多要素之间的互动性（Gummesson，2007），网络中各要素和其他要素之间的互动为促进价值创造提供了机会（Grönroos，2008），互动在提供服务和提供价值创造的机会具有重要的作用（Gummesson and Mele，2010）。价值共创可拓展到多要素的价值网络，要素之间的互动是价值驱动的重要因素（Phinho et al.，2014），互联网、物联网、大数据和"云"技术等促进了网络内各要素之间的全面互动，互动性成为互联网环境下组织的典型特征。

### 7.2.5　动态性

　　互联网环境下的网络生态是动态变化的，Slywotzky（2002）指出价值网络是企业与不同层次的利益相关者相互耦合交织而成的关系结构，以便实现价值的创造、分配、让渡和使用，而相互耦合交织的过程是动态变化的。价值网络是通过研究、设计、制造和客户服务等几个方面动态连接、创新协作，从而推动自身成长（桑福德和泰勒，2005）。价值网络视角下，价值活动不是静态的独立环节，而是各价值增值活动主体不断融合、动态互动的过程。网络系统是动态的和潜在的自我调整，会同时重新配置能力（Vargo and Lusch，2011），网络内的不同要素随着时间而变化地扮演着主动和被动的角色（Gummesson，2007）。

　　Phinho 等（2014）强调了价值网络动态的属性，随着时间的推移，动态的价值网络要素不断改变共同创造的角色和价值，并且改变对自己和其他参与者价值创造的影响，互联网推动了价值网络结构和成员角色的动态性。

## 7.3　制造业服务化的价值网络

　　从价值链角度来看，制造业服务化的路径是从产业价值链低端的加工制造环节向价值链高端的研发、设计、营销和品牌运作等环节升级，进而实现对全产业链的控制。但任何一个企业都很难擅长于价值链上的全部活动，最终处于价值链上的"低端锁定"。"互联网+"强调实体经济与互联网虚拟经济融合的"跨界经营"（赵振，2015），通过实体价值链分解和重构形成价值网络，使各企业能够专注自身所擅长的价值活动，实现"新木桶理论"主张的优势互补。制造业服务化价值网络（图 7-3）强调互联网、制造和服务的深度融合，通过价值链重构和互联网跨界融合，实现内外部资源的整合，由节点企业、模块企业、核心企业和利益相关者共同创造价值。

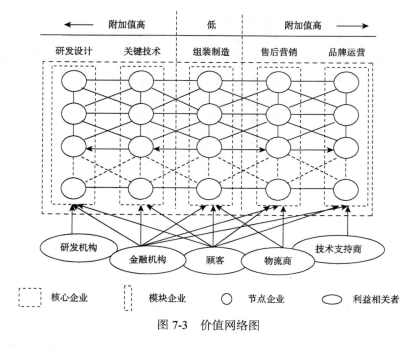

图 7-3　价值网络图

价值网络以价值链解构为基础，产业发展一般沿着"分工化—模块化—网络化"由低级向高级的一般路径（余长春和吴照云，2012）。分工化是对价值链活动的分解；模块化是通过对价值链活动的分解、整合和重构，建立全新复杂联系的模块企业；网络化是以模块化为起点（余东华和芮明杰，2005），通过内外部资源的有效配置，形成价值链横向、纵向、立体交织而成的网络结构，更好地为顾客创造价值的复杂的网络系统，互联网是价值网络成员实现互动和融合的保障。价值网络中包含了研发设计、关键技术、组装制造、售后服务、营销、品牌运营等所有价值链活动，通过网络各成员与利益相关者的跨界合作，实现资源共享和价值共创，与价值链强调的单个企业控制价值链所有活动不同，价值网络强调以商业联盟平台和跨界合作为基础实现价值创造活动。价值网络包括内部价值网络和外部价值网络两个层次（余东华和芮明杰，2005），内部价值网络由节点企业、模块企业交织组合而成，并由核心企业系统集成该网络平台；外部价值网络是内部价值网络与利益相关者之间互动而形成的，利益相关者包括顾客、研发机构、金融机构、物流商、技术支持商等。内部价值网络和外部价值网络构成的众多价值网络又可以组合成更加庞大和复杂的价值网络系统。

价值网络呈现开放、互动、模块化、共创和动态性的特征。开放性体现在每个节点企业、模块企业、核心企业的组织边界不是封闭的而是完全开放的，是突破边界的网络，内部价值网络的边界是开放的，利益相关者能突破网络边界加入价值网络系统中，形成外部价值网络，由内部价值网络和外部价值网络构成的价值网络边界也是开放的，众多边界开放的价值网络共同组合成为复杂的价值网络系统；互动性体现在模块企业、节点企业和核心企业的链式连接被打破，价值网络内部的节点企业、模块企业、核心企业之间形成网状的全面互动，并且与外部价值网络的利益相关者之间也实现网状全面互动；模块化体现在模块企业是价值网络重要组成单元，每一个节点企业加入某个价值模块中才更有助于在价值网络中发挥作用，模块化保证了价值网络统一的标准，更有利于提高效率和竞争力；共创性体现在价值网络中价值被核心企业、模块企业、节点企业以及利益相关者之间资源整合和共享而共同创造，价值不再是某个企业单独创造的；动态性体现在价值模块的组合是动态变化的，价值网络内各成员之间的组合和相互依赖性都随着时间变化而不断变化，核心企业、模块企业、节点企业在价值网络中的角色也会随着时间而变化，核心企业如果不注重创新，其地位很可能会被模块企业所取代，节点企业也可能成长起来取代模块企业。因此，价值网络中，每一个成员都在不断创新发展，核心企业引领整个价值网络创新，实现价值网络成员和利益相关者之间全面互动，价值网络中每一个成员应当承担好各自的角色活动。

### 7.3.1　核心企业

全球化背景下，诞生了一些系统集成商对企业原有的价值链进行重构（Gereffi et al.，2005），这个系统集成商可以看做价值网络中的核心企业。核心企业是价值网络平台组织者和战略创新的引领者（程立茹，2013），集合了系统集成商和规则设计商（李海舰和魏恒，2007）的角色，必须具备创新战略思维和强大的网络整合能力，能够控制价值创造关键环节，负责引领整个价值网络创新发展、网络平台规则和界面标准的设计、吸纳模块企业和节点企业加入价值网络中，负责价值网络成员之间的协调，以及网络平台与其他利益相关者之间的协调。在开放动态的价值网络中，内部价值网络成员之间的互动合作错综复杂，并且与外部价值网络中的利益相关者之间的互动频繁多变，核心企业如何协调网络成员具有极大的挑战；另外，核心企业制定的价值网络平台的结构、规则和界面更加具有权威性和整体性，各节点和模块必须符合核心企业设定的结构、界面和规则（Baldwin and Clark，1997）。核心企业是制造企业发展的最高目标，但核心企业对能力的要求非常高，一般而言，传统的制造企业很难迅速成为价值网络中的核心企业，只有具备价值网络的核心能力要素的企业，才能够成为价值网络的核心企业。

要成为价值网络的核心企业，应思考三个问题。问题一——是否有能力构建创新网络？问题二——如何吸引成员加入价值网络？问题三——如何激励网络成员共同实现网络价值创新？

　　第一，组建创新的价值网络的前提是能够提出创新的商业模式并具备网络整合和技术创新优势能力。首先，在互联网时代，商业模式的创新显得尤为重要，如苹果、宜家和小米等企业都是商业模式创新的典范，只有创新的商业模式才具有竞争力，因此引领创新的商业模式是核心企业的重要使命；其次，控制价值网络的核心企业，应具有显著优势的网络整合和技术创新能力，占据价值网络中的结构洞，网络整合能力越强，往往在价值网络中的权力和地位就会越高，掌握了网络运作的核心技术，并实现技术创新才能成为网络平台的控制者。第二，吸引成员加入价值网络的关键是价值网络平台的影响力、规则和界面等。互联网环境下，价值网络的竞争也是非常激烈的，缺乏吸引力的价值网络很难有生存空间。首先，价值网络平台的影响力越大，越能够吸引更多优秀的成员加入，因此，在构建价值网络平台时，一般会寻求一个具有较大品牌影响力的企业加入，进而通过其影响力吸引成员加入；其次，平台的运行规则也很重要，众多成员加入价值网络会面临怎样的运行规则？如何全面考察节点企业或模块企业是否具备网络平台需要的核心能力和关键资源等？都是必须全面考虑的问题；最后，网络平台界面标准的设计也将影响对成员的吸纳，界面标准化的"接口"，便于价值网络节点企业与节点企业之间的联合，包括节点企业融入模块企业、模块企业进入价值网络等的标准接口，价值网络成员和利益相关者之间互动的标准"接口"。第三，推动价值网络成员实现平台创新和价值创新的关键在于对成员的协调和激励机制。首先，建立价值网络平台互动机制，核心企业应为网络成员之间的互动、网络成员与利益相关者之间的互动提供协调，实现资源共享和互动，帮助网络成员吸收知识和信息，实现能力提升；其次，建立公平合理的利益分配机制，实现网络各级成员和利益相关者之间利益的公平合理分配；最后，建立价值网络成员激励机制，在既定规则的约束下，鼓励网络成员创新，对于创新成效显著的成员给予相应的经济和地位奖励。

### 7.3.2　模块企业

　　模块企业处于价值网络的中层，在价值网络中，研发设计、关键技术、组装制造、营销售后和品牌运营环节都存在从事专业化活动的企业，这些从事价值网络中环节专业分工的企业组合在一起形成模块化企业。价值模块化的过程就是价值链重构的过程，将传统内部一体化的价值链通过分解和重组成为新的价值模块（余东华和芮明杰，2005）。模块化是互联网经济下组织的重要特征，在遵循核心企业设定规则的前提下，独立完成模块功能，负责模块子系统的设计、开发与完成（李海舰和魏恒，2007）。价值网络视角下，内部一体化的价值链被分解成若干个价值节点，将各价值节点横向集中、整合以及增强功能，形成多个独立的价值模块企业（宗文，2011），企业通过形成专业领域优势集中的模块企业，实现价值活动的规模化和专业化，垄断专业的核心技术和资源，提升在价值网络中的影响力，从而成为价值网络系统的重要成员。模块化是企业加入价值网络的重要形式，首先对擅长领域的资源进行有效整合，形成基于价值模块化的、更加具有竞争力的模块企业。模块企业是价值网络中非常重要的成员，是价值网络实现价值创造的中流砥柱，在价值网络中具有一定话语权。一般而言，经过自身核心能力的不断发展，已经具有较强的实力，但还不具备强大网络整合能力的制造企业可以选择成为模块企业。

要成为价值网络中的模块企业，应思考三个问题：问题——如何成为价值网络的模块企业？问题二——如何吸引优秀节点企业加入价值模块？问题三——如何激励节点企业共同实现模块价值创新？

第一，要成为价值网络模块企业，首先，该企业必须具备该模块所需的核心能力优势，应是价值模块主要功能领域的领头羊；其次，要具备强大的资源整合能力，拥有整合价值模块的强大资源和信息；最后，具备对环境变化的快速反应能力，面对错综复杂和动态变化的外部环境，模块企业要能够敏锐地察觉外部环境的变化，及时调整价值模块使其适应动态环境的要求，才能成为价值模块的整合者和引领者。第二，要吸引节点企业加入价值模块，首先，必须使价值模块具有极大的影响力，一方面，吸引优秀的节点企业加入价值模块有利于提升模块的影响力，另一方面，依托强大的价值网络平台也将提升价值模块的影响力；其次，模块设计的规则和界面标准将直接影响节点企业加入该模块的意愿，模块的运行规则要清晰的体现对成员的约束条件和发展空间，清楚的责任和权力界定能够吸引节点企业的加入，最后，标准化的模块"接口"便于节点企业融入模块，也便于模块融入价值网络。第三，激励节点企业共同实现模块价值创新，关键在于有效的协调机制、利益分配机制和激励机制，模块企业对模块成员的有效协调有利于提升成员企业对资源的共享和知识的学习能力，进而更好地实现价值共创；模块内公平合理的利益分配机制和激励机制也能调动节点企业创造价值的积极性。

### 7.3.3　节点企业

节点企业位于价值网络的最低端，是价值网络最基本的组成单元，模块企业由各节点企业分别组成。单个企业加入价值网络也是一种常见的方式，在价值网络中能够更大限度地挖掘自身的潜力，提升核心能力；一般而言，单个节点企业在价值网络中的竞争力较弱，节点企业只有实现了模块化才容易被其他参与者整合，获得相应的利益（余东华和芮明杰，2005），因此节点企业一般都积极地参与模块化企业的组成，并不断提升自身的核心能力以更容易加入模块。传统制造商最初一般只能成为价值网络中的节点企业,集中精力做好自己最擅长的活动环节,寻求机会加入价值网络,成为价值网络中最基本的组成单元,在价值网络系统中不断吸收知识,提升核心能力,朝着模块企业发展。

价值网络的节点企业,应思考三个问题。问题一——如何成为价值网络的节点企业?问题二——如何选择价值网络或模块?问题三——如何融入价值网络或模块实现创新?

第一,要成为价值网络的节点企业,首先必须要有擅长的核心能力,价值网络核心企业或模块企业在挑选节点企业时有一定的衡量标准,符合标准条件的企业才有机会加入价值网络或价值模块,因此制造企业必须提升自身核心能力,突出优势能力,才有机会进入价值网络或价值模块;其次,具备可接入性的节点最能实现价值共创(Stephen and Toubia,2010),因此节点企业要想法拥有更多活跃的"显性联结"和"隐性联结"(Yang et al.,2013)。第二,如何选择加入的价值网络或价值模块,是非常重要的问题,有些企业只管能否进入价值网络或模块,而不去判断价值网络或模块是否与自身核心能力相符合,最终并不能实现价值增值。因此,节点企业选择价值网络或价值模块时,应对自己和选择对象充分了解,包括价值网络或价值模块的模式、规则、机制、理念、接口标准、核心能力、影响力、目标客户等。第三,节点企业锁定要进入的价值网络或价值模块目标后,如何融入价值网络和价值模块实现创新也非常重要。节点企业,一方面,要想办法与模块或网络中的成员企业实现信息和知识共享,提升学习能力,尽快吸收新的知识和信息,通过"学习效应"提升核心竞争力,实现企业持续的升级;另一方面,节点企业也要加强与网络或模块内成员和利益相关者互动,实现与合作者和利益相关者的资源共享和全面整合,共同创造价值增值。

### 7.3.4　利益相关者

在开放的价值网络中,网络的边界被打破,利益相关者参与到价值网络的活动中共同创造价值,实现价值共创。价值网络可以实现核心企业、模块化企业、节点企业和外部利益相关者之间的全面互动。外部利益相关者包括研发机构、金融机构、顾客、物流商、技术支持商等参与到价值网络的所有或部分活动环节,与核心企业、模块企业和节点企业共同构成外部价值网络,成为价值网络系统中的共同成员。

有关利益相关者的研究中,长期以来特别关注顾客参与对价值创造的贡献,价值网络的本质也是以顾客价值为导向的(桑福德和泰勒,2005),因此,顾客是价值网络系统中的重要成员,参与了价值网络所有活动环节,核心企业、模块企业和节点企业通过与顾客互动,实现价值共创,通过与顾客在网络平台上的互动,能够更加了解顾客的需求，从而更好的满足顾客，提升客户的忠诚度和依赖性，实现价值增值。价值共创的早期研究基本上关注顾客和服务提供商之间的关系（Tax et al.，2013），后来发展到突破原有二元关系的价值网络视角，关注网络内的所有相关者之间的关系（Phinho et al.，2014），通过价值网络实现大众创新和价值共创。企业自身研发和设计能力的提升是有限的，"互联网+"行动有助于建立研发创新网络，各科研院所、协会等研发机构加入研发网络，与价值网络的研发设计模块紧密互动和合作，价值网络通过"众智"整合了各界的研发和技术资源，实现产品和技术的突破创新。金融机构是价值网络的经济来源，企业每一阶段的升级都需要经济投入，企业自身累积资本的有限性决定企业的外部网络化发展需要社会资本的大力支持，包括传统金融机构、互联网金融机构和其他社会资本，价值网络通过信息共享降低了信息不对称的风险，使企业和各类金融机构交流更便捷，能够有效降低借贷风险和成本，通过与金融机构的广泛合作，筹集了各类型社会资本，"众筹"的方式为价值网络的发展运营奠定了经济基础；物流提供商承担了企业实体物品的转移任务，在组装制造和销售环节与物流提供商建立战略联盟关系，形成系统化物流平台，加强价值网络成员和利益相关者的互动，有助于降低物流成本，为客户提供一体化的物流解决方案；技术支持商是价值网络平台顺利运行的技术基础，该平台为网络成员提供了互动交流、资源共享和知识传递的机会，保障该平台的顺利运转的核心是互联网信息处理技术，因而专业的技术支持商参与网络价值平台的运营，为价值网络平台运作、网络成员的互动协调和网络结构升级等提供技术保障，核心企业应当与技术支持商之间建立紧密的联系和控股关系，才有利于巩固核心企业对价值网络的核心控制地位。

## 7.4　制造业服务化的路径

在价值网络视角下，制造业服务化的高级阶段是通过对实体价值链上活动的分解和重构形成价值网络与互联网虚拟经济的融合，建立开放性的制造业服务化价值网络，但制造业服务化不是直接到达最高阶段，而是分阶段性的实现升级转型。处于价值链和价值网络低端的企业分别形成横向、纵向和"横纵相融"的价值网络结构升级，并形成金字塔的"金边金顶"式价值升级运动（王树祥等，2014），形成四个层次的升级路径，即价值活动解构升级、价值链上螺旋升级、价值网络内全面升级和跨越多个价值网络的突破性升级。

### 7.4.1　价值活动解构升级

价值活动解构升级是对多个价值链活动的分解和重构，每个企业专注于自身擅长的价值活动，并不断提升价值活动的能力。企业首先不追求价值链上横向升级实现服务化，而是对多个价值链的活动进行分解和重构，专注于自身所擅长的价值活动，对所擅长的价值活动从"初级—高级"纵向升级（图7-4，路径A）。价值活动的解构升级没有突破本身所擅长的活动，其目标是为在价值链、价值网络和跨越价值网络的服务化升级做准备，并贯穿于后面三个层次的升级过程，是实现服务化升级的基础。

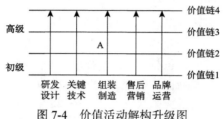

图 7-4　价值活动解构升级图

价值链上的企业、价值网络中的节点企业、模块企业和核心企业首先对本身擅长价值活动能力提升，然后考虑下一步的升级路径。制造企业努力提升所擅长价值活动的能力，为服务化升级和被价值网络吸纳做准备；进入价值网络的节点企业首先努力提升所擅长价值活动的竞争力，为成为模块企业做准备，然后再根据自己实力和资源选择价值链横向升级实现服务化；成为价值网络中的模块企业后，也继续在所擅长价值活动模块不断提升竞争力，为有机会升级成为核心企业而做准备；成为价值网络的核心企业后，仍然要不断创新和提升竞争力，为巩固其价值网络中的地位和拓展价值网络而准备。因此，价值活动解构升级是实现企业价值链和价值网络活动升级的准备期，每个企业都不可能一蹴而就实现阶段性升级，准备期贯穿制造企业服务化升级的每个阶段。

### 7.4.2　价值链上螺旋升级

价值链上处于中游的组装制造活动产生的附加值最低，价值链视角强调价值活动内部一体化，制造企业应沿着"微笑曲线"向产业链上下游延伸实现服务化升级（简兆权和伍卓深，2011a）。资源基础观认为，企业拥有资源的异质性，决定了企业竞争力的差异，因此，企业应当审视自身的资源和能力决定是否在价值链上下游延伸。当企业将擅长领域的竞争力提升到一定的高度后，通过"技术溢出"及"学习效应"等使其在相关价值链活动上也具有能力基础后，再考虑价值链上下游的延伸。制造企业可以向价值链上游沿着"组装制造—关键技术—研发设计"的路径实现服务化升级（图7-5，路径A1），也可以向价值链下游沿着"组装制造—售后营销—品牌运营"的路径实现服务化升级（图7-5，路径A2）。制造企业在价值链横向升级的基础是首先对本身所擅长的价值活动解构升级（图7-5，路径 B），再通过价值链上下游延伸实现横向升级，通过价值链上下游的螺旋式升级，成为价值链的全面掌控者，实现价值增值。价值链上的横向服务化升级是基于价值链视角的产业升级，实现价值增值活动企业内部一体化的前提是企业具有强大的实力，可以控制价值链上的所有活动。

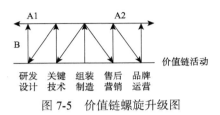

图 7-5　价值链螺旋升级图

### 7.4.3　价值网络内全面升级

价值网络视角下，强调的不再是价值链上横向升级的内部一体化，而是将价值链上的活动分解和重构，通过互联网与价值网络的深度融合，实现制造业服务化全面升级。企业在价值网络内沿着"节点企业—模块企业—核心企业"路径实现服务化升级，如图 7-6 所示。该升级过程是一个企业数量由多到少的、规模由小到大的动态变动过程，众多规模较小的节点企业升级成为较少的规模较大的模块企业，模块企业中最终只有极少数能成为核心企业控制价值网络，传统的制造企业，从低端逐步向高端实现立体金字塔式的网络结构升级。

第一步：成为价值网络的节点企业。最初，制造企业还处于代工阶段，零散的接到一些企业的代工订单，和代工需求方之间还没有形成稳定的合作关系，缺少合作联盟的代工企业还没有成为价值链和价值网络中稳定的组成单元。制造企业突破传统的价值链横向升级的思维，在前期价值活动解构升级的基础上提升了自身的核心能力，被价值网络中的模块企业吸收成为价值网络中的节点企业（图 7-6，路径 A）。成为价值网络中的节点企业后，专注核心价值活动的同时，处于价值链低端组装制造环节的节点企业还可以在价值网络内从价值链低端向附加值较高的关键生产技术、营销、研发设计和品牌运营等环节逐步升级（图 7-6，路径 A1）。

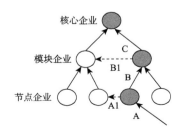

图 7-6　价值网络内全面升级路径图

　　第二步：成为价值网络的模块企业（图 7-6，路径 B）。制造企业成为价值网络的节点企业后，通过价值网络系统成员和其他利益相关者的互动和学习，再次实现了核心能力的提升和突破，通过对自身擅长的网络价值活动的资源整合，形成了专业化和规模化的能力，进一步成为模块企业，为价值网络提供某一环节模块化的功能。在价值网络低端的组装制造模块企业可以选择先从组装制造模块向附加值较高的关键生产技术、营销等环节模块横向升级（图 7-6，路径 B1），在该模块上集中优势资源，成为该环节的模块企业。

　　第三步：成为价值网络的核心企业（图 7-6，路径 C）。模块企业具有某一领域的优势资源和核心能力，通过对该领域或环节节点企业的整合而成为该领域和环节的主导者，在价值网络中已经具有较多的话语权。模块企业进一步实现能力的突破，掌握了网络整合能力和技术后，可以考虑升级成为价值网络的核心企业。模块企业可以通过拥有更加具有优势的网络整合能力和创新战略理念，取代价值网络中原有的核心企业的地位，成为新的核心企业引领价值网络不断创新，将自己在模块中的地位由下属企业接替或外包给其他企业，取代价值网络中原有核心企业的路径可以是从附加值较低的组装制造模块向附加值较高的关键技术、营销、研发设计和品牌运营逐步升级，也可以直接从组装制造模块向价值网络的核心企业升级。

　　制造企业在价值网络内实现服务化升级，可在原本擅长的领域和环节实现升级成为模块企业实现"规模经济"，也可涉足其他领域和环节实现"范围经济"，通过"规模经济"和"范围经济"的共同作用，使企业在价值网络上形成纵横交织的全面升级。

### 7.4.4　跨越价值网络突破性升级

　　价值网络视角强调网络的开放性和无边界，"互联网+"推动了多个价值网络成员的交互融合。因此，制造业服务化的升级并非局限在某一个价值网络中，而是可以突破价值网络边界，拓展到多个价值网络组成的庞大的无边界网络体系。企业可以在做大做强自身核心竞争力的基础上融入更大和更多的网络（李海舰和原磊，2005），通过价值提升和网络拓展来构建外部价值网络，在网络重构中实现网络结构升级（王树祥等，2014）。因而，节点企业、模块企业和核心企业都可以跨多个价值网络实现突破性升级（图 7-7），包括重建新的价值网络成为核心企业或者成为多个价值网络的模块企业或节点企业。在多个价值网络相互交融组成的复杂庞大的价值网络体系中，各价值网络的节点企业、模块企业和核心企业之间彼此互动，并与外部利益相关者建立紧密的联系，通过内外部资源互动实现价值共创。

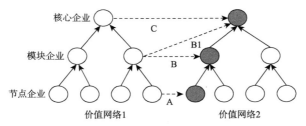

图 7-7　跨越价值网络突破升级路径图

制造企业在价值网络内"规模经济"和"范围经济"的全面实现要求企业必须擅长价值网络中多个领域的价值活动，这对企业的要求非常高，难度很大。对于部分节点企业，可以选择在本身擅长的领域和环节扩大规模，将业务拓展到多个价值网络中，模块企业也可以将业务从一个价值网络跨越到多个价值网络，在多个价值网络中提供模块化服务。制造企业跨越价值网络升级可以有几种情况：①制造企业通过价值活动内部升级后提升了实力，可同时加入多个价值网络成为节点企业（图 7-7，路径 A）。②升级成为价值网络的模块企业，可以再突破多个价值网络升级，模块企业跨越价值网络升级的方式有两种，即一方面，成为其他价值网络的模块企业（图 7-7，路径 B）；另一方面，通过网络整合能力和技术的突破，自行建立创新的价值网络平台，成为新建立价值网络的核心企业（图 7-7，路径 B1），吸引其他的模块企业加入该创新的价值网络系统，形成比原有价值网络更加有竞争力的创新的价值网络。③制造企业在某一价值网络内成为价值网络的核心企业后，可对原有价值网络进行结构性升级，突破原有的价值网络的界限，组建全新的价值网络，成为新建立价值网络的核心企业（图 7-7，路径 C），实现多个价值网络相互交融的价值网络系统。

制造业服务化路径从价值活动、价值链、价值网络、跨价值网络四个层面实现升级（表 7-1），价值链活动解构升级为价值链螺旋升级和价值网络全面升级做准备，价值链上下游延伸实现螺旋升级，价值网络内部从"节点企业-模块企业-核心企业"纵横交错升级，逐步提高在价值网络中的地位，节点企业、模块企业和核心企业还从单个价值网络跨越多个价值网络实现突破性升级。

表 7-1　制造业服务化升级路径表

| 层次 | 升级类型 | 企业类型 | 内容 | | 路径方向 | 网络地位 |
|---|---|---|---|---|---|---|
| 价值活动 | 解构升级 | 价值活动企业 | 专注擅长领域（升级准备期） | | | |
| 价值链 | 螺旋升级 | 价值链控制者 | 上游延伸 | | ← | — |
| | | | 下游延伸 | | → | — |

| 层次 | 升级类型 | 企业类型 | 内容 | 路径方向 | 网络地位 |
|---|---|---|---|---|---|
| 价值网络内 | 全面升级 | 节点企业 | 成为价值网络的成员 | — | 低 |
| | | 模块企业 | 在擅长领域直接整合资源升级 | ↑ | 中 |
| | | | 上下游延伸后再整合资源升级 | ↑←→↑ | |
| | | 核心企业 | 由模块企业升级成为核心企业 | ↑ | 高 |
| 跨越价值网络 | 突破升级 | 节点企业 | 将擅长业务拓展到多个价值网络 | ↗↑↖ | 低 |
| | | 模块企业 | 将擅长模块拓展到多个价值网络 | ↗↑↖ | 中 |
| | | | 整合能力提升建立全新价值网络 | ↗↑↖ | 高 |
| | | 核心企业 | 建立全新价值网络 | ↗↑↖ | 高 |

# 7.5　本章小结

　　制造业服务化是制造业转型升级的趋势,"互联网+"协同制造为制造业服务化升级带来了新机遇,开放动态的网络生态互联网环境下的组织新范式。价值网络中存在节点企业、模块企业和核心企业三类不同层次的成员及利益相关者,节点企业是价值网络最基本的组成单元,擅长于本领域的业务,处于价值网络的最底层;模块企业由具有核心能力的节点企业组合而成,其中实力较强的企业具有资源整合能力,对节点企业资源整合成为模块企业的领导者,处于价值网络的中间层;核心企业是价值网络的平台组织者和创新引导者,具有强大的网络整合能力和创新的战略思维,处于价值网络的最高层;利益相关者包括研发机构、金融机构、顾客、物流供应商、技术支持商等;互联网是实现价值网络成员及利益相关者紧密互动、实现价值共创的保障。

　　制造业服务化路径从价值链视角向价值网络视角转变,并突破多个价值网络实现价值共创。企业在价值链、价值网络和价值网络系统内实现服务化升级,并具体表现为四个层面:①价值活动解构升级,制造企业提升自身擅长的价值链活动,增强竞争力,为加入价值网络成为价值网络节点企业或模块企业做准备;②价值链上螺旋升级,制造企业对本身擅长的价值活动分解重构实现升级,再向价值链上下游延伸,形成螺旋式产业升级;③价值网络内全面升级,沿着"节点企业—模块企业—核心企业"的路径实现阶段性升级;④跨多个价值网络突破性升级,节点企业和模块化企业都可以将业务拓展到多个价值网络,实现价值增值，核心企业也可以突破原有的价值网络建立创新性的价值网络平台吸引更多有实力的价值主体加入该平台，多个价值网络相互融合，实现价值网络结构化升级。制造企业服务化升级过程中，企业应根据自身核心能力和关键资源，选择进入价值网络系统的位置。

# 第8章 广东制造业发展现状和服务化需求分析

## 8.1 广东制造业的发展现状

### 8.1.1 广东制造业发展概况

广东地处我国南部沿海,毗邻香港和澳门,经济发展具备良好的地理区位优势。作为中国经济改革开放的先行地区,广东经济发展特别是第二产业、第三产业发展享受到系列优惠政策。因此,广东经济在近四十年以来得到快速发展,在中国经济社会发展和改革开放中起到了突出的带动作用。根据 2015 年国家统计局公布的统计数据,在我国 31 个省(自治区、直辖市,不包括港澳台地区)中,广东经济总量连续 26 年居全国第一,经济社会整体发展已达到中等发达国家水平。如表 8-1 所示,广东地理面积仅为全国国土面积的 1.87%,人口为全国人口的 7.84%(2014 年年末常住人口)。2014 年,广东 GDP 达到 67 809.85 亿元,占全国 GDP 的 10.65%;人均 GDP 为 63 469 元,是全国人均 GDP 的 1.36 倍;出口总额为 6 460.87 亿美元,占全国出口总额的 27.57%;实际利用外商直接投资 268.71 亿美元,占全国利用外商直接投资的 22.47%。

**表 8-1 2014 年广东经济和社会发展部分指标占全国比重**

| | 广东 | 全国 | 广东占全国比重或倍数 |
|---|---|---|---|
| 地理面积/万平方公里 | 18 | 960 | 1.87% |
| 人口/万人 | 10 724 | 136 782 | 7.84% |
| GDP/亿元 | 67 809.9 | 636 462.7 | 10.65% |
| 人均 GDP/元 | 63 469 | 46 652 | 1.36 倍 |
| 出口总额/亿美元 | 6 460.87 | 23 437.49 | 27.57% |
| 利用外资直接投资/亿美元 | 268.7 | 1 195.6 | 22.47% |

注:广东人口按 2014 年底常住人口统计

资料来源:根据《中国统计年鉴》(2015 年)和《广东统计年鉴》(2015 年)相关数据绘制

制造业在广东的经济发展中起到了支柱性作用。历年以来，广东工业对地区生产总值的贡献率保持在 40%以上，如表 8-2 所示，1995~2014 年的 20 年中，有 14 年的工业对地区生产总产值贡献率超过 50%，其中在 1997 年达到最高值 63.5%。而制造业是广东工业的支柱性力量。2014 年，广东规模以上制造业企业单位数为 40 156 个，占规模以上工业企业单位数的 97.57%；规模以上制造业总产值为 110 962.87 亿元，占规模以上工业总产值的 92.69%；规模以上制造业增加值为 25 265.42 亿元，占规模以上工业增加值的 89.63%。

表 8-2　1995~2014 年广东工业对 GDP 的贡献率（单位：%）

| 年份 | 1995 | 1996 | 1997 | 1998 | 1999 | 2000 | 2001 | 2002 | 2003 | 2004 |
|---|---|---|---|---|---|---|---|---|---|---|
| 工业对 GDP 的贡献率 | 58.5 | 59.4 | 63.5 | 60.6 | 55.7 | 60.1 | 44.4 | 50.3 | 60.6 | 61.8 |
| 年份 | 2005 | 2006 | 2007 | 2008 | 2009 | 2010 | 2011 | 2012 | 2013 | 2014 |
| 工业对 GDP 的贡献率 | 53.2 | 55.6 | 57.2 | 57.8 | 43.2 | 57.7 | 48.5 | 41.8 | 42.9 | 47.5 |

注：贡献率指工业增加值增量与 GDP 增量之比
资料来源：根据《广东统计年鉴》（2015 年）中数据绘制

按照《国民经济行业分类》（GB/T4754—2011），广东制造业在 31 个制造业大类中均有涉及。其中，产值前五位的计算机、通信和其他电子设备制造业、电气机械和器材制造业、汽车制造业、化学原料和化学制品制造业等行业产值合计值超过制造业总产值的 50%。计算机、通信和其他电子设备制造业在 31 个制造业大类中成为广东制造业总产值的最大贡献行业，近十年来其年产值占广东制造业总产值比重均超过 24%，如表 8-3 所示。

表 8-3　2009~2014 年广东规模以上制造业中行业产值前五名的行业（单位：%）

| 年份 | 规模以上行业产值占规模以上制造业总产值比率前五名的行业 | 前五名行业比重合计 |
|---|---|---|
| 2009 | 通信设备、计算机及其他电子设备制造业（24.97）<br>电气机械及器材制造业（11.70）<br>交通运输设备制造业（6.60）<br>金属制品业（5.17）<br>化学原料及化学制品制造业（5.10） | 53.55 |
| 2010 | 通信设备、计算机及其他电子设备（24.19）<br>电气机械及器材制造业（11.76）<br>交通运输设备制造业（6.52）<br>化学原料及化学制品制造业（5.15）<br>金属制品业（5.15） | 52.76 |
| 2011 | 计算机、通信和其他电子设备制造业（24.47）<br>电气机械和器材制造业（11.47）<br>化学原料和化学制品制造业（5.67）<br>金属制品业（4.92）<br>汽车制造业（4.65） | 51.18 |

续表

| 年份 | 规模以上行业产值占规模以上制造业总产值比率前五名的行业 | 前五名行业比重合计 |
|---|---|---|
| 2012 | 计算机、通信和其他电子设备制造业（25.96）<br>电气机械和器材制造业（10.93）<br>化学原料和化学制品制造业（5.37）<br>金属制品业（4.67）<br>汽车制造业（4.37） | 51.30 |
| 2013 | 计算机、通信和其他电子设备制造业（25.42）<br>电气机械和器材制造业（10.72）<br>化学原料和化学制品制造业（5.37）<br>金属制品业（4.84）<br>汽车制造业（4.63） | 50.99 |
| 2014 | 计算机、通信和其他电子设备制造业（25.46）<br>电气机械和器材制造业（10.84）<br>化学原料和化学制品制造业（5.52）<br>汽车制造业（4.94）<br>金属制品业（4.94） | 51.71 |

资料来源：根据《广东统计年鉴》（2010~2015 年）相关数据分析计算得出。其中制造业的范围 2010 年及之前的按《国民经济行业分类（GB/T4754—2002）》所颁布的标准统计、2011 年及之后的按《国民经济行业分类（GB/T4754-2011）》所颁布的标准统计（以下关于制造业的数据均按此范围计算）

### 8.1.2　广东制造业发展历程

作为工业发展的支柱力量，广东制造业的快速发展从 20 世纪 80 年代开始，经过了以下的发展历程。

第一阶段，改革开放开始至 20 世纪 80 年代中后期，以发展技术含量低、劳动密集型的传统制造业为主。广东是中国经济改革开放的前沿阵地，改革开放以后较长时间内凭借着优惠的政策优势和优良的地理区位优势，利用相对低廉的劳动力成本，抓住工业发达国家劳动力密集型产业转移的机会，采取来料加工、来样加工、来件装配和补偿贸易等"三来一补"的方法，大力发展了纺织、服装、食品、玩具和日用品等劳动密集型的传统制造业。

第二阶段，20 世纪 80 年代后期至 90 年代后期，以发展耐用消费品制造业和电子信息产品制造业为主。这一阶段，广东集中发展家电产业，重点生产彩电、冰箱和空调等三大家电产品为代表的耐用消费品，逐渐形成以珠江西岸的佛山、中山等为代表的家电制造业基地，也使广东成为"家电大省"。同一时期，电子信息产业快速发展，集聚效应明显，形成以珠江东岸的深圳、东莞为代表的电子信息产业基地。

第三阶段，20 世纪 90 年代后期至 2010 年，以发展高技术产业和重化工业为主。广东制造业经过二十来年的快速发展，产业结构开始调整，改变之前的"三来一补"发展方式，高科技产业和重化工业成为该阶段广东制造业发展的重点。

1998 年，广东省委、省政府出台《关于依靠科技进步推动产业结构优化升级的决定》，提出实施科教兴粤战略，推动经济结构和经济增长方式的战略性调整。在此政策推动下，通信设备、计算机及其他电子设备制造业、电气机械及器材制造业、交通运输设备制造业、化学原料及化学制品制造业等占据广东制造业的主导地位，其产值超过制造业总产值的 50%。

第四阶段，2011~2016 年，以产业结构优化升级为重点，优先发展先进制造业和高技术制造业。进入 21 世纪以来，广东制造业粗放型生产方式导致的问题逐渐凸显，促进其进行转型升级和优化发展。一方面，2008 年全球金融危机后，众多发达国家纷纷调整国家战略，将国家发展重心从金融业等虚拟经济转移到以制造业为主的实体经济上，加大了中国制造业的国际竞争压力。另一方面，东南亚等发展中国家和地区凭借其低生产成本优势加大在国际分工中的参与度，使我国劳动密集型产业的发展优势逐渐丧失。在此背景下，广东制造业大力发展装备制造业、钢铁冶炼及加工业、石化等先进制造业和电子及通信设备制造业、医药制造业、航空航天器及设备制造业等高技术制造业。在此阶段，广东制造业加大了科研投入力度，提高自主创新能力和关键技术水平。2014 年，广东规模以上先进技术制造业总产值达到 57 501.64 亿元，占规模以上制造业总产值的 51.82%；规模以上高技术制造业总产值达到 32 047.42 亿元，占规模以上制造业总产值的 28.88%。

### 8.1.3　广东制造业发展现状的主要特点

#### 1. 制造业是广东工业发展的主力

据《广东统计年鉴》（2015 年）数据显示，2014 年，广东规模以上制造业企业单位数为 40 156 个，占规模以上工业企业单位数的 97.57%；规模以上制造业总产值为 110 962.87 亿元，占规模以上工业总产值的 92.69%；规模以上制造业增加值为 25 265.42，占规模以上工业增加值的 89.63%。表 8-4~表 8-6 分别描述了 2009~2014 年广东规模以上工业与制造业的企业单位数、总产值和增加值的变化情况。表 8-4~表 8-6 中数据显示，2009 年以来，广东规模以上制造企业数量占工业企业数量总数量的比重介于 97%~98%；规模以上制造业总产值占规模以上工业总产值的比重介于 92%~93%，且呈微增长趋势；规模以上制造业增加值占规模以上工业增加值比重介于 89%~91%。从以上分析可看出，制造业是广东工业发展的主力，广东工业发展的速度和质量都必须依赖于制造业的升级和发展。

表 8-4　2009~2014 年广东规模以上工业与制造企业单位数

| 年份 | 规模以上制造业企业单位数/个 | 规模以上工业企业单位数/个 | 制造业所占比重/% |
|---|---|---|---|
| 2009 | 50 974 | 52 217 | 97.62 |
| 2010 | 52 102 | 53 418 | 97.54 |

续表

| 年份 | 规模以上制造业企业单位数/个 | 规模以上工业企业单位数/个 | 制造业所占比重/% |
|------|------|------|------|
| 2011 | 37 371 | 38 304 | 97.56 |
| 2012 | 36 951 | 37 811 | 97.73 |
| 2013 | 40 261 | 41 205 | 97.71 |
| 2014 | 40 156 | 41 154 | 97.57 |

资料来源：根据《广东统计年鉴》（2010~2015 年）相关数据分析计算得出

**表 8-5　2009~2014 年广东规模以上工业与制造业总产值**

| 年份 | 规模以上制造业总产值/亿元 | 规模以上工业总产值/亿元 | 制造业所占比重/% |
|------|------|------|------|
| 2009 | 62 950.81 | 68 275.77 | 92.20 |
| 2010 | 79 504.12 | 85 824.64 | 92.64 |
| 2011 | 87 690.91 | 94 871.68 | 92.43 |
| 2012 | 88 066.29 | 95 602.09 | 92.12 |
| 2013 | 101 623.58 | 109 673.07 | 92.66 |
| 2014 | 110 962.87 | 119 713.04 | 92.69 |

资料来源：根据《广东统计年鉴》（2010~2015 年）相关数据分析计算得出

**表 8-6　2009~2014 年广东规模以上工业与制造业增加值**

| 年份 | 规模以上制造业增加值/亿元 | 规模以上工业增加值/亿元 | 制造业所占比重/% |
|------|------|------|------|
| 2009 | 16 359.35 | 18 235.21 | 89.71 |
| 2010 | 18 317.74 | 20 338.34 | 90.07 |
| 2011 | 19 378.11 | 21 663.30 | 89.45 |
| 2012 | 20 396.03 | 22 720.81 | 89.77 |
| 2013 | 23 885.44 | 26 540.01 | 90.00 |
| 2014 | 25 265.42 | 28 188.69 | 89.63 |

资料来源：根据《广东统计年鉴》（2010~2015 年）相关数据分析计算得出

### 2. 广东制造业的发展速度放缓

随着中国经济不断向前发展，国内外经济形势日益复杂多变，广东制造业快速发展中的诸多弊端日益凸显，使广东制造业出现竞争力减弱、增长乏力的趋势，其发展速度逐渐放缓。

广东工业总产值的 92%以上来自于制造业，因此，广东制造业的指数趋势也应与广东工业指数趋势同步。从图 8-1 可以看出，广东生产总值指数和工业指数的变化趋势几乎相同。20 世纪 80~90 年代中期，广东的生产总值指数和工业指数保持较高的增长速度，并在 1993 年达到最高值（生产总值指数为 123.0，工业指数为 139.8)，之后几年指数有所减少但仍保持较高的水平(两指数均在 110 以上 )。

2007 年后，广东生产总值指数和工业指数呈下降趋势，2012 年起两个指数均降到 110 以下，并在 2012 年达到区间的最低值（生产总值指数为 108.2，工业指数为 107.4）。可见，广东制造业的发展速度在放缓。如何改变原有的粗放外延式的工业发展方式、进一步进行产业结构调整和优化升级、提升产业自主创新能力、提高制造业产品的附加价值、改变制造业在全球价值链中的低价值位置，已是广东制造业亟待解决的问题。

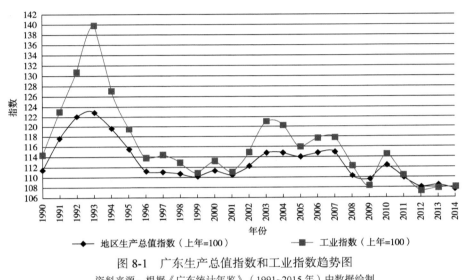

图 8-1　广东生产总值指数和工业指数趋势图

资料来源：根据《广东统计年鉴》（1991~2015 年）中数据绘制

### 3. 高技术制造业和先进制造业快速发展

先进制造业是指在传统制造业基础上，不断吸收现代信息通信技术、材料和工艺，以及现代管理技术等最新成果，并广泛应用于产品设计、生产、销售和售后管理及回收等产品全生命周期的现代产业，主要包括以下三类，即装备制造业、钢铁冶炼及加工、石油及化学。先进制造业的发展水平体现了一个国家的综合国力和核心竞争力，是我国制造业转型升级、由大变强的重要方向和必然要求。2014 年广东规模以上先进制造业增加值为 13 419.81 亿元，占规模以上工业增加值比重为 47.6%，其中规模以上装备制造业增加值为 10 167.55 亿元，占比 75.77%；规模以上钢铁冶炼及加工业增加值为 378.83 亿元，占比 2.82%；规模以上石油及化学行业增加值为 2 873.43 亿元，占比 21.41%，如图 8-2 所示。2014 年广东国民经济和社会发展统计公报数据显示，2014 年广东先进制造业增加值为 14 103.95 亿元，比 2013 年增长 9.2%，增幅比广东全部工业增加值增幅高出 1.4%，其中装备制造业增长 11.0%，钢铁冶炼及加工业增长 5.1%，石油及化学行业增长 3.7%。

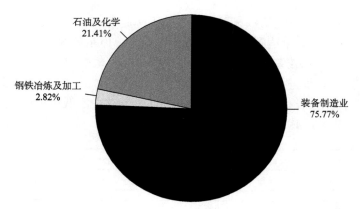

图 8-2　2014 年广东规模以上先进制造业工业增加值构成

资料来源：根据《广东统计年鉴》（2015 年）中数据绘制

　　高技术制造业是指研发投入强度相对较高、研发人员比重相对较大、生产高技术产品的制造业，主要包括以下六类——信息化学品制造业、医药制造业、航空航天器及设备制造业、电子及通信设备制造业、电子计算机及办公设备制造业、医疗设备及仪表制造业。高技术制造业的发展对其他产业的发展具有较强的渗透作用，能带动经济结构优化升级。2014 年，广东规模以上高技术制造业增加值为 7 083.66 亿元，其中规模以上信息化学品制造业增加值为 122.04 亿元，占比 0.41%；规模以上医药制造业增加值为 1 368.06 亿元，占比 5.68%；规模以上航空航天器及设备制造业增加值为 94.22 亿元，占比 0.38%；规模以上电子及通信设备制造业增加值为 23 677.58 亿元，占比 77.84%；规模以上电子计算机及办公设备制造业增加值为 5 968.74 亿元，占比 12.42%；规模以上医疗设备及仪器仪表制造业增加值为 816.79 亿元，占比 3.27%，如图 8-3 所示。2014 年，广东高技术制造业增加值为 7 546.10 亿元，比 2013 年增长 11.4%，增幅比广东全部工业增加值增幅高出 3.6%，占规模以上工业增加值比重为 25.7%。高技术制造业的六大分类中，医药制造业增长 8.6%，航空航天器及设备制造业增长 5.4%，电子及通信设备制造业增长 13.8%，电子计算机及办公设备制造业下降 4.9%，医疗设备及仪器仪表制造业增长 11.1%。

　　广东的先进制造业和高技术制造业主要分布在制造业发展基础较好的珠江三角洲地区。2014 年，深圳先进制造业增加值占规模以上工业增加值的比重达 73.1%；惠州规模以上先进制造业增加值占规模以上工业增加值的 62%，规模以上高技术制造业增加值占规模以上工业增加值的 41.8%。

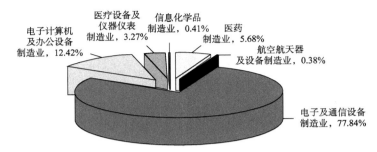

图 8-3　2014 年广东规模以上高技术制造业工业增加值构成

资料来源：根据《广东统计年鉴》（2015 年）中数据绘制

### 4. 制造业发展区域不平衡

广东省下辖 21 个地级市（包括广州市和深圳市），按照经济区域划分为珠三角、东翼、西翼和山区四个部分。改革开放后，广东经济发展迅速，地区生产总值连续 26 年在全国各省中排名第一，经济社会整体发展已达到中等发达国家水平。但是，广东各区域经济发展极不平衡，珠三角地区是广东制造业发展的主要贡献地区，东翼、西翼和山区发展明显落后。如表 8-7 所示，2014 年珠三角地区规模以上工业增加值和制造业增加值占广东省比重均超过 80%，其他三个区域比重合计均不到 20%。这种区域发展不平衡性在先进制造业和高技术制造业中表现更为明显，2014 年广东规模以上先进制造业增加值的 87.83%、规模以上高技术制造业增加值的 94.52% 来自珠三角地区。

表 8-7　2014 年广东四大经济区域工业主要指标对比

| 经济区域 | 工业增加值 | | 制造业增加值 | | 先进制造业增加值 | | 高技术制造业增加值 | |
|---|---|---|---|---|---|---|---|---|
| | 各区域值/亿元 | 占比/% | 各区域值/亿元 | 占比/% | 各区域值/亿元 | 占比/% | 各区域值/亿元 | 占比/% |
| 珠三角 | 22 583.28 | 80.11 | 20 601.28 | 81.54 | 11 786.03 | 87.83 | 6 695.68 | 94.52 |
| 东翼 | 2 196.51 | 7.79 | 1 921.63 | 7.61 | 360.29 | 2.68 | 186.90 | 2.64 |
| 西翼 | 1 902.15 | 6.75 | 1 521.64 | 6.02 | 879.37 | 6.55 | 41.79 | 0.59 |
| 山区 | 1 506.75 | 5.35 | 1 220.87 | 4.83 | 394.13 | 2.94 | 159.28 | 2.25 |

注：表中各增加值为规模以上数据

资料来源：根据《广东统计年鉴》（2015 年）中数据绘制

近年来，政府出台了相应政策和措施，推动设立粤东西北振兴发展股权基金；通过加强粤东西北交通基础设施建设和产业园区建设推进钢铁、石化等大项目的投资建设；建立珠三角对其他三个经济区域的对口帮扶通道，缩小东翼、西翼、山区与珠三角地区之间的差距。在这些振兴粤东西北地区战略的实施下，近年来粤东西北地区多数经济指标增速明显高于珠三角地区。2014 年，粤东西北地区 GDP 增速比珠三角地区高出 1.5 百分点以上；规模以上工业增加值增长 14.2%，比珠三角地区高出 5.9 百分点；进出口增长 6.9%，比珠三角地区高 8.6 百分点；固定资产投资增长 29.6%，比珠三角地区高 15 百分点[①]。

### 8.1.4　广东制造业服务化现状

**1. 广东服务业对经济的拉动作用不断增强，但整体发展水平偏低**

为优化产业结构，广东提出先进制造业和现代服务业"双轮驱动"战略，优先发展现代服务业，并通过现代服务业拉动广东经济整体的发展。在此战略下，广东第三产业比重不断上升，已超越第二产业，并在 2015 年占比超过 50%。如图 8-4 所示，20 世纪 90 年代以来，广东的第二产业、第三产业并驾齐驱，保持快速增长，第二产业、第三产业比重合计从 1990 年的 75.3%提高到 2014 年的 95.3%，其中第二产业的比重在大部分年度里高于其他产业，并在 2005~2008 年超过了 50%。2008 年全球金融危机后，广东的工业发展速度放缓，第二产业比重有所回落。与此同时，广东服务业快速增长，2014 年的第三产业比重为 49%，超过第二产业 2.7 个百分点，这一差距在 2015 年继续拉大。2015 年，三次产业比重分别为 4.6%、44.6%、50.8%，第三产业比重首次突破 50%，比第二产业比重多出 6.2 百分点。而在服务业较发达的广州和深圳，服务业的增加值占比超过其他产业更多，2014 年服务业产值所占比重分别达到 66.8%和 58.8%。广东目前处于工业化中后期，根据经济发展规律，在工业化发展后期，服务业将成为经济发展的主导产业。因此，广东服务业在接下来的较长时间内将继续保持快速增长，对经济的拉动作用不断增强。

尽管广东服务业发展水平稳步上升，但与发达国家相比整体水平仍然偏低。世界主要发达国家服务业增加值占国内生产总值的比重超过了 70%，而广东服务业占比才 50.8%，阳江、揭阳、云浮等地区的服务业占比尚不足 40%。服务业整体发展水平偏低将会阻碍制造业的服务化发展。

**2. 生产性服务业快速发展，但内部结构不够合理**

生产性服务业与制造业直接相关，是被制造业作为中间投入的服务行业。按 2015 年国家统计局出台的统计标准，生产性服务业主要包括为生产活动提供的科学研究和技术服务业、交通运输仓储业、信息传输业、金融业、生产性租赁、商

---

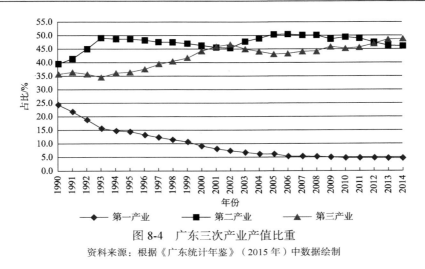

图 8-4　广东三次产业产值比重

资料来源：根据《广东统计年鉴》（2015 年）中数据绘制

务服务业、节能与环保业、批发经纪代理业、人力资源管理与培训服务等。Arnold 等（2008）通过实证研究发现，生产性服务业对于提高生产效率和提升制造业市场竞争力都具有显著正相关作用，能促进制造业转型和升级。制造业的发展为服务业特别是生产性服务业提供了发展空间，而现代服务业的发展为先进制造业的平稳、顺利发展提供保障（刘川，2014）。

2012 年以来，广东陆续出台《广东省生产服务业"十二五"发展规划》《2013 年生产服务业工作要点》和《广东省人民政府办公厅关于加快发展生产性服务业的若干意见》，推动广东生产性服务业的快速发展，加快了制造业与服务业融合发展的步伐。如图 8-5 所示，2014 年广东生产性服务业增加值为 20 468 亿元，占地区生产总值的 30.2%。增加值为 2006 年的 3.7 倍，占比比 2006 年增加了 5.3 百分点。另据 2013 年经济普查数据，2013 年广东生产性服务业企业法人数量是 2008 年的 2 倍，共 37.6 万左右，占全部服务业企业法人单位数的 65.3%，占比比 2008 年增长 2.5%。2013 年广东生产性服务业企业法人的资产总计、营业收入、就业人数占全部服务业比重分别为 82.0%、78.3% 和 62.3%。先进制造业和现代服务业"双轮驱动"战略将促进广东制造业与服务业的深度融合，引领广东制造业向价值链高端发展，促进广东制造业的服务化转型，使"广东制造"转变为"广东创造"。

虽然广东生产性服务业在服务业中占据较大比重，近五年来其增加值比重均超过 60%，但生产性服务业内部结构发展不太合理。如表 8-8 所示，在 2014 年广东生产服务业增加值排序中，排在首位的是批发和零售业，占比高达 38%，比第二位、第三位的金融业、交通运输仓储和邮政业两者的占比和还高出近 3 百分点，而科学研究和技术服务业增加值占比只有 4.7%。在单位个数、营业收入和从业人

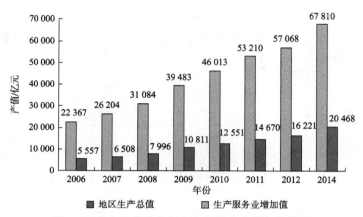

图 8-5　广东生产总值与生产性服务业增加值情况

根据国家统计局 2015 年出台的生产性服务业的统计标准和广东统计年鉴提供的信息, 本图中的生产性服务业包括以下六个行业: 批发和零售业, 交通运输、仓储和邮政业, 信息传输、软件和信息技术服务业 (2012 年及以前为信息传输、计算机服务和软件业), 金融业, 租赁和商务服务业、科学研究和技术服务业 (2012 年及以前为科学研究、技术服务和地质勘查业)

资料来源: 根据《广东统计年鉴》(2010~2015 年) 相关数据分析计算得出

数几个指标来看, 批发和零售业所占比率高出其他行业更多, 分别达到了 61.1%、73.9% 和 42.5%。由此可见, 广东生产服务业还是以批发零售和交通运输等传统生产服务业为主, 金融业、信息技术、商务服务等行业发展迅速, 但总量仍然较小, 特别是技术含量较高的科学研究和技术服务业所占比重过少、营业利润率不高。这也说明广东制造业服务化较多地往产业链下游的销售、交通运输等环节发展, 而较少发展上游环节的技术研发和产品设计环节。而先进国家的制造业服务化过程中在技术研发、产品设计和产品运营等高附加值环节中投入更多的资源。

表 8-8　2013/2014 年广东生产性服务业分行业情况

| 行业 | 增加值 | | 单位个数 | | 营业收入 | | 从业人数 | |
|---|---|---|---|---|---|---|---|---|
| | 各行业值/亿元 | 占比/% | 各行业值/个 | 占比/% | 各行业值/亿元 | 占比/% | 各行业值/个 | 占比/% |
| 批发和零售业 | 7 778.82 | 38.00 | 291 047 | 61.05 | 67 920.28 | 73.94 | 3 491 898 | 42.52 |
| 交通运输、仓储和邮政业 | 2 740.76 | 13.39 | 26 079 | 5.47 | 5 732.39 | 6.24 | 1 314 375 | 16.01 |
| 信息传输、软件和信息技术服务业 | 2 001.30 | 9.78 | 26 704 | 5.60 | 3 988.99 | 4.34 | 695 514 | 8.47 |
| 金融业 | 4 447.43 | 21.73 | 2 234 | 0.47 | 6 936.04 | 7.55 | 513 978 | 6.26 |
| 租赁和商务服务业 | 2 535.20 | 12.38 | 98 505 | 20.66 | 5 249.12 | 5.71 | 1 603 630 | 19.53 |
| 科学研究和技术服务业 | 964.81 | 4.71 | 32 151 | 6.74 | 2 026 | 2.21 | 592 792 | 7.22 |

注: 各行业增加值为 2014 年度值, 单位个数、营业收入、从业人数为 2013 年年末统计值

资料来源: 根据《广东统计年鉴》(2015 年) 和《广东省第三次全国经济普查主要数据公报》中数据绘制

3. 部分企业通过制造业服务化提升了利润空间，但总体上仍处于起步阶段

制造业服务化已成为发达国家制造企业特别是国际跨国公司的共同战略和群体行为（安筱鹏，2015），如 IBM、通用汽车、罗尔斯·罗伊斯等均通过制造业服务化获得竞争优势。广东也有部分制造企业正在积极探索制造业服务化转型之路，将业务从制造环节向两端的服务环节延伸，通过服务为产品增值，提升了企业的利润空间。华为成立初期的主要业务是生产和销售交换机、无线及有线固定接入网络、通信网络及无线终端产品等，之后向高附加值的服务环节不断深入，在提升技术研发和产品设计能力的同时，与运营商、企业和消费者三类客户群共建服务网络，为客户提供专业咨询服务、工程服务、技术支持服务和培训服务。华为已从通信设备制造商转型为信息与通信解决方案供应商，服务业务成为经营利润的重要来源。成立于 1997 年的广州市华德工业有限公司也通过服务实现了企业转型，从中央空调保温材料制造商，转型到拥有自主品牌和领先于国际自主知识产权的中央空调生产商，再到"智慧供冷"这一全新高效节能中央空调系统服务供应商。

然而从总体上看，广东制造企业服务化进程仍处于起步阶段。在电子、家用电器、纺织服装和玩具等传统制造行业中，大部分企业沿用过去的 OEM 模式，主要聚焦于产品的加工组装环节。部分企业对已有的发展模式存在惯性依赖，将资源集中在产品的生产制造过程，而较少关注和产品相关的服务环节。部分企业不愿面临服务化转型带来的不确定风险，因为拓展新的服务业务需要相应的资源投入，投资回收期和资产收益率存在不确定性。另外，现代服务业的发展水平不高，特别是科研技术服务业、信息技术服务业和商务服务业等生产性服务业对制造业服务化的支撑力不够，制约了广东制造企业的服务化转型。

## 8.2　广东制造业发展存在的主要问题

三十多年以来，广东制造业快速发展，并成为全球制造业加工基地。但在新的世界经济形势和金融环境下，广东制造业的发展速度放缓，制约其持续发展的主要问题包括以下几方面。

### 8.2.1　高度依赖外需市场

广东特别是珠三角地区是我国外向型经济的"主阵地"（王攀和叶前，2015），而制造业是广东最主要的出口产业。20 世纪 80 年代以来，凭借着优惠的政策优势和优良的地理区位优势，以及相对低廉的劳动力成本优势，广东吸引东南亚和

欧美等地的资金，创办一批劳动密集型企业，承接国际外包订单，进行代加工生产。之后，广东又承接了台湾地区的传统制造业和电子产业转移，建立了以生产加工为主的外向型电子加工和制造业基地。目前，计算机通信、电子设备、电气机械、家用电器等产业已成为广东出口的主导产业，这些产品出口至全球各地。

1982年，广东贸易出口总额为21.95亿美元，占全国出口总额的12.13%，而到2014年，广东贸易出口总额达到6 460.87亿美元，占全国出口总额的27.57%，是名副其实的"贸易大省"。如表8-9所示，广东出口依存度在本世纪初期超过90%，全球金融危机后，广东对外依存度不断减少，但至2014年这一比值仍然高达58.5%，而占全省出口95%以上的珠三角地区2014年的出口依存度高达65.4%。

表8-9 2006~2014年广东对外依存情况（单位：%）

| 年份 | 2006 | 2007 | 2008 | 2009 | 2010 | 2011 | 2012 | 2013 | 2014 |
|---|---|---|---|---|---|---|---|---|---|
| 广东出口依存度 | 90.5 | 88.4 | 76.3 | 62.1 | 66.7 | 64.6 | 63.5 | 63.4 | 58.5 |
| 珠三角出口依存度 | 106.1 | 104.5 | 89.8 | 72.6 | 77.6 | 74.8 | 72.4 | 70.9 | 65.4 |

注：出口依存度=地区出口总额/地区生产总值

资料来源：根据《广东统计年鉴》（2007~2015年）中数据绘制

在我国经济改革开放的前期，广东特别是珠三角地区制造业利用自身区域优势和政策优惠条件吸引外商投资、引入国外先进技术和管理经验、接受外来订单代工生产，在积极发展外向经济上取得了较大的成果。然而，新的形势下，过于依赖外需市场的弊端逐渐突显。

首先是国际市场需求减弱。2008年国际金融危机后，全球经济下滑，国际消费市场明显疲软，制造业产品外贸需求量大减，内需如没有明显扩大，就会带来产能过剩，进一步导致产品价格大幅度下跌、企业产品积压、开工不足、资源闲置。广东存在大量中小型制造企业，它们主要作为国际代工的角色从事低附加值的生产加工，没有自己的研发、设计、营销和服务等环节。在外需市场订单大量减少的情况下，这些以出口为主的代工企业就会面临停工或倒闭的风险。在珠三角地区，就已出现大量的中小型服装生产厂、鞋业厂纷纷停工或倒闭的现象。

其次，汇率上升、贸易壁垒等对广东制造业产品出口形成了较大的冲击。从2005年人民币汇率形成机制改革至2015年6月末以来，人民币对美元汇率累计升值达到35.38%（张晓峰，2015）。汇率上升使出口利润被进一步压缩，服装、制鞋、制革等行业受其影响最明显。据测算，人民币每升值1%，毛纺织产品的利润率将下降2.27%、棉纺织产品利润率将下降3.19%、服装行业的利润率将下降6.18%（华晔迪和罗宇凡，2013）。此外，由于我国制造业产品的出口迅速增加，对国外同类产业造成了冲击，一些国家出现政府干预国际贸易保护主义，不断制造绿色标准和技术壁垒等贸易壁垒阻止我国产品的进入，造成"中国制造"在全

球遭遇 "安全门" 和 "质量门" 事件，这些都阻碍了中国制造业尤其是广东制造业的发展。

当前世界经济正在缓慢复苏，但国际金融危机的影响仍在，经济复苏进程明显低于预期。外需不振，加上复杂多变的内外部环境，广东高度依赖外需市场的增长模式已经难以为继。

### 8.2.2　低生产成本优势逐渐丧失

低生产成本优势曾是广东吸引外资、承接国外制造业转移、建立大批劳动密集型代工企业的主要原因之一。但随着制造业的发展，广东的劳动力供需出现了明显的变化，劳动力短缺，其价格也持续增长。与此同时，土地成本增加、原材料价格不断提高。这些生产投入要素的成本上升使广东制造业低生产成本优势逐渐丧失。

2004 年起，广东制造业开始出现 "用工荒"，相关数据显示珠三角地区各行业年用工缺口高达 200 万人，而缺工现象较严重的主要集中在加工制造、住宿餐饮和建筑装饰等劳动密集型行业。全球金融危机后，随着经济的复苏，劳动力短缺现象再次出现。调查数据显示，2009 年珠三角地区玩具行业特别是以加工贸易为主的企业，用工缺口大都介于 10%~30%，有的甚至达到 50% 以上。

近年来，广东制造业由一般的 "用工荒" 转为 "结构性缺工"。究其原因，首先，全国劳动力总体供需发生变化，据国家统计局 2015 年 1 月 20 日发布的数据，16~59 岁的劳动年龄段人口在 2014 年减少了 371 万人，降幅超过了 2013 年，这是劳动年龄人口比例连续第三年出现下降。其次，全国劳动力分流趋势明显，随着经济发展，全国各地经济圈纷纷兴起，越来越多的劳动力流向长三角地区、中西部地区。最后，作为广东制造业生产一线主体的新生代农民工，其择业观念已不同于第一代农民工，他们受教育水平相对较高，利益呈现多元化特点。2015 年 3 月，广州市人力资源市场供求信息调查分析评估工作小组通过调查认为，受制于全国劳动力供给总体幅度放缓、其他区域分流作用加大以及广州劳动竞争力下降等因素，短期内人力资源供给短缺趋紧难以缓解。

在出现劳动力结构性缺工的同时，广东劳动力成本也在持续上涨。例如，香港联业制衣有限公司在中国大陆、香港和部分东南亚国家设有 11 家服装厂，2008 年公司在东莞服装厂的生产成本是马来西亚和泰国工厂的一半，而到 2015 年这种差距已经消失。广东科技创新大会上公布的一组数据显示，广东制造业一线工人人均工资早在 2013 年就达到 4.6 万元，是 10 年前的 2.9 倍。渣打银行在 2015 年 2 月底至 3 月之间对珠三角地区制造业进行调查后发现，受访的近 300 家在珠三角地区经营的港资和台资制造企业预计工资上涨幅度为 10%~15%（渣打银行研究部，2015）。

持续上涨的劳动力成本加上结构性缺工已成为制约广东制造业持续发展的重要因素，部分制造企业试图通过扩大自动化设备和改进生产工艺技术以减少用工量，另有大量制造企业计划撤离广东，将制造厂迁移至劳动力成本相对低廉的东盟国家，如越南、泰国和柬埔寨等国家。

与此同时，随着我国工业化程度的深化，原材料、能源的价格也不断上涨。随着城镇化和工业化的加速发展，土地资源紧缺已成为广东特别是珠三角地区的一个十分严峻的问题，工业用地、农业用地、生态用地和城镇建设用地之间的矛盾日趋尖锐化。

### 8.2.3 主要依靠资源要素投入的粗放式制造业发展模式仍存在

广东经济发展是粗放型的"三高两低"模式，即高投入、高消耗、高污染、低效益和低利润。这种以生产要素驱动为主的经济发展模式，在成本低廉、需求旺盛而供应短缺的时代具有一定的经济合理性，为广东完成农业省向工业省的跨越做出了较大的贡献。但随着经济的发展，特别是2008年国际金融危机发生之后，经济下行态势持续、国内外市场普遍不振、生产成本持续上升，主要依靠资源要素投入的粗放式发展模式带来的诸多弊端逐渐呈现。经过几年的努力，广东的产业转型升级和结构调整初见成效。然而，产业转型升级和结构调整是一个系统工程，需要较长时期来实现完全升级，广东制造业原有的产业发展模式仍然存在，一些制造企业还是以"技术在外、资本在外、市场在外、生产在内"的模式经营。

从产业价值链的视角看，现代制造业价值链包括研发设计、零部件制造、组装、营销、物流运输、售后服务、产品回收等环节。一般来说，制造加工和组装处于价值链低端，附加值相对较低，而产品研发设计、营销和物流运输等处于价值链高端，附加值相对较高。广东制造企业多数属于中低技术和劳动密集型产业，邱红（2013）对珠三角地区主要城市进行调研后发现，65%的制造企业没有任何研发活动，82.1%的受访企业仍旧停留在OEM的生产模式上，主要通过简单的模仿和组装，从事代工贴牌生产，处于制造业价值链的低端环节。这些企业有生产成本优势，但核心技术、创新能力和自主品牌建设落后，总体附加值低，企业获利微薄。广东还有一些具备发展自主品牌的制造企业，由于对以往的发展模式存在路径依赖，同时为了规避建设自主品牌带来的风险，这些企业仍然选择原有的生产方式（魏晓彬和王亚卓，2013）。

高消耗的粗放式经济发展模式还会使广东面临越来越严重的资源短缺和环境污染压力，制约经济的可持续发展，其中资源短缺突出表现在能源短缺上。广东的加工制造业和重工业的粗放型发展，导致了单位GDP能源高于东部沿海的发达地区。国家已将节能减排和碳排放指标作为产业发展的约束性指标，严格控制高能耗、高排放的产业发展。2014 年 5 月，国务院办公厅印发《2014—2015 年节能减排低碳发展行动方案》，提出 2014 年和 2015 年节能减排降碳的具体目标，其中单位 GDP 能耗的目标逐年下降 3.9%以上。2014 年，广东社会能源消耗总量为31 360.56 万吨标准煤，其中工业能源消耗量为 18 763.49 万吨标准煤，占总量的59.8%。2014 年广东单位 GDP 能耗上半年仅下降 3.02%，部分地市在第四季度采取关停落后企业、限制高耗能行业发展才使单位 DGP 能耗全年综合下降 3.56%，这个数据虽然完成了广东年初制定的下降 3.45%的目标，但仍低于全国目标。广东是能源资源严重匮乏的省份，广东统计局公布的数据显示，2014 年广东原煤全部靠省外调入，四分之三的原油靠进口，外购电力比重也已经达到四分之一。

　　《中国制造 2025》中提出，我国经济发展已经进入新常态，制造业发展将面临新的挑战，资源和环境约束不断强化，劳动力等生产要素成本不断上升，投资和出口增速明显放缓，主要依靠资源要素投入、规模扩张的粗放发展模式将难以为继。因此，广东制造业原来的高消耗发展模式必须要加快调整和升级。

### 8.2.4　制造企业市场竞争力减弱

　　一方面，随着我国劳动力、能源等生产成本不断提高，东南亚国家和地区的生产成本相对更低，以代工生产模式为主的广东制造企业的低成本竞争优势逐渐减弱。另一方面，国际金融危机后，西方发达国家纷纷回归实体经济，大力发展先进制造业和高技术制造业，它们领先的科研技术水平和发达的生产性服务业对我国制造业发展形成很大的竞争压力。在这双重夹击下，广东制造业在国际市场的竞争力逐渐减弱。

　　广东制造业在面临世界其他国家和地区有力竞争的同时，也要面对来自国内其他地区的竞争压力。长江三角洲、东北老工业基地、环渤海经济圈等快速发展，给广东制造业发展带来强有力的竞争。

　　长江三角洲制造业起步于 20 世纪 90 年代，轻重工业发达，产业门类齐全，是我国最大的综合性工业区。与珠三角地区相比，在制造业价值链上，长三角地区制造业产品附加值、技术含量都较高，并且能耗、污染也较低，不再处于价值链的最低端，不仅传统装备制造业在全国地位显著，而且以微电子、光纤通信等为代表的高新技术产业也比较突出。在吸引外资方面，长三角地区投资环境优良，吸引来自国外的大量资金，甚至吸引了部分从珠三角地区转移到长三角地区的外资。

　　此外，东北老工业基地区域集中度高，集群优势明显，重工业基础好，技术力量雄厚。环渤海经济圈技术研发领先、人才优势显著、发展力量强劲。

　　从上述国内外的竞争分析来看,广东制造业原来的低成本竞争优势逐渐丧失,而新的竞争优势又尚未完全形成,使其综合竞争力逐渐减弱。以装备制造业为例,装备制造业是广东重点发展的产业,主要集中在珠江西岸的珠海、中山、江门和佛山等市,2013 年珠三角规模以上装备制造业增加值占规模以上工业增加值比率达到 25.3%。广东装备制造业的产业集聚态势明显,自主创新体系建设加快,先后建立了 4 家国家级工程中心、10 家省级战略性新兴产业基地,形成了一批在国内具有一定影响力的装备制造产业基地,并取得多项产品技术突破。从纵向比较来看,广东装备制造业发展速度较快。但横向比较来看,国内长三角地区、东北地区等的装备制造业具备较好的发展基础,劳动力成本相对较低,在国家重点发展高端装备制造业的政策支持下自主创新能力不断提高。国外一些发达国家和地区在金融危机后纷纷走上"再工业化"发展路线,利用掌握的核心技术占据主动,加快推动先进装备制造业的发展,占据着产业链的高端。所以,从国际装备制造业发展趋势来看,广东装备制造业发展自主创新能力相对较弱,核心关键零部件的生产技术大都靠外面引入,生产性服务业发展相对滞后,以主机制造为核心、上下延伸的先进装备制造产业链尚未形成[①]。

# 8.3　广东制造业服务化发展的必要性

　　作为世界制造业加工基地的广东,正从制造大省向制造强省转变,由"广东制造"向"广东创造"转变。广东产业结构转型升级和经济发展方式转变已进入关键时期,而推动制造业服务化是促进产业结构升级和经济发展方式转变的有效途径。制造业服务化既顺应了我国工业经济向服务经济转型的阶段性要求,又符合经济可持续发展的长期利益,是适合广东制造业的发展之路(简兆权和伍卓深,2011a)。具体来说,发展广东制造业服务化的必要性体现在以下几方面。

## 8.3.1　制造业服务化顺应国家经济发展规划和产业结构调整方向

　　2008 年 12 月,国家发展和改革委员会发布《珠江三角洲地区改革发展规划纲要(2008—2020 年)》,明确提出珠三角地区要坚持高端发展的战略取向,建设成为世界先进制造业和现代服务业基地,促进信息化与工业化相融合,优先发展现代服务业,加快发展先进制造业,改造提升优势传统产业,建设以现代服务业和先进制造业双轮驱动的主体产业群,形成产业结构高级化、产业发展集聚化、产业竞争力高端化的现代产业体系,到 2020 年形成现代服务业和先进制造业为主

---

[①] 广东省人民政府《珠江西岸先进装备制造产业带布局和项目规划(2015—2020)》,2015-01-26。

的产业结构，其中服务业增加值比重达到 60%。

2010 年，广东省人民政府在《珠江三角洲产业布局一体化规划（2009—2020年）》中提出，珠三角地区要优先发展以生产性服务业为主体的现代服务业，加快发展先进制造业，改造提升优势传统产业。即珠三角地区制造业与服务业相互融合，促进生产性服务业发展，再以现代化的生产性服务业推动制造业的发展。

2012 年 11 月，广东省人民政府制定《广东省先进制造业重点产业发展"十二五"规划》，提出广东的产业布局要坚持产业高端化、低碳化、服务化的战略取向，促进传统产业与战略性新兴产业、先进制造业、面向工业生产的服务业协调发展；要发挥信息化的引领作用，深化信息技术集成应用，促进生产型制造向服务型制造转变，大力发展生产服务业，推动先进制造业分工细化和服务外包，并加快向研究设计和销售两端延伸，实现先进制造业向数字化、网络化、智能化、服务化转变。

2015 年 3 月，广东省人民政府制定并印发《广东省工业转型升级攻坚战三年行动计划（2015—2017 年）》。该文件确定工业在促进广东经济增长和结构优化中的主力军作用，以工业转型升级推动广东经济整体转型升级。强调通过信息化与工业化的深度融合，推动制造业向服务化转变，推动制造业由价值链中低端向高端提升，提升广东制造业在全球价值链的分工地位，实现由"工业大省"向"工业强省"的转变。

国务院在 2015 年 5 月印发的《中国制造 2025》中列出了中国制造业发展存在的问题，其中包括生产性服务业发展滞后，信息化水平不高且与工业化融合深度不够。进一步提出中国要实现制造强国的战略目标需要在未来十年完成九项战略任务，其中包括了积极发展服务型制造和生产性服务业，加强制造与服务的协同发展，引导和支持制造企业增加服务环节投入，延伸服务链条，从主要提供产品制造向提供产品和服务转变。为贯彻落实《中国制造 2025》，推动广东制造业的转型升级和优化发展，广东省人民政府于 2015 年 9 月制定了对应的实施意见，提出推动广东制造业服务化，鼓励制造企业发展集成服务，有条件的企业由提供设备向提供系统集成总承包服务、由提供产品向提供整体解决方案转变。

为响应国务院印发的［2014］26 号文件《关于加快发展生产性服务业促进产业结构调整升级的指导意见》，促进产业结构调整升级，显著提升制造业产品附加值，广东省人民政府于 2015 年 9 月出台《广东省人民政府办公厅关于加快发展生产性服务业的若干意见》。该文件旨在推动与先进制造业相配套的生产性服务业发展，明确提出要做强先进制造业产业链"微笑曲线"两端，推动制造业与服务业融合发展，鼓励制造企业积极发展集成服务、产品增值服务和专业化生产性服务。针对大型骨干制造企业提出如下目标：到 2017 年，广东大型骨干工业企业服务收入占总销售收入平均超过 10%，大型装备制造企业服务收入占总销售收入平均超过 15%。

《"十三五"规划纲要》（2016）提出"十三五"期间我国要继续优化产业结构，大力推动服务业发展，至 2020 年服务业增加值比重达到 56%，促进制造业往高端、智能、绿色和服务方向发展。加快发展生产性服务业，推动制造业由生产型向生产服务型转变，引导制造型企业延伸服务链条、促进服务增值。

综合以上分析，我国政府已充分认识到制造业与现代服务业融合发展的必然性和必要性，已将制造业服务化列入广东制造业发展和产业结构优化升级的主要举措中，但制造业服务化发展仍处于初级阶段，在今后较长时间内仍将是广东制造业发展的重要方向之一。

### 8.3.2　制造业服务化可以提升制造业附加价值

传统制造业集中于产品的制造、加工和组装环节，处于制造业价值链曲线的价值低端。而制造业服务化将业务从产品加工组装延伸到研发设计、售后服务、品牌管理、维修保养等环节，由提供同质化"产品"转向提供差异化的"产品+服务"或综合解决方案，通过服务投入提升了制造业的整体价值空间。而且，制造业服务化由传统制造业中以产品为中心转向以顾客为中心，将顾客对产品的使用过程纳入产品的寿命周期管理并应用到产品的设计和生产中，以满足顾客个性化的需求。因此，新的制造业价值链也从以产品生产为主要增值环节转到以服务为主要增值环节，服务通常比产品本身有更高的利润，并能提供更稳定的收益来源。相关学者对德国 200 家装备制造企业进行调查，结果显示其产品设计、生产、销售仅占总利润的 2.3%，而"服务"中附加的监控、备品备件、维修、维护等服务环节占到利润的 57%（陈王进，2015）。另有数据显示，与汽车销售关联的服务价值是汽车本身的 5~8 倍，极大地增加了汽车制造业的产出价值。苹果公司的产品附加值来自生产和服务两个环节，而其中绝大部分利润来自产品的设计和服务。苹果公司控制着产品的设计和服务即"微笑曲线"的两端，而将技术含量低、利润率低的组件生产和组装交由其他国家完成。以一台售价 600 美元的 iPhone 手机为例，中国的代工企业负责组件组装，仅能赚取 6.5 美元，而苹果公司通过其独特的商业模式获取了 60% 的利润（陈永广，2015）。

因此，随着制造业和现代服务业的发展，制造业服务化已成为制造业的发展趋势之一。从 20 世纪中后期起，西方发达国家和地区就开始大力推动制造业向价值链"微笑曲线"两端延伸，使制造业对服务业的依赖程度逐渐增长。目前，西方发达国家服务增加值对 GDP 的贡献达到 70% 左右，而生产性服务业占整个服务业的比重也达到了 60%（李毅中，2014）。

我国理论界和实践界已经认识到传统制造业进行服务化转型的重要性，一致认为先进制造业和现代服务业要融合发展,以增加新的价值增值点,但由于起步相对较晚,目前我国的制造业服务化相对滞后。广东制造业中较大部分属于劳动力密集型产业,如服装、玩具、纺织、电子组装等,处于价值链的低端。在新的经济发展形势下,广东制造业必须要改变现有的粗放式经济发展模式,走出一条经济效益好、资源消耗低、环境污染少、人力资源得到充分发挥、各地协调发展的新型工业化道路,则一定要加快制造业服务化的进程。

### 8.3.3　制造业服务化能提升广东制造企业的差异化竞争优势

传统制造业提供的有形物质产品容易被模仿和复制,降低了行业进入壁垒,使产品日益同质化,企业陷入日益激烈的价格战中,获利空间越来越小。众多的研究和企业实践表明,在传统的成本取胜的行业中,服务化是创造差异化优势的重要手段。企业以顾客的个性化需求为基础,根据顾客的个性化需求调整产品设计可以创造产品的异质性,通过物流运输、销售等为顾客提供购买时的异质性,通过售后服务、产品升级维护等创造购买后的异质性。服务的相似度低,难以被模仿,企业通过向顾客提供购买前服务、购买时服务和购买后服务可以获取竞争对手难以模仿的差异化竞争优势。国内学者孙林岩等(2007)认为,服务型制造是制造企业走出激烈的同质化竞争,形成产品差异化进行非价格竞争的重要手段,企业能够通过改善产品的设计、研发以及产品生产和销售过程中的各种服务来提升企业的长期差异化竞争力,从而创造新的利润。在产品同质化日益严重的今天,服务作为制造业产品的外延,甚至价值的核心,已经成为众商家争夺的重要领地,是企业实施差异化战略的重要工具。

通过制造业服务化成功获取差异化竞争优势的企业很多。IBM 公司于 1911年创立于美国,成立初期是一家单纯的计算机硬件制造商。20 世纪 90 年代初,由于计算机技术产业的激烈竞争加上公司的决策失误,IBM 公司经营陷入困境。1992 年,IBM 亏损 49.7 亿美元,这是当时在美国历史上最大的公司年损失。之后,IBM 凭借着技术和经验方面的优势,将经营重点从硬件转向软件和服务,快速进入 IT 服务市场,先后推出了"四海一家的解决之道"、"IBM 就是服务"、"电子商务随需而变"及"智慧地球"等服务化经营战略。经过十多年的发展,IBM由单纯的制造商成功转型为提供硬件、网络和软件服务的整体解决方案供应商,IBM 的服务化转型创造了一种新的商业模式,这种模式面向复杂系统,根据客户需求进行专业的系统设计,建立集"问题分析+战略规划+方案设计+关键软硬件产品开发+项目实施+业务外包+人才培训"为一体的全业务综合集成服务体系。目前,IBM 的业务遍及 170 多个国家和地区,2014 年的营业收入达到 929.93 亿美元,在其全球营收体系中,有 55%以上的收入来自 IT 服务。

苹果公司也是一个成功的制造业服务化范例。1997~2003 年,苹果公司侧重于产品创新,虽然也获得了消费者的认可,但盈利方面却并不太理想。2003 年以后,利用网络商店和 iPod 的组合,苹果开创了一个全新的商业模式——将硬件、软件和服务融为一体。对于苹果公司而言,盈利路径主要有两个:一个是靠卖硬件产品来获得一次性的高额利润,二是靠卖音乐和应用程序来获得重复性购买的持续利润。由于优秀的设计,以及超过 10 万的音乐和应用程序的支持,无论是iPod、iPhone 还是 iPad,都要比同类竞争产品的利润高很多。硬件只能卖一次,内容和服务却可以无限延伸。由于有上面这些硬件的支持,那些应用程序也更有价值。苹果这种"不卖硬件卖服务"的商业模式使其被视为服务型主导企业的成功典范。

通过上节内容分析可知,广东制造业目前面临着国内外市场萎缩、产能过剩,而赖以发展的低生产成本和资源优势也逐渐失去等现状。这些因素导致同质化竞争越来越激烈,靠产品价格优势取胜的制造企业的利润空间越来越窄。而服务化转型将给广东制造企业带来一片"蓝海",从而实施差异化战略,实现产业的可持续化发展。

### 8.3.4　制造业服务化有利于广东经济的可持续发展

广东制造业是在承接国际产业转移的基础上发展起来的。20 世纪 80~90 年代,为了地区经济发展,本着"边污染边治理"和"先污染后治理"的原则,广东制造业在节能减排方面采取低门槛甚至无门槛标准,承接大量来自工业发达国家和地区产业转移中的高能耗、高污染产业,如纺织、造纸、化工、建材等行业。这些产业的发展使广东的大气、水、土壤污染比较严重,影响了经济的可持续发展。国家提出要走新型工业化道路,其特点是科技含量高、经济效益好、资源消耗低、环境污染少、人力资源得到充分发挥,要求处理好生产与资源、发展与环境之间的关系,做到资源节约和环境友好。广东制造业要响应国家新型工业化政策,就要改变高投入高消耗的粗放式经济增长方式。

制造业服务化发展中,企业不仅仅只考虑到产品的生产制造环节,还要考虑到从研发设计到营销、售后、品牌管理等整个产业链的整体价值创造,成本控制不仅涉及产品的生产成本还要考虑产品的全生命周期成本,因而也要关注产品使用后的回收处置。由于制造业服务化从提供产品转向提供产品功能,为了增加附加服务,需要延长产品使用周期,从而减少产品的生产数量。显然,制造业服务化可以降低资源消耗、减少环境污染。

已有的研究结果也证明了这一点。White 等(1999)通过案例分析发现,制造企业通过服务化可以使环境受益,具体表现为三个方面:第一方面,服务化可以促进制造企业采用耐用原材料和设计，延伸产品的寿命，降低原材料和能源的消耗；第二方面，服务化可以促使制造企业改进产品的维护和操作方式，通过改进设计，优化产品的使用方式；第三方面，服务化可通过产品回收处置降低废弃物对环境的影响。Fishbein 等（2000）通过案例研究认为，服务化确实可以降低资源的消耗，在服务化模式下，制造企业以提供产品的功能或提供服务取代提供产品获得收益，更倾向于耐用设备和产品的生产与使用，而这些都有助于改变以环境恶化为代价的粗放式经济增长方式。许宸祯（2013）分析 IBM、HP 和华硕等企业的整合式 PSS 后认为，制造企业通过正向物流与逆物流组合来满足绿色环保的需求，即实行服务化的制造企业增加了产品退回与回收、废弃物清理和再生的行为，并在产品设计阶段就将逆物流考虑进去，以提高自己的环境绩效。刘继国和李江帆（2007）认为服务化通过使企业投入更多耐用的材料，采取创新的设计来延长产品的使用期限，从而减少资源消耗，激励企业加强产品的维护和操作，完善设计，优化产品使用。

## 8.4　本 章 小 结

本章从广东制造业发展现状和制造业服务化现状入手，分析在新的世界经济形势和金融环境下广东制造业发展存在的主要问题，以及广东制造业服务化发展的必要性。

广东经济总量连续 26 年在全国各省中排名第一，制造业在其经济发展中起到了支柱性作用。2014 年，广东规模以上制造业总产值为 110 962.87 亿元，占规模以上工业总产值的 92.69%；规模以上制造业增加值为 25 265.42 亿元，占规模以上工业增加值的 89.63%。制造业各行业中，通信设备、计算机及其他电子设备制造业、电气机械和器材制造业、汽车制造业、化学原料和化学制品制造业等行业产值居前五位，其产值合计值超过制造业总产值的 50%。广东制造业发展现阶段呈现以下特点：①制造业是广东工业发展的主力；②广东制造业的发展速度放缓；③高技术、先进制造业与服务业融合发展，创造广东经济发展的新增长点；④制造业发展区域不平衡。广东制造业服务化发展现状体现在以下三方面：①广东服务业对经济的拉动作用不断增强，但发展整体水平偏低；②生产性服务业快速发展，但内部结构不够合理；③部分企业通过制造业服务化提升了利润空间，但总体上仍处于起步阶段。

在新的世界经济形势和金融环境下，广东制造业的发展速度放缓，逐渐凸显出一些问题，主要包括以下几方面：①高度依赖外需市场；②低生产成本优势逐渐丧失；③主要依靠资源要素投入的粗放式制造业发展模式仍存在；④制造企业市场竞争力减弱。

如何改变原有的粗放型发展模式，促进制造业转型升级，提升制造企业市场竞争力是广东制造业亟待解决的问题。众多理论和实践证明，服务化是制造业转型升级的重要方向。广东制造业服务化发展的必要性主要表现在以下方面：①制造业服务化顺应国家经济发展规划和产业结构调整方向；②制造业服务化可以提升制造业附加价值；③制造业服务化能提升广东制造企业的差异化竞争优势；④制造业服务化有利于广东经济的可持续发展。

在广东制造业发展速度放缓的同时，广东的服务业特别是生产性服务业得到了快速发展，2015 年服务业的 GDP 占比超过 50%，并呈增长趋势。因此，广东制造业有进行服务化的需求，同时也具备服务化转型升级的条件。

# 第9章 发达国家制造业服务化经验

制造业服务化已经成为全球制造业发展的重要趋势，众多发达国家将其作为提升制造业国际竞争力的重要措施。从"工业经济时代"到"服务经济时代"，发达国家的产业结构发生了重大变化，服务业和高新技术产业得到了快速发展，又通过生产性服务业推动传统制造业的产业升级。目前，发达国家服务业增加值占 GDP 的比重为 70%，而生产性服务占整个服务业比重也达到了 70%（陈永广，2015）。生产性服务业的快速发展是现代服务业与制造业融合发展的结果，发达国家工业化起步较早，现代服务业发展也领先于发展中国家，其制造业服务化水平也高于发展中国家。Neely 等（2011）通过 OSIRIS 数据库对全球 13 775 家制造业企业的服务化现状进行分析，结果显示发达国家的制造业服务化水平要显著高于正处在工业化进程中的国家，其中美国制造业服务化程度最高，达到 55.14%（2007 年为 57.68%），中国制造业服务化水平发展速度居世界前列，从 2007 年的不足 1% 发展到 2011 年的19.33%，但整体水平仍然偏低，如图 9-1 所示。广东制造业服务化目前还处于加速推进阶段，通过研究分析英国和美国等发达国家的制造业发展历程，总结其通过服务化推动制造业转型升级的经验，对广东发展制造业服务化提供一些启示和借鉴。

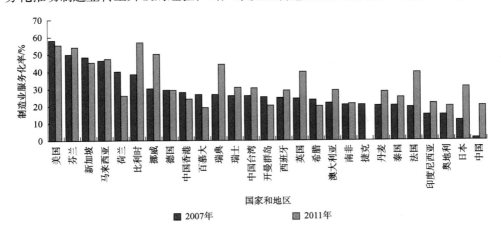

图 9-1　2007 年与 2011 年部分国家和地区制造业服务化率

资料来源：Neely et al.（2011）

## 9.1　美国制造业服务化的经验分析

### 9.1.1　美国制造业的发展过程

19 世纪，美国制造业从起步阶段开始，经过快速发展，成为国家经济的支柱产业。进入 20 世纪后，美国依靠其世界领先的技术优势，不仅使自己从农业国转变为工业国，而且其工业产值超过了英国、法国等欧洲工业大国，成为世界第一大工业国。20 世纪 50 年代，美国制造业增加值在 GDP 中占比最高接近 28%，占世界总和近 40%。这一时期，美国制造业不断改进生产技术，创立了现代化的生产方式，技术发明与创新实现了爆炸式的增长，占据世界创新发明总量的 60%，其中有相当一部分成功地实现了商业化，转化为生产力（吴彤和李建庄，2003）。

20 世纪 70 年代末期到 21 世纪前期，美国将经济发展重点转到以金融、服务为主的第三产业，服务业得到了快速发展，服务业占 GDP 比重在 20 世纪 90 年代就已超过 70%。与此同时，美国制造业逐渐向具有高附加值的价值链两端延伸，而将制造加工等附加值相对较低的中间环节向具有劳动力成本优势的中国、印度等发展中国家转移。国内外市场上同时面临德国、日本等制造业发达国家的有力竞争。这些因素使美国制造业逐渐萎缩，斯米尔（2015）在分析美国制造业发展时认为，1990~2010 年，美国制造业的每一个重要门类都在退步，基础制造品主要依赖进口。制造业增加值在 GDP 中占比从 1950 年的 27%降低到 2009 年的 12.6%。但是，这段时期美国制造业产业结构得到了升级，劳动生产率大幅提高，制造业与服务业融合发展促进生产性服务业得到了快速发展。1950~2010 年，美国生产性服务业增加值增长近 120 倍，在 GDP 中的占比由 15%增至 27.9%。

21 世纪的第一次全球金融危机首先在美国爆发，对美国经济造成了严重影响。这次金融危机使美国意识到实体经济和虚拟经济比重失调会导致实体经济"空心化"，服务业等虚拟经济的发展必须以实体经济发展为基础。因此，美国提出"重振制造业"战略，制定系列政策引导以制造业为主的工业发展，依靠制造业发展来拉动经济增长。2009 年以后，美国制造业发展稳定增长，2010~2013 年制造业增加值平均年增长率达到 4.9%，比同期 GDP 的平均年增长率高出 1 百分点。采购经理人指数（PMI）[①]反映了美国制造业的增长趋势。如图 9-2 所示，从 2009

---

① 采购经理人指数（purchase management index，PMI），是衡量制造业在生产、新订单、商品价格、存货、雇员、订单交货、新出口订单和进口等八个方面状况的指数，是经济先行指标中一项非常重要的附属指标，是美国供应管理协会 ISM 商业报告中关于制造业的一个主要参数。一般来说，制造业 PMI 低于 50%意味着行业处于收缩状态，高于 50%则意味着行业处于扩张状态。

年 1 月至 2011 年 2 月，美国 PMI 快速增长，从 2009 年 1 月的 35.6%上升到 2011 年 2 月的 61.4%，表示美国制造业在快速扩大。2011 年后，美国 PMI 所有下降，一度低至 50%以下，但整体仍保持较为稳定的状态，至 2015 年 6 月制造业 PMI 为 53.5，连续保持 25 个月在 50%以上。

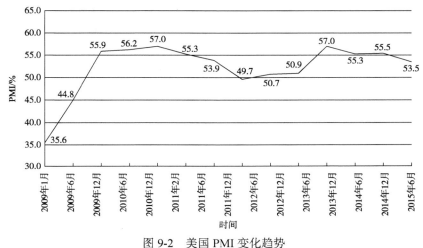

图 9-2　美国 PMI 变化趋势

资料来源：根据美国供应管理协会（ISM）公布的数据整理

从美国制造业的发展历程可以看出，美国制造业在 20 世纪 80 年代起就已出现服务化的趋势，重点发展制造业价值链两端的高价值环节。金融危机后，美国提出的"重振制造业"战略不是回归传统制造业，而是继续发挥技术领先优势，重点发展先进制造业。同时，利用发达的现代服务业优势，大力发展生产性服务业和制造业服务化，使现代服务业和先进制造业得到协同发展。美国上市公司制造业服务化的比例超过 50%，相关研究表明，美国制造业每 1 美元的最终需求中，仅有 0.55 美元用在制造业，有 0.45 美元用在服务业。

### 9.1.2　美国制造业服务化的做法

美国制造业服务化发展从 20 世纪 80 年代就已经开始，具体做法可归纳为以下主要两点。

第一，大力发展现代服务业，为制造业服务化提供必要条件。

制造业服务化是制造业与服务业融合发展的结果。制造业的发展为制造业服务化提供了需求，是制造业服务化的基础。而现代服务业的发展是制造业服务化的必要条件。如果金融服务、信息服务、物流仓储和商业服务等与制造业对接的服务业没有得到相应的发展，也无法有效实施制造业服务化。

众所周知，美国的服务业非常发达，是全球最大的服务业进出口国家。20 世纪 50 年代，美国服务业增加值在 GDP 中的占比就已经超过 50%，并持续增长，在 2010 年后超过 80%。

发达的现代服务业为制造业服务化提供了有力的保障。为促进现代服务业的发展，美国首先，建立有利于服务业发展的制度环境。例如，1974 年美国国会通过《外贸法》，将服务贸易纳入国际贸易的范畴；20 世纪 80 年代通过的《贸易与关税法》（1984 年）和《综合贸易与竞争法》（1988 年），提出美国除了扩大商品贸易的出口之外，还将扩大服务贸易出口；此外，《国际银行法》（1978 年）、《航运法》（1984 年）、《金融服务公平交易法》（1995 年）、《电讯法案》（1996 年）等法律法规的设立为不同行业的服务业发展提供了良好的制度环境。其次，根据世界经济发展形势和国家的产业发展现状，由政府引导服务业的重点发展行业。美国服务业在第一阶段主要是社会生活服务，如批发零售业、餐饮酒店业、旅游业等。随着工业的发展需要，第二个阶段是以生产性服务为主，如金融保险业、物流仓储业、商业服务业等。随着信息技术对社会的影响加大，第三个阶段的服务业主要以信息及相关产业为主（袁奇和刘崇仪，2007）。

美国的生产性服务业，特别是商业服务业和金融保险业，近几十年来发展迅速。1950~2010 年，美国的生产性服务业增加值扩大了近 120 倍，GDP 占比由 15% 增长至 27.9%。

第二，加大创新投入，建立美国制造创新网络。

在技术更新换代速度加快的现代社会，创新就会显得特别重要。持续不断地创新可以使制造业获取高附加值，并持续保留技术含量高的优势产业。在创新领域掌握控制权，以及在尖端技术专业和技术产业部门中占据主导地位，是美国制造业持续保持繁荣发展的重要原因（皮萨诺和史，2014）。美国在金融危机后提出重振制造业，并不是将已转移出去的传统制造业收回来，而是在技术领先的基础上，以高新技术为依托，重点发展工业机器人、3D 打印技术、新材料、信息技术等为基础的先进制造业。左世全等（2012）等认为先进制造业的一个显著特点是生产过程不断改进，新产品不断产生，以技术的先进性创造难以模仿的差异化优势。因此，技术创新是促进美国制造业持续发展的核心要素。据统计，美国科技进步在制造业增长中的贡献率为 60%，强大的技术实力是其发展高端制造业的重要保障。

美国政府非常重视创新。美国政府在 2009 年和 2011 年分别发布《美国创新战略（2009）》和《美国创新战略（2011）》，将创新确定为美国提升国家竞争力和赢得未来的关键，推进国内优先领域的重大突破，提出要加强美国创新要素投资，这些创新要素包括人才培养、基础研究、基础设施建设和信息技术等。2011 年发布的《美国制造业复兴—促进增长的四大目标》提出创新是美国促进经济增长的四个目标之一，要使美国成为创新的全球引领者。2012 年 3 月，奥巴马提议由政府出资 10 亿美元在 10 年内创建 15 个制造业创新研究所,组成全国制造业创新网络,以提升美国的研发能力。制造业创新研究所是区域性的制造业创新中心,作为政府部门、高校、科研单位和企业的技术创新交流平台,它的作用是开发、展示和商业化新产品和新工艺、培训制造业工人的各种技能等。2013 年,政府又将制造业创新研究所的创建数量增加到 45 个。截至 2016 年 1 月,已有 9 个制造业创新研究所启动建设。此外,美国众议院在 2014 年 12 月通过了《振兴美国制造业和创新法案 2014》,授权美国商务部部长实施制造业创新网络计划,明确制造业创新中心将重点关注纳米技术、先进陶瓷、复合材料等领域的研发,并设立国家制造业创新网络计划办公室来负责相关科研计划的管理。除了创建全国制造业创新网络之外,美国政府还不断加大对研发的投资力度。美国的研发投入长期保持在 2%~3%,处于全球领先位置。2011 年,美国政府提出每年研发投资要占 GDP 的 3%。

美国的企业界也重视创新能力的培养和技术能力的提升。欧盟委员会对占全球企业研发投入总额 90% 以上的 2 500 家企业进行调查后公布了 2013 年全球企业研发投入排行榜,其中美国企业 2013 年研发投入最高,占全球研发投资总额的 36%。

## 9.2 英国制造业服务化的经验分析

### 9.2.1 英国制造业的发展过程

第一次工业革命使英国在 19 世纪中期率先完成从农业化国家到工业化国家的转变,成为世界上第一个工业化国家。利用先进的技术、廉价的生产原材料和劳动力,以及需求旺盛的全球市场,英国的传统制造业得到了快速发展。到 19 世纪晚期,英国的工业发展达到鼎盛时期,其工业生产能力占据到世界总值的一半,主要工业品钢铁、煤、纺织品等产量超过世界总量的一半,名副其实地占据着"世界工厂"的地位。

进入 20 世纪以后,随着美国、德国、日本等国家工业生产能力的提升,英国传统制造业市场份额受到挤占,发展中国家相对丰富的原材料和大量的廉价劳动力资源优势逐渐凸显,加上政府的政策引导,英国以传统制造业为主的工业逐渐下滑。20 世纪 80 年代以后,英国推行"重金融、轻制造"的去工业化战略,逐步调整其经济结构,不断缩减钢铁、化工、机械和汽车等传统制造业的发展空间,重点发展金融、数字创意等高端服务产业。到 2007 年,英国制造业产值仅占 GDP 的 16% 左右,而服务业已经占到 72%(2014 年达到 78.4%)。现代服务业的高速发展为制造业服务化提供了重要的支撑。然而,"重金融、轻制造"的发展战略使英国经济在 2008 年的全球金融危机中遭到重创。据经济日报报道,英国金融服务业在 2008 年出现巨亏,英国皇家苏格兰银行当年出现亏损达 241 亿英镑,创造了英国银行史上最大亏损纪录;汇丰银行 2008 年的利润也较上年下跌了 62%(王涛,2009)。金融业的重创严重影响英国的经济,国内生产总值一度转到负增长,2009 年第一季度甚至达到-8.6%的负增长速度。

全球金融危机对经济的重创使英国重新认识到以制造业为主的实体经济的重要性。英国前首相布朗曾在他的讲话中表示:无论过去、现在和未来,制造业都是英国经济获得成功的关键。2008 年后,英国走上了"再工业化"道路,提出重振制造业,使制造业重新回归经济主体。如图 9-3 所示,从 2009 年 1 月至 2011 年 1 月,英国 PMI 快速增长,从 2009 年 1 月的 35.8%上升到 2011 年 1 月的 62.0%,表示英国制造业在此期间快速扩张。2011 年后,英国 PMI 有所下降,一度低至 50%以下,但整体仍保持较为稳定的状态,至 2015 年 6 月制造业 PMI 为 51.4,连续保持 27 个月在 50%以上。英国国家统计局发布数据显示,英国 2014 年总产出同比增长 1.4%,制造业为唯一产出增长部门,同比增长 2.7%。

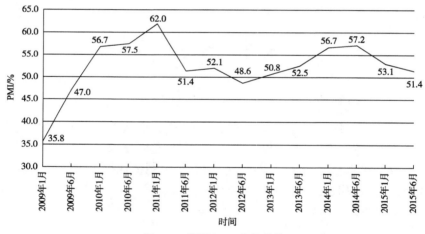

图 9-3　英国 PMI 变化趋势

资料来源:根据英国市场调研机构 Markit 公布的数据整理

英国的"再工业化"道路借助于先进的现代服务业与制造业的融合,重点发展价值链上的高附加值环节,如产品的研发、设计和售后服务等,以抢占制造业新的增值点。

### 9.2.2　英国制造业服务化的做法

国际金融危机发生之后,英国走上振兴制造业的"再工业化"之路。20 世纪中期开始，英国大力发展服务业，使服务业的 GDP 占比在 21 世纪初期就已超过70%。英国充分利用了服务业发达的优势，使制造业和服务业融合发展，达到协同效果。据剑桥大学剑桥服务联合会的调查研究，2013 年，约 35%的英国制造业能够从各项服务中创造营收，这一比例高于 2007 年的 24%，并且该比例还在持续上升中。英国制造业服务化的主要做法可归纳为以下几点。

第一，政府强力主导，为制造业服务化发展提供政策支持。

2008 年以来，为重新定位制造业，英国政府陆续出台制造业发展战略和倾向性的产业发展政策。政府的政策支持，对调整英国的产业结构、提升制造业水平、实现"再工业化"起到了很好的"顶层设计"的作用。

2009 年 7 月，英国政府发布新的制造业发展战略，取代 2002 年制定的制造业战略。新的制造业发展战略重新将制造业定位为英国经济发展的重要基础，将制造业特别是先进制造业视为稳定英国经济、提升国际竞争力的关键。新战略提出了英国制造业发展要坚持的七项原则。

2011 年，英国政府发布《英国发展先进制造业的主要策略和行动计划》，提出英国制造业五大竞争策略和七项行动计划，其中五项竞争策略包括占据全球高端产业价值链、加快技术转化生产力的速度、加大对无形资产的投资、帮助企业加强对人力技能的投资、抢占低碳经济发展先机。另外，强调英国制造业发展要充分利用自身优势，即创新解决方案以及整合性服务，将制造业产业链上的产品研发、制造、售后和咨询等整体打包经营。

2013 年，英国商务部和政府科技司发布标题为"制造业的未来：新时代下英国的机遇与挑战"的预测报告，在对 2050 年全球制造业生态预测的基础上，对英国制造业的转型升级提供一系列指导性建议，其中包括制造企业应融合现代服务业创造更多的收入来源，以抵抗行业下滑风险和外部冲击。

2013 年 10 月，英国政府科技办公室推出《英国工业 2050 战略》，其中包括英国制造业发展战略，分析制造业将面临的机遇和挑战，提出英国制造业发展和复苏的政策，肯定了服务化对于制造业的重要性，确定制造业并不是传统意义上的"制造之后再销售"，而是以生产为中心的价值链活动，即"服务+再制造"。

第二，延长制造业产业链，打造高价值制造。

制造业正从传统制造转向高科技制造，制造业的发展不再依靠传统低附加值的车间生产和机械操作等环节的竞争，更多的是从事产品设计、软件开发、销售、技术升级等配套工作。英国实施"再工业化"战略以来，一直强调打造高价值制造。在英国制造业的五大竞争策略中，第一条竞争策略就是占据全球高端产业价值链。英国的劳动力成本较高，因此英国制造业发展的比较优势不是低成本，而创新解决方案和发达的现代服务业。所以，除了传统的车间生产和机械操作外，英国制造业更多的是从事研发设计、销售、售后服务等配套工作，甚至还把高端制造业融入金融等服务行业，以更好地适应新形势发展，抢占制造业的高附加值点。英国商业、创新与技术部国务大臣普锐斯克明确表示他们的策略是高价值设计和创新。例如，英国的汽车产业发展，英国的众多汽车品牌在过去的几十年中已被其他国家收购，但这些汽车的设计和制造仍然保留在英国，并已从传统制造形态向高附加值领域转变。超过 40 家全球知名企业，如福特、宝马、丰田等均在英国设有公司，覆盖了整体设计、发动机设计制造、关键零部件生产等汽车制造核心环节（吴丛司，2014a）。

英国的众多制造企业认为，制造业不仅是生产和销售产品，还要提供解决问题的方案和相关的服务，以满足顾客不断变化的个性化需求。位于英国南约克郡的 AES 工程公司在 2006 年英国机械工程师协会竞赛中获得"制造卓越"奖，成为当年英国制造业的典范。AES 工程公司给自己的定位不仅仅是制造商，还是业务顾问，为顾客提供全面周到的咨询服务。公司的近千名员工中有近一半员工的主要任务是帮助客户提供咨询服务，该公司产品售价的四分之一来自提供的服务（王葆青，2007）。

第三，积极推进科技创新和成果转化，以先进技术和现代化服务业支撑制造业服务化。

掌握先进的技术并能持续创新是制造业占据价值链高端的前提条件，也是产品能够满足顾客动态个性化需求的保障。英国政府建立了多元化、多层次和多渠道的科技投入体系，大力推动科技创新，并鼓励制造企业应用先进的技术生产出高附加值产品和相关服务。早在 2004 年，英国政府就制定了《2004—2014 科学与创新投入十年框架》，在建立世界级创新中心等六个方面描述 2004~2014 的 10 年中英国在科研与创新方面的目标和指标。2009 年，英国发布了系列措施，旨在帮助英国制造业更好地利用先进技术。该系列措施包括扩大制造业咨询机构（Manufacturing Advisory Service，MAS）、设立英国创新投资基金（UK Innovation Investment Fund，UKIIF）、增加新技术投资和支持低碳工业，以帮助企业实现从产品设计到商业运作等整个过程的创新。2011 年以来，英国政府加大投资高价值制造业的优势技术，为企业的全球推广提供资源，开放知识交流平台以便于企业整合创新技术、提供高质量的产品和服务。在推进科研开发和技术创新方面起到重要作用的还有成立于 2002 年的英国研究理事会（Research Councils UK，RCUK），该机构每年投入约 30 亿英镑的资金用于支持大学和科研机构开展优秀的科研项目。英国的高技术产业增加值在制造业总增加值中的比重不断提升，高科技和创新性已成为英国制造业的竞争优势。英国大部分制造企业认为自己最重要的竞争优势来自设计和研发（牛一，2013）。英国华威大学华威商学院通过问卷调查后得知，被调查的 12 家汽车制造商均认为，设计在汽车工业中一直扮演基础角色。汽车设计已经是驱动汽车生产工艺创新和体现比较优势的一个非常重要的环节。好的设计不仅能够联合汽车企业内部各部门，还能和科技企业建立有效协作与联系，整合更多最新技术，以更好地了解消费者需求。

除了大力推进技术创新外，英国还注重产学研结合，加快技术创新成果的转化。英国研究理事会（RCUK）在分配和管理科研经费时，会鼓励科研机构、大学与企业进行合作研究，以尽快将技术创新成果转化为实际生产力。技术战略委员会（Technology Strategy Board，TSB）也支持企业通过知识转让和知识传播网络加强与科研机构合作。此外，政府还出资帮助科研部门与企业特别是中小企业建立合作关系，以使科研能更好地结合生产实际、科研成果能更快速地转化为实际生产力。例如，阿斯顿大学阿斯顿商学院和 55 家制造企业建立了合作关系，帮助后者适应制造业服务化的新业态，并使其中的 23 家企业明显转变商业经营模式，平均年度营业收入从 16.5 万英镑增加至 29 万英镑（吴心韬，2015）。

## 9.3　对广东发展制造业服务化的启示

制造业服务化已成为全球制造业的发展趋势。美国、英国等发达国家通过制造业服务化优化了产业结构，提高了劳动生产率和资源利用率。其主要做法对广东制造业服务化有一定的启示和借鉴作用。

### 9.3.1　制造业服务化是制造业发展的必然趋势

美国、英国等发达国家早在 20 世纪之前就已成功由农业国家转化为工业国家，制造业发展起步较早，并快速地成为国家经济的主体部分。工业化中后期，服务业在发达国家兴起，并逐渐取代了制造业成为国家经济发展的主导产业。到 20 世纪末期，美国、英国等主要发达国家的服务业在 GDP 中占比均在 60% 以上，且这一比率呈上升趋势。然而，发达国家中第二产业、第三产业并不是孤立的，而是相互促进协调发展的，利用服务业推动制造业优化升级，而制造业的发展又为服务业的发展提供了新的领域，产生了生产性服务业。随着全球劳动分工的深入，发达国家将制造业生产链中的劳动力密集的制造和加工领域外包，而将设计研发、技术集成、营销等服务环节保留在国内，通过制造业服务化主导着全球制造业生产网络和产品价值链。目前，美国、英国等发达国家服务业占 GDP 的比例达到 70% 以上，而其中生产性服务业占了近 60%。

广东制造业是从承接发达国家的产业转移和生产外包而快速发展起来的，产品附加值低，技术含量不高，投入产出比和发达国家相比存在较大的差距。如何优化升级产业结构、改变已有的生产方式、提升产品附加值是广东制造业持续发展所面临的突出问题。而制造业服务化是广东制造业向价值链高端延伸，提升产品附加值的重要途径，也是制造企业满足顾客个性化需求、获取可持续竞争优势的重要途径。广东应将制造业服务化作为制造业转型升级的重要方向。

### 9.3.2　政府要在制造业服务化发展中积极引导并提供政策支持

在英国、美国等发达国家的制造业服务化发展过程中，特别是在起步阶段，政府出台了倾向性政策予以支持和引导，起到"顶层设计"的作用。例如，英国政府通过发布"英国发展先进制造业的主要策略和行动计划"，明确制造业是英国经济发展的重要基石，提出英国制造业要占据产业价值链中的研究、设计、服务等高价值环节。为达到这一目标，英国政府投资建立制造业技术中心，研究增加制造业产品和服务体系的附加值。美国则从 20 世纪中期就开始发展生产性服务业，并制定一系列政策措施，积极建立有利于生产性服务业发展的制度环境，引导制造业和服务业融合发展，使生产性服务业成为服务业中增长速度最快的部分。2008 年之后，美国政府也立即采取对应措施，通过制定并公布《重振制造业框架》及《先进制造业的国家战略计划》等将制造业放到国家发展战略的层面上，并确定制造业发展的重点领域。同时，通过制定并发布《美国创新战略》、《制造业创新的国家网络：初步设计》及《2013 先进制造业创新法案》等提出了一系列提升制造业创新能力和加速成果转化的方法和措施，为美国制造业占据价值链上高技术含量、高附加值环节提供了政策支持。

目前，国家在地区发展规划，如《珠江三角洲地区改革规划纲要（2008—2020年）》和《广东省先进制造业发展"十三五"规划》等，明确了广东制造业与服务业融合发展的方向，提出在广东建立现代服务业和先进制造业双轮驱动的现代产业体系，以及先进制造业向服务化转型的方向。但还需要进一步制定具体的优惠政策和措施，如在财政税收、金融等方面提供一些政策支持及服务化公共服务平台的建设和完善，加大对制造业和服务业融合发展的支持。

### 9.3.3　加大科研投入，提升自主创新能力

作为技术水平领先的国家，英国、美国均建立了多元化、多层次和多渠道的科技投入体系，大力推动科技创新。美国还根据产业集聚特点，创建了全国制造业创新网络，在各地建立了区域性的制造业创新研究所，以研发新技术并及时转化为生产力。

我国已经是制造大国，但制造业大而不强，自主创新能力弱，关键核心技术与高端装备对外依存度高，以企业为主体的制造业创新体系不完善，高端装备制造业和生产性服务业发展滞后，信息化与工业化融合深度不够。广东制造业目前

仍以传统制造业为主，处于产业链低端，技术含量相对较低。由于创新驱动不足，政府和企业在科研和创新方面投入较少，技术以引进为主，自主创新能力不足，创新产出方面更是有限。崔维军和郑伟（2012）基于 2001~2010 年的欧盟创新指数，根据 12 个创新指标对包括中国在内的 50 多个国家和地区的创新能力进行比较。研究结果显示，在主要科研支出国中，中国的创新能力增长速度与其他国家相比具有明显优势，但中国的创新能力与美国、日本和欧盟国家相比有较大差距，而且这种差距在短期内没有迅速缩小的趋势。随着环境问题日益突出，资源成本不断上涨，高投入的发展模式显然是需要改变的。发展制造业服务化，推动制造业向价值链高端转移是广东制造业发展的必然选择。另外，先进制造业是以先进技术为核心的，技术领先国家为保持其竞争优势，会制定各种方案措施，防止先进技术扩散。因此，广东制造业要向价值链两端延伸，要在国际竞争中取得优势，靠技术引进显然是行不通的，必须使自己掌握先进技术并在某些行业中保持技术领先。所以，广东制造业服务化发展过程中，政府和企业必须要加大科研投入，提升自主创新能力。

## 9.4　本 章 小 结

本章通过分析发达国家制造业服务化的发展情况，总结其通过制造业服务化推动制造业转型升级的经验，为广东制造业服务化发展提供启示和借鉴。

美国利用其科研和技术优势迅速发展工业，从 20 世纪中期起就成为世界第一工业大国。20 世纪 80 年代起，美国的经济发展重点转移至服务业，服务业的 GDP 占比在 20 世纪 90 年代就已超过 70%。随着服务业的快速发展，制造业的发展出现服务化的趋势，重点发展制造业价值链两端的高附加值环节。此外美国政府还不断完善多元化的创新体系，组建全国制造业创新网络，为先进制造业发展提供技术支持，科技进步在制造业增长中的贡献率达到 60%。美国依靠其先进的技术研发水平和创新性的商业运行模式占据着制造业全球价值链的高附加值环节。

英国是世界上最早实现工业化的国家，从 20 世纪 80 年代起就重点发展金融、数字创意等高端服务产业，2014 年服务业的 GDP 占比超过到 78%，发达的现代服务业推动了制造业服务化发展。国际金融危机后，英国政府强力推动高价值制造业发展，通过多元化的技术创新体系提升技术研发水平，并注重产学研结合，加快技术创新成果的转化，以先进的技术和现代化的服务业加速推动制造业服务化发展。

发达国家的制造业服务化发展为广东制造业服务化发展提供了以下启示和借

鉴：①制造业服务化是制造业发展的必然趋势；②政府在制造业服务化发展中要积极引导并提供政策支持；③加大科研投入，提升自主创新能力。广东应该借鉴发达国家制造业服务化的启示，结合广东制造业服务化的发展现状，建立对应的推动政策和措施，加速推动制造业的服务化转型和升级。

# 第10章 广东制造业服务化
# 典型案例研究

制造业服务化已经具有了一定的研究成果，并且在实践中也有较多成功的企业案例。目前国内已有部分关于制造业服务化典型案例的研究，但主要是从全国范围内选取研究对象，并且案例研究的角度也较为宽泛。孙林岩等（2011）从商业模式、PSS、组织模式、营销模式、实施模式、战略演化和产业集群网络角度选取中国不同的服务型制造企业进行了案例研究，王晶等（2015）对中国、日本和澳大利亚三国制造业服务化成功案例进行了研究，其中国内主要选取了山东、河北、陕西、江西等地制造业服务化的典型企业作为研究对象，对不同的服务化模式进行了案例研究。广东地区作为全世界的"制造基地"，其制造业规模非常庞大，制造业服务化转型也正在兴起，因此，本章研究以广东制造业服务化的典型案例作为研究对象，以制造业服务化的内涵、驱动力、模式和发展路径为理论基础，集中研究企业制造业服务化的驱动力、模式、发展路径及服务化效益，比较几个企业的服务化情况，为广东制造业服务化实践研究提供依据。

## 10.1 案例的选取与理论基础

### 10.1.1 案例选取的原则

案例研究法作为组织管理学研究的基本方法，有其特定的研究原则、步骤和方法。Yin（2014）一再强调案例研究要选择典型和极端的情形才更为合适，典型案例要使研究过程清晰可见。Eisenhardt（1989）也指出案例选择时要选择非寻常的、极端的案例才有利于理论的挖掘，并且多案例研究方法适合于过程和机理类问题研究，制造业服务化的驱动力、路径、模式等正好属于这一类的研究范畴，因此，本章研究将选取多个案例来揭示广东制造业服务化的问题。

为了更加符合本章研究的目的，本章研究在典型案例使研究过程清晰可见的要求下，选择具有典型性和代表性的多个案例制造业服务化案例选取时遵循如下三个原则：第一，案例的产业类别属于制造业；第二，存在制造业服务化的创新，包含对不同的客户提供服务、服务内容的多样性及信息通讯技术的应用等；第三，企业须具有竞争力，以该企业在国际竞争力上的表现凸显服务化创造附加价值的特性。根据上述原则，本章研究最终选择广州无线电集团、广铝集团和广州市华德工业有限公司作为广东制造业服务化典型案例，对三个企业制造业服务化的驱动力、运营模式、服务化路径和服务化收益进行研究。

广州无线电集团依托无线通信导航和货币自助终端设备为优势产业，致力于打造金融外包业务管理、计量检测、大物业服务、国际商贸、金融和投资管理等多个领域的业务，企业正实现着制造向服务的转型升级。广铝集团是集铝土矿山开采、氧化铝生产、铝冶炼及铝精深产品研发—生产加工—贸易销售、铝质幕墙门窗生产与工程安装于一体的铝全产业链企业，发展至今，广铝集团多年来一直致力于从制造向服务化转型，已经实现从产业链的中游向上游、下游全产业链发展，产业价值链从低端向高端发展；广州华德公司作为一家空调设备研发、设计、生产和销售的企业，从中央空调保温材料的制造商，到拥有自主品牌和领先于国际自主知识产权的中央空调生产商，再到"智慧供冷"这一全新高效节能中央空调系统服务供应商，不断进行着制造业服务化的转型。以上三个企业的产业类型都属于制造业，都存在服务化创新，并且具有一定的国际竞争力。

### 10.1.2　数据和资料的获取方法

本章研究针对制造业服务化的转型过程，重点关注制造企业实现制造业服务化的动力机制、发展路径、模式和服务化收益等问题，在研究论证的过程中，必须综合运用各种来源的资料，才能够提高案例研究的质量和可靠度。因此，资料搜集的全面和科学性尤为重要。

案例研究的证据来源于文件、档案和访谈等（Yin，2014）。本章研究在搜集典型企业的资料时，一是对二手资料进行搜集，资料来源主要是企业的年度报告、档案数据、宣传册、企业内刊、网络以及期刊文章介绍等；二是到企业参观，并通过对企业相关负责人的访谈，深入了解企业制造业服务化的现状。

### 10.1.3　理论基础

1. 制造业服务化的驱动力

制造业服务化驱动力一般表现为战略、市场、经济和环境。经济驱动表现为服务化能在产品生命周期不同阶段为企业增加新的营业收入来源，服务通常比物品具有更高的利润，提供更为稳定的收益来源（Oliva and Kallenberg，2003）；战略驱动表现为制造企业将服务化作为难以模仿的重要手段，增强竞争壁垒，提高差异化程度，创造差异化竞争优势（Oliva and Kallenberg，2003）；市场驱动表现为顾客对服务的需求越来越多，制造企业通过综合提供产品和服务更加符合顾客期望，从而能更好地满足需求（Oliva and Kallenberg，2003）；环境驱动表现为通过服务化使企业投入更多耐用的材料，采取创新的设计来延长产品的使用期限，从而减少资源消耗，激励企业加强产品的维护和操作，完善设计，优化产品使用（刘继国和李江帆，2007）。

### 2. 制造业服务化存在四条路径

简兆权和伍卓深（2011a）基于微笑曲线观点，以价值链为研究对象，提出制造企业可以依循下游产业链服务化、上游产业链服务化、上下游产业链服务化和完全去制造化四条路径实现服务化。路径 1——下游产业链服务化，强调制造企业在价值链的地位向下游产业链的转变，通过增加营销、品牌管理及产品延伸等环节的投入实现服务化，是制造业服务化的初级阶段，适合于没有服务化经验而希望积累技术力量并实现服务化的企业。路径 2——上游产业链服务化，强调制造业者往上游移动，介入研发、设计、规划等上游阶段，制造企业通过该路径可以强化自身的核心竞争力，同时还可以为第三方提供相关研发设计和咨询规划服务，上游产业链服务化仍是制造业服务化的初级阶段。路径 3——上下游产业链服务化，从企业提供"整合性解决方案"的角度切入，强调制造业者可同时往上游、下游移动，路径 3 融合并衍生了路径 1 和路径 2，是制造业服务化的高级阶段。路径 4——完全去制造化，是制造企业完全退出低附加值的制造领域，只从事附加值相对高的上下游产业链服务环节，一般是制造企业在路径 3 的基础上，具备掌控整条产业链的能力，于是完全分离出外包低附加值的制造环节，是制造业服务化的最高级阶段。

### 3. 制造业服务化的三类模式

制造业服务化的模式分为产品延伸服务、产品功能服务和整合解决方案。产品延伸服务对厂商的基本定位仍然是制造者，但基于原本核心供应链或价值链向上或向下延伸运营范围，进而提供产品延伸服务；产品功能服务是产品所有权仍在制造企业，制造企业提供产品功能，顾客购买产品功能而非产品本身，如租赁或共享的概念；整合解决方案是制造企业提供的是一套解决方案或结果，可能涵盖服务、产品和系统三大要素，以回应顾客的需求并确保顾客的满意度。

# 10.2　案例 1：广州无线电集团

## 10.2.1　企业简介

广州无线电集团（简称"广电集团"）始建于 1956 年，总部位于广州市，前身广州无线电厂是我国早期建立的军工企业，1995 年现代企业制度改制，组建集团公司和企业集团。广电集团是以"高端高科技制造业、高端现代服务业"为战略定位的多元化产业集团，依靠科技进步和创新，打造了无线通信导航、货币自助终端设备、房地产开发与经营三大优势产业，并致力于打造金融外包业务管理、计量检测、大物业服务三大服务平台。同时还涉及国际商贸、金融和投资管理等多个领域，产品和服务进入全球 70 多个国家和地区。现已拥有国家重点软件企业两家、国家火炬计划高新技术企业 3 家、省级软件企业 4 家、省级高新技术企业 9 家。广电集团旗下广电运通和海格通信分别于 2007 年和 2010 年在深圳 A 股成功上市。

广电集团曾经是一家部属军工企业，有着辉煌的军工研制历史。在 20 世纪 80 年代经济转型大浪潮的冲击下，广电集团在创新发展的道路上不断探索，加大研发投入和市场拓展，从军工制造企业蜕变成为综合解决方案提供商，实现着服务化的转型升级。

## 10.2.2　广电集团制造业服务化驱动力

广电集团实施制造业服务化受到多方面因素驱动。首先，从经济因素来看，20 世纪 80 年代末期，在计划经济向市场经济转制的背景下，广电集团追求业务全面开花，但缺乏市场意识，导致企业高额负债，1993 年整个企业负债超过了 3 亿元，人均负债 10 万元，一度濒临破产。在经济压力的驱动下，企业采取收缩战线，大幅度砍掉不营利的产业，开始回归主业，并走上了自主创新的道路；同时，以制造业为主的企业在服务经济时代面临着越来越低的利润空间，企业意识到只有从事价值链高端环节才能够获取更多的价值增值。其次，从战略因素来看，全球信息化的发展不断缩短技术更新换代的周期，企业研发投入的风险在增大，单纯的制造企业面临的压力也越来越大，集团管理层提出了"高端高科技制造业，高端现代服务业"的新战略定位，在坚持以技术创新引领高端制造的同时，广电集团借助已有平台和资源大胆开拓高端服务领域，走向高端服务业。再次，从市场因素来看，随着服务经济和互联网时代的来临，企业的竞争环境和市场的需求发生巨大的变化，顾客更加重视产品功能的获得，而不是获得产品所有权，顾客需要更多个性化和一体化服务的产品，同时，企业也增强了顾客意识，认识到需要提供顾客导向的产品和服务。

　　企业高额负债、利润空间低、业务混乱和市场激烈竞争、创新驱动性、客户需求的变化和顾客导向分别从战略、经济和市场三方面驱动广电集团的制造业服务化转型，并且各驱动力之间呈现相互影响的关系（图 10-1）。

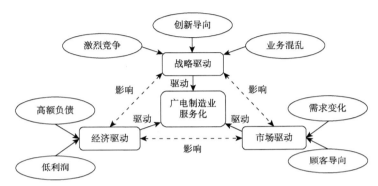

图 10-1　广电集团制造业服务化驱动力图

### 10.2.3　广电集团制造业服务化路径

　　广电集团从成立至今经历了计划经济向市场经济体制的改制，从无线通信、无线导航、家电、变压器等多元化生产，经过产业结构调整而专注主营业务，从制造环节向产业链上下游两端延伸，到为客户提供整合解决方案。广电集团创新发展的进程中，呈现了其制造业服务化的路径，具体表现在以下几个阶段（图 10-2）。

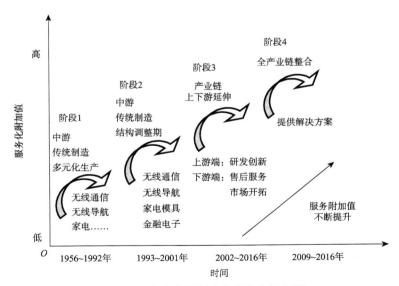

图 10-2　广电集团制造业服务化路径图

### 1. 阶段 1：中游的传统制造——多元化生产（1956~1992 年）

广电集团的前身是广州无线电厂，最初从事无线电通信设备的生产制造。1978年开始多元化发展，从事变压器、收录机、电视机、音箱、计算器的生产经营。1984年与香港海通公司合资成立海华电子企业，从事大型远洋船舶、民航机场通信导航电子设备的生产制造，进入海事通信导航市场领域。

该时期企业经历了计划经济向市场经济的过渡，除了无线通信和无线导航外，还向多个领域发展，涉及多达三十多个产业，但是产业结构混乱、市场意识不强，缺少有竞争力的核心主业，使企业背负了巨大债务。

### 2. 阶段 2：中游的传统制造——结构调整期（1993~2001 年）

背负巨额债务、濒临破产的广州无线电厂在 1993 年开始解困转制，进行产品和产业结构重大调整，大幅收缩产品线和砍掉不营利的产业，企业开始回归主业，重点发展无线电通信传统主业，并与瑞典爱立信无线系统公司合资成立广州爱立信通信有限公司；1995 年，完成公司制改造，更名为"广州无线电集团有限公司"，并开始组建广州无线电集团；1998 年，进入大型精密汽车塑料模具设计制造领域；1999 年，设立广州广电运通金融电子有限公司，从事 ATM 产品的生产制造，进入金融电子领域。2000 年，广电集团技术中心被认定为"国家级企业技术中心"，集团"博士后科研工作站"挂牌，研发设计开始萌芽。

### 3. 阶段 3：产业链延伸——研发、售后与市场（2002~2016 年）

广电集团旗下企业广电运通从 2002 年开始"ATM 中国芯"的研发之旅。经过 3 年持续研究，基本攻克了钞票识别的难点，提出行业内最高端的全幅面钞票扫描识别方案，并于 2005 年通过由国家信息产业部主持的权威技术鉴定，诞生了"ATM 中国芯"，改写了我国 ATM 钞票识别技术一直依赖国外技术的历史。2006年，攻克行业里最顶尖的技术难题——循环出钞机芯。经过 8 年奋斗，广电运通成为全球掌握全套现金处理技术（包括取款、存款和现金循环模块）自主知识产权的三大主流企业之一。多年来，集团研发投入占销售收入的比重一直都在 10%以上，远高于一般高科技企业。

2003 年企业开始从事 ATM 营运业务，并打造金融电子服务及金融外包业务管理平台。2004 年，构建了中国规模最大、覆盖面最广、响应最快的售后服务保障网络。2005 年组织结构大调整，增加和充实公关、技术、研发等业务机构，成立海外业务中心、国内营销中心等部门，至此，广电运通开始从适度经营向规模化经营跨越。2006 年，美国达拉斯网络公司正式授予广电运通四个 ATM 产品网络接入证书，这是广电运通通过首家美国 ATM 网络测试，成为广电运通 ATM 进军美国市场的重要里程碑。

4. 阶段 4：全产业链整合——解决方案提供（2009~2016 年）

虽然广电集团以其高端技术而拥有核心竞争力，但全球信息化的发展不断缩短技术更新换代的周期，企业研发投入的风险增大，未来在其细分领域也会遭遇发展瓶颈。因此，广电集团在制造业转型中，除了部分业务沉淀下来向高端升级外，相当一部分业务则迈向了服务业。

2008 年无线电集团主要有无线通信、金融电子、机械加工、计量检测、房地产开发与经营、物业管理等业务，但集团核心业务主要还是产品制造，缺少高端产品服务。2009 年 11 月，集团明确发展"两个高端——高端科技制造企业、高端现代服务业"的战略定位。首先，迈向金融电子高端服务业领域，从原来单一的 ATM 制造商向金融自助领域综合解决方案提供商转变。旗下企业广电运通在全国各省区市共设立 400 多个服务站，构建了全国最大最完备的 ATM 服务网络，金融外包业务管理板块收入以超过 30% 的增幅连年增长，成为公司迅速成长的产业。广电运通还荣获了"2012 年中国最具竞争力金融服务外包企业奖"。其次，在无线通信领域，旗下企业海格通信从单一卫星导航设备制造商，转型为提供全方位解决方案的卫星导航系统服务商，为广东无线设备生产企业提供一站式服务，由此，广电集团开始了全产业链整合的步伐。

### 10.2.4 广电集团制造业服务化模式

广电集团在制造业服务化转型的进程中体现出了不同的模式。制造业服务化的模式在产品延伸服务、产品功能服务和整合解决方案三方面都有所体现。

1. 产品延伸服务

广电集团制造业服务化进程中的产品延伸服务模式，表现为从无线通信、导航和家电等制造向下游售后服务和营销推广的拓展，以及向上游技术创新和研发的大力投入。

在上游研发和技术创新上，集团增加了技术、研发等机构，广电运通经历了八年的"ATM 中国芯"研发之旅，最终成为全球掌握全套现金处理技术（包括取款、存款和现金循环模块）自主知识产权的三大主流企业之一。在下游的售后和市场运营上，增加和充实了公关、海外业务中心、国内营销中心等部门，集团从 ATM 生产延伸到 ATM 营运，并打造金融电子服务及金融外包业务管理平台，构建了中国规模最大、覆盖面最广、响应最快的售后服务保障网络。

2. 产品功能服务——计量检测、软件测评、高端物业

广电集团服务化的产品功能服务模式包括计量检测、软件测评和高端物业经

营。在计量检测领域，广电计量是最早一批通过中国合格评定国家认可委员会
（China National Accreditation Service for Conformity Assessment，CNAS）和国防科
技工业实验室认可委员会（Defense Industry Laboratories Accreditation Committee，
DILAC）双重认可的二级计量机构，也是信息产业部首批认定的军工电子计量测
试技术机构之一，目前已建立华南地区实力最强的计量检测机构，取得了 500 多
项认证资质和全球近 50 个国家和地区的互认，被国家工业和信息化部认定为"国
家中小企业公共服务示范平台"。公司已通过 CNAS 认可项目 1 075 项，并在广州、
长沙、武汉、郑州、北京、天津、青岛、无锡、杭州、上海、合肥、西安、成都
等地建有计量检测基地，为各行业提供仪器计量校准、产品环境与可靠性测试、
电磁兼容检测、产品安全检测、化学分析、环境监测、食品检测、产品认证、
国家职业资格技能鉴定等一站式服务。2014 年广电集团与阿里巴巴、1 号店等
电商平台达成合作，成为电商平台质检服务提供商，通过完善的质量管理体系，
帮助商家控制产品质量，降低生产经营风险，树立透明、诚信的电商形象。未
来，广电计量将加快与各大电商平台的合作步伐，积极探索多元化业务合作模
式，把控品质安全，打造健康、诚信的电子商务生态圈。

软件评测服务上，集团以国家级信息化评测机构中心为依托，配备了完备的
计算机软件、硬件和网络系统测试环境与测试工具，拥有业界领先的屏蔽实验室
和一支多年从事信息化项目质量保证的高素质人才队伍。具备丰富的各类信息化
项目软件、硬件与网络安全评测经验、信息工程咨询经验及信息系统运维经验，
以其精湛的技术在业界享有盛誉，已按 ISO/IEC17025 建立了完备的质量管理体系
并有效实施，所出具的报告在 52 个国家和地区实现互认。软件测评中心以"建
设面向信息化应用的公共质量保证平台"为目标，以信息化项目测评业务为切
入点，为政府、金融、交通、国防等行业用户的信息化应用提供全方位质量保
证解决方案，业务范围覆盖信息工程咨询、质量保证、信息化项目测评及信息
系统运行维护。

物业经营管理上，集团成立了广电物业，专注于"智慧服务"、"平台定制"
和"资产经营"，构筑了"智慧城市运维服务"、"企业（园区）后援外包"和"政
府高端公共物业管理"三大核心业务板块，携手中科院成立中国首个"智慧城市
运维（中科院）应用研究中心"，把物联网和云计算等新一代信息技术手段导入传
统物业管理领域，研发出中国首个智慧城市运维 O2O 大协同平台，成为中国首个
城市运行维护服务供应商。目前，广电物业已在广州、佛山、珠海、长沙、武汉
和厦门等 10 余个地区或城市管理着近 200 个高端物业项目，管理服务面积超 3 000
万平方米，是国内最具竞争力的高端物业管理企业之一，实现了从传统物业管理
向高端物业管理的转型升级。

3. 整合解决方案——高端金融服务和物业方案解决商

广电集团在金融电子、无线通信与导航等领域的服务化主要采用了整体解决方案的模式，金融电子业务由广电运通负责，无线通信与导航则由海格通信负责。

在金融电子领域，广电运通于 2005 年成功研发具有完全自主知识产权的钞票识别模块——ATM 中国芯，后全球首创的钞票冠字号识别、ATM 安防技术等使运通成为全球掌握全套现金处理技术的三大主流企业之一。拥有核心技术后，广电运通开始了产业链前瞻性的布局，成立了广电银通、广州穗通两个子公司，专注于金融服务外包领域的价值创造，成立广州汇通与运通信息，专注于第三方支付和移动支付等产业，主要表现如下：在全国 7 个城市设立专业外包服务公司，用现代化手段承接和整合银行传统业务，帮助银行实现现代化转型升级；以领先的纸币冠字号码管理系统，适配自主研发的清分机、清分流水线等全系列智能现金处理产品，进入现金清分与处理"新蓝海"，迅速开启中国智能现金清分的新时代；高端产品——远程视频银行（virtual teller machine，VTM）及 iBank 智慧银行解决方案，创新颠覆了银行渠道模式和业务流程，市场占有率超过 50%。

其中，广电银通为银行客户提供自助渠道建设及运营管理的专业化服务解决方案，经营领域涉及 ATM 设备维保、ATM 全外包、自动售检票系统（automatic fare collection system，AFC）设备维保、软硬件工程、ATM 营运及品牌维护保养等多种业务。广州穗通则主要承接银行服务外包业务，包括自助设备托管服务和现金及有价证券清分保管等服务，是广州市第一家专业金融业外包服务公司。以银行业自助渠道运营管理为例，广电运通推出的自助渠道生命周期管家由选址管理系统、技术监管系统、维保管理系统、清机管理系统、清分管理系统组成，包含布局管理、指挥调度、中心监控、现金管理、交易管理、维护管理、供应商管理等服务，整体而言涵盖了银行的正常业务流程、故障处理流程、应急处理流程等全流程服务（图 10-3）。

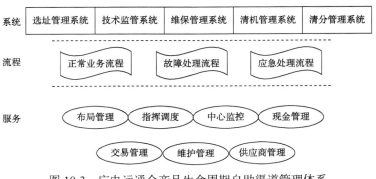

图 10-3　广电运通全产品生命周期自助渠道管理体系

　　基于全产品生命周期的产品与服务帮助广电运通实现了价值链地位的转变。从传统的银行业产业链来看，广电运通作为 ATM 机制造商，通常只提供 ATM 机，产业链中的 ATM 监控、ATM 布放与维护、现金服务、交易管理、安全管理等服务则分别由监控设备制造商、ATM 服务商、押运与安保公司、加钞公司提供（图 10-4）。

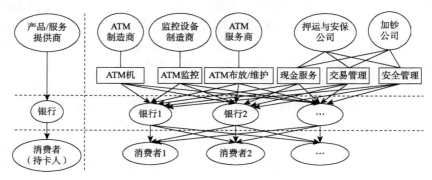

图 10-4　传统银行业自助渠道运营模式下的产业链

　　在产业价值链高端发展过程中，广电运通基于 ATM 机，提供了包含 ATM 监控、ATM 布放与维护、现金服务、交易管理、安全管理等一系列服务，即全托管服务（图 10-5）。

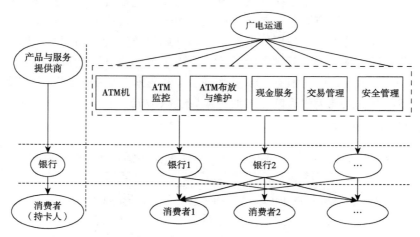

图 10-5　基于全托管服务银行业自助渠道运营模式下的产业链

　　广电运通自主研发的金融自助渠道运营管理系统平台能够监控到每台设备的运维情况，将视频监控、钞票清分、保安押运、配钞、安保、技保等整合，应用全程智能化手段，控制每个节点的安全性能，通过集中管理使成本降低。这种模式解决了各银行以往购买 ATM 机后还需对其进行布局、维护、监控的后顾之忧以及现金、交易、安全管理过程中可能出现的问题。银行以往的业务过程涉及众多产品和服务提供商，不仅需要花费较多的时间筛选、验证与考核各厂商的资质，还需要配置一定的人力物力进行分离业务环节的衔接与沟通，甚至可能面临任何一家厂商失误或延误造成业务环节的脱节，最终导致业务质量下降乃至顾客的不满与流失。广电运通提供全托管服务后，银行只需与广电运通一家达成交易协议而获得相应的产品和服务，一方面节省了时间、降低了成本；另一方面也有助于银行非核心业务外包，获取更高效益和价值。自此，广电运通成功进入高端金融服务外包领域，提供金融电子领域服务与解决方案，实现了信息监控管理和业务管理平台的同步运作，并凭借强大的武装护卫力量，构筑安全的保障措施，为银行、电信、电力、供水、燃气、石油等行业提供服务。

在无线通信与导航领域，广电集团主要以提供整体性解决方案来完成服务化。海格通信成立于 2000 年，是广电集团专注于无线通信与导航领域的核心企业。企业由原来单一为海军提供军舰整机设备，发展成为陆、海、空、二炮、武警等各军兵种提供通信、导航装备，并集研发、制造、销售、服务于一体的高科技企业。在无线通信领域，海格通信不仅可提供各种通信装备及承接通信整体技术、通信网络化建设等项目，还可为用户提供固定通信、机动通信、通信指挥一体化的综合解决方案，以及基于技术数据管理（technical data management，TDM）和新一代网络（next generation network，NGN）的传输交换控制管理平台。在无线导航领域，自国家布局建设北斗导航系统之始，海格通信便一直研发与之对应的终端设备和核心芯片，至今已经历了北斗一号、北斗二号两个阶段。2008 年，海格通信投资成立专业芯片设计公司，挑战技术难度最高的射频芯片。目前，已推出国内功耗最低、体积最小的北斗系列射频芯片。2011 年，海格通信又收购了一家专门设计、生产北斗导航天线的公司，加上自己研发的数字基带芯片，海格通信已经具备了为北斗卫星导航产品提供全部核心元器件的能力，拥有"芯片—模块—整机—天线—系统"完备的自主研发制造能力，形成完整的产业链，并根据自身特点采取了"军技民用"的路线，通过军品项目突破技术并获得利润后逐步开拓民用市场。

总体来看，广电集团从生产制造向上游研发创新和下游市场推广等是产品延伸服务的具体表现；提供计量检测、软件测评服务和高端物业管理服务等是广电从提供产品向提供功能服务的转型；而金融电子和无线通信与导航整体解决方案是整合解决方案提供商的模式。综上所述，广电集团制造业服务化发展模式在产品延伸服务、产品功能服务和整合解决方案上都有所体现（表 10-1）。

表 10-1 广电集团制造业服务化模式

| 模式 | 业务内容 | 特点 |
|------|----------|------|
| 模式一：产品延伸服务 | 通过组建研发中心和经费投入，实现研发创新；系统专业的售后服务；对新产品进行市场推广，实现核心产品在国际市场的迅速开拓 | 通过下端端延伸开拓市场，上游端加大研发创新 |
| 模式二：产品功能服务 | 计量检测服务、软件测评服务、高端物业管理 | 为客户提供计量检测、测评和高端物业管理服务，而不是产品 |
| 模式三：整合解决方案 | 为客户提供金融电子综合性解决方案和无线通信与导航整体解决方案 | 为客户提供金融产品和无线通信整体解决方案 |

## 10.2.5 广电集团制造业服务化效益

### 1. 企业获得的效益

第一，增加收益。2002~2011 年集团营业收入年均增长 17.7%，利润总额年均增长 25.2%，资产总额、所有者权益分别增长了 14.5 倍和 18.6 倍。2007~2011年五年间广电集团 243 亿元的销售收入中，利润达 67 亿元、利税总额 78 亿元，这些收入主要依靠新产品，新产品产值率年均达到了 78%，到 2011 年年底，集团服务收入开始超过制造收入。

第二，拓展了市场区域。广电运通目前的 ATM 产品已服务于全球 70 多个国家和地区的 1 000 多家银行客户，全球 ATM 安装使用总量达 140 000 多台，全国ATM 市场销售占有率连续六年第一，全球行业综合实力排名前 5 强。智能交通领域，广电运通 AFC 设备及核心模块在中国 40 多条城市轨道与高速铁路客运专线都得到广泛应用，高铁市场占有率超过 70%。凭借强大的服务网络、快速服务响应、持续创新的技术能力、充足的备件支持，广电银通已在北京奥运会、上海世博会、广州亚运会、深圳大运会等大型综合金融提供了完美的服务保障。广州穗通已承接工商银行、建设银行等 14 家银行在广州地区的现金清分、清机加钞、设备监控等外包服务项目。

第三，提升了品牌价值。广电集团先后被认定为国家 520 户重点企业、国家创新型企业和中国自主创新能力连续两年行业十强企业、广东自主创新标杆企业等，设有国家认定的企业技术中心、博士后科研工作站，并获得全国五一劳动奖状、国家级企业技术中心成就奖、中国质量信誉 AAA+等级、全国十佳诚信企业、全国企业文化先进单位、中国大企业集团竞争力 500 强、2012 中国制造业企业 500强、2012 中国软件业务收入前百家企业、2013 年中国电子信息百强企业、广州市制造业转型升级示范企业等荣誉。

第四，占据多领域的竞争优势。凭借技术自主创新和新产品研发能力，在各个主要领域均在同行业中取得了较明显的比较竞争优势。已拥有多项具有自主知识产权的关键技术，先后主持制定多项国家、行业军用标准和 100 多项企业标准。

其中，在无线通信导航领域，军用通信技术和装备制造能力长期位居全国同行首位，海事通导集成业务能力行业第一；在金融电子与轨道交通领域，已成为唯一一家能与国际 ATM 巨头抗衡的、中国规模最大的 ATM 制造企业和国内最富成长力的 AFC（轨道交通自动售检票系统）设备厂商，已自主研发的多项 ATM 核心技术填补国内空白，引领我国钞票识别技术和出钞技术达到世界先进水平；截止2014 年 3 月，公司共申请知识产权 930 项，其中已授权专利 281 项——中国发明专利 107 项、中国实用新型专利 79 项、中国外观设计专利 77 项、国外发明专利18 项；获得计算机软件著作权 53 项，专利数在行业内保持领先。

第五，产生了技术溢出效应。在全国发展城市轨道交通时，广电运通借助掌握的 ATM 机芯尖端技术大展拳脚，将 ATM 的机芯连接到地铁、高铁系统的售票机上。在北京奥运会和广州亚运会期间，广电运通的产品在北京地铁、广州地铁线上表现优秀，备受赞誉，进而迅速打开轨道交通领域市场。

### 2. 客户获得的效益

第一，降低了购买成本。广电运通成为掌握全套现金处理技术的世界三大企业之一，一举打破了国外竞争者垄断的局面，使进入中国市场的国外竞争者被迫调整高昂的价格，使客户的使用价格趋于合理，这为顾客节省了大量的购买成本。

第二，为客户带来了使用的便利性。广电运通和海格通信为客户提供金融电子和通信导航整体解决方案，使顾客只需要将业务全部委托给企业，而不需要在多个环节联系供应和服务商，为顾客带来了便利性。

第三，提升客户的生活品质。广电物业构筑了"智慧城市运维服务"、"企业后援外包"和"政府高端公共物业管理"三大核心业务板块，把物联网和云计算等新一代信息技术手段导入传统物业管理领域，研发出中国首个智慧城市运维O2O 大协同平台，成为中国首个城市运维服务供应商，使客户城市进入智慧生活中，提升了城市生活品质。

# 10.3　案例 2：广铝集团

## 10.3.1　企业简介

广铝集团成立于 1993 年，总部位于广州市，是一家集铝土矿山开采、氧化铝生产、铝冶炼及铝精深产品研发—生产加工—贸易销售、铝质幕墙门窗生产与工程安装于一体的铝全产业链覆盖和多元化投资发展的大型企业集团，是国内外最为完整的铝全产业链生产企业之一，荣获 2014 年全国铝工业 41 位，广东第 2 位。集团旗下包括广东广铝铝业有限公司、贵州广铝铝业有限公司、广铝集团有限公司东莞分公司、佛山市南海银鹰铝型材厂有限公司、佛山市南海戴维信喷涂设备有限公司、广铝集团国贸有限公司、广东广铝幕墙有限公司、广州广铝装饰工程有限公司、广州市盈基投资有限公司、佛山国际商业中心物业管理有限公司、广州中海文化传播有限公司和广州市通用玻璃有限公司。广铝集团目前已形成的三大核心竞争优势，分别是铝全产业链优势、铝土矿资源优势和品牌影响力优势。

广铝集团不断发展创新，在探索未来发展道路上，广铝借助自身的优势，强调制造业向服务业转变，从铝矿开采到铝全产业链，到多元化发展，再步入今天的"互联网+"时代。在二十多年的发展历程中，广铝一直在探索向服务领域延伸和实现服务化价值创造的新途径，其营运模式从制造型企业逐渐向制造业服务化转型升级。

### 10.3.2　广铝集团制造业服务化驱动力

铝矿生产制造行业近年来面临外部环境和内部要求变化的压力。从竞争战略来看，首先，国家近年对钢铁、电解铝等高污染高耗能行业的严格限制和对科技创新企业的政策扶持，使被扣上高耗能、高污染帽子的铝矿生产制造类企业纷纷思考如何转型成为科技创新型企业，进而提升企业的竞争优势；其次，传统铝矿开采和制造模式存在产业结构低端化、科技创新力量投入少、资源消耗大等诸多问题。随着外部竞争加剧，传统产业模式面临被竞争者淘汰的危机，为了提升广铝集团的竞争优势，广铝思考服务化转型；其次，国际化进程加快，国际先进制造企业纷纷进入广东地区，使广铝集团不得不思考通过技术创新和服务创新获得竞争优势。从市场来看，市场需求转变，客户对铝制品性能和附加服务要求多样化，如何通过服务化获得客户青睐至关重要。从经济方面来看，随着广东经济的发展，劳动力成本、租金、原材料成本等均大幅上涨，用工成本增加导致企业利润下滑，是广东制造业面临的危机，制造企业势必转型升级，以寻求更大的利润空间（李溯婉，2015）。广铝集团董事长叶鹏智曾说过"铝型材行业的利润主要受两个因素的影响，一是铝价，另一个是加工费，近年来铝价不断上升，加工费不断下降，行业利润越来越薄"。广铝集团传统的开采铝矿、粗加工铝制品等模式处于价值链上低端的环节，附加值非常低，追求更大的企业利润成为广铝集团服务化转型的一大动力。从环境来看，资源开采的约束和环境保护的压力增大，中国铝土矿储量只占世界储量的 2.8%，而铝加工产能达到世界的 50%，即使考虑远景储量，中国铝土矿的保证年限也难以达到 50 年，广东作为铝矿加工大省，却缺乏铝土矿，广铝集团原有的生产制造模式对环境产生的高污染迫使广铝集团不得不思考转型成为低耗能、轻污染的创新企业。

广铝集团面临的环境和产业升级的要求，为广铝集团的长足发展带来了严峻的挑战，也为广铝集团的服务化转型升级提供了巨大的动力。从以上的分析可以看出，战略、市场、经济和环境四方面都驱动广铝集团制造业服务化的转型，并且各驱动力之间并不相互独立，呈现相互影响的关系（图 10-6）。

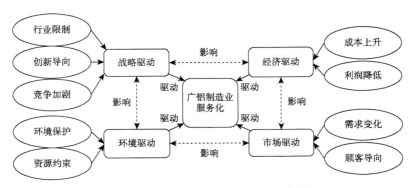

图 10-6　广铝集团制造业服务化驱动力图

### 10.3.3　广铝集团制造业服务化路径

广铝集团制造业服务化从最初成立到今天经历了 23 年的变化历程：从最初铝型材加工，向产业链上下游延伸覆盖铝全产业链，到多元化经营，再到为客户提供整合解决方案。广铝集团创新发展的进程中，清晰的呈现了其制造业服务化的路径，广铝集团从传统制造商向制造业服务化迈进经历了以下几个阶段（图 10-7）。

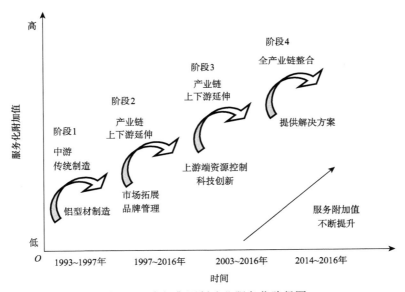

图 10-7　广铝集团制造业服务化路径图

1. 阶段 1：中游的传统制造——铝型材开采冶炼加工（1993~1997 年）

1993 年，通过收购广州市白云五金铝厂，进入了铝型材领域。后来，通过收购南海里水钢管厂和东莞麻涌东江铝材厂，实现了铝型材的跨地区生产，也实现了从铝锭熔炼、铝棒铸造、型材挤压、氧化处理直至包装成品等一系列工艺的全套生产。该阶段是广铝的起步阶段，企业从最初的铝矿开采冶炼进入了铝型材加工领域，并且实现了跨区域和铝制品系列工艺生产，是传统的制造阶段。

2. 阶段 2：产业链下游延伸——品牌管理和市场渠道拓展（1997~2016 年）

依托"广铝"、"白云"、"东江"及"绿可"等铝材知名品牌优势，广铝集团不断进行产业链延伸。1997 年 7 月，广东广铝幕墙有限公司成立，广铝集团开始了向产业链下游延伸的步伐。幕墙公司是广铝集团的直属专业工程公司、技术咨询公司，直接面向客户承接建筑幕墙工程。2014 年 8 月，广铝幕墙澳门分公司开业，标志着企业进驻澳门市场，也是广铝向产业链下游延伸的又一里程碑。2000 年，广州广铝装饰工程有限公司和广州市盈基投资有限公司成立，广铝装饰将广铝集团的业务继续向产业链下游延伸，而盈基投资则开启了广铝业务向多元化方向迈进的步伐，其业务已涵盖金融、贸易、传媒、地产、酒店、物业等服务领域。2014 年 4 月，广铝集团成功取得 5 亿元短期融资债券注册，标志着广铝集团成功进行市场融资。

目前，广铝集团的市场已经从广州发展到华南、全国和全球，在市场上呈现的精品工程包括北京中央电视台演播大楼、广州亚运综合馆、广州白云国际机场、菲律宾马卡蒂特朗普大厦、越南梦想市场和坦桑尼亚 TAN 大厦等。

3. 阶段 3：产业链上游延伸——科技创新和上游资源控制（2003~2016 年）

在向产业链下游延伸的同时，广铝集团意识到向产业链上游延伸的战略意义。2003 年，广铝集团设立"广铝技术中心"，高度重视科技创新助推企业可持续发展，每年投入科研经费千万元，与多家知名科研院所和高校开展合作，并于 2013 年成立博士后科研工作站，2014 年 7 月 26 日成立铝全产业链专家委员会。经过多年的发展，广铝集团已成功实现向产业链上游的延伸，并在科研创新和技术研发上取得了卓越的成绩。广铝集团研发出的铝木生态型材，克服了木材的天然缺陷，适合户外复杂环境，结合意大利的简约弧线设计凸显建筑材料与艺术相结合的神韵，在行业中非常具有特色和品牌竞争力。

2005 年年底，广铝集团着手上游突围，在全国寻找矿山生产氧化铝。2006 年年底，贵州广铝铝业有限公司正式成立，作为广铝集团铝产业链上游氧化铝生产基地，该生产基地注重技术创新和研发投入，是投资性、技术含量高的项目，实现了广铝集团对产业链上游资源的掌控，掌握了铝资源的主动权，是广铝集团向产业链上游延伸的重要体现。贵州广铝公司于 2014 年 7 月 25 日成立贵州广铝矿业公司，进一步降低了公司生产成本并提高了公司管理效率。2013 年 12 月广铝装饰宣布并购广州通用玻璃有限公司，完善了铝全产业链条，通过产业链的延伸，广铝装饰基本实现门窗幕墙玻璃制造原材料的自给自足，降低了制造成本。

4. 阶段 4：全产业链整合——解决方案提供（2014~2016 年）

2014 年 1 月 1 日，在原广铝集团贸易处的基础上成立广铝集团国贸有限公司（简称"广铝国贸"），全面负责广铝集团氧化铝、氢氧化铝、高纯氧化铝、铝锭、铝棒、物流、票务以及品牌酒类业务买断经营和国内国际代理销售业务，同时开展境内外期货保值业务。在外部需求萎靡，市场竞争激烈的情况下，广铝国贸使广铝从传统的买卖公司（贸易处）向供应链管理商过渡，广铝国贸的目标是成为国内有色金属行业供应链管理者，成为集物流、仓储、金融、结算、交易于一体的为客户提供整合解决方案的综合性公司（杨应，2014），从"贸易中间人—简单代理商—增值代理商—贸易供货商—虚拟生产商—供应链管理服务商"的转变过程也是价值不断增值的过程。

广铝集团不断创新发展的过程也是广铝制造业不断向服务化升级转型的过程（表 10-2），广铝集团以制造产业链的中游铝型材冶炼加工为基础，最初向产业链下游不断延伸，进行品牌管理和市场渠道拓展，实现了下游产业链服务化；同时开始向产业链上游延伸，通过研发创新和上游资源控制，实现了上游产业链服务化；在产业链上下游延伸过程中，广铝集团始终坚持科研投入和技术创新，实现了铝全产业链上中下游的全覆盖；广铝集团的未来是通过对全产业链的整合，成为物流、仓储、金融、结算、交易为一体的整合方案提供商。广铝集团制造业服务化转型的步伐还在继续，要实现制造业服务化的最高阶段对于规模庞大的广铝集团来说还需要较长时间才能完成。

表 10-2　广铝集团制造业服务化路径表

| 时间 | 典型事件 | 业务范围 | 特点 | 价值链 | 附加值 |
|---|---|---|---|---|---|
| 阶段 1：1993~1997 年 | 收购广州市白云五金铝厂、南海里水管厂和东莞麻涌东江铝材厂 | 铝锭熔炼、铝棒铸造、型材挤压、氧化处理、包装成品 | 铝型材制造 | 中游传统制造 | 低 |
| 阶段 2：1997~2016 年 | 成立广铝幕墙有限公司、广铝装饰工程有限公司、广州是盈基投资有限公司 | 建筑幕墙工程、家装服务、金融、贸易、传媒 | 品牌管理市场渠道拓展 | 产业链下游延伸 | 中等 |
| 阶段 3：2003~2016 年 | 成立"广铝技术中心"、博士后科研工作站、铝全产业链专家委员会、贵州广铝铝业有限公司、贵州广铝矿业公司、并购广州通用玻璃有限公司 | 铝全产业链科研技术创新、氧化铝生产、门窗玻璃生产 | 技术创新控制上游资源 | 产业链上游延伸 | 较高 |
| 阶段 4：2014~2016 年 | 成立广铝国贸有限公司 | 物流、仓储、金融、结算、交易 | 提供解决方案 | 全产业链整合 | 高 |

### 10.3.4　广铝集团制造业服务化模式

广铝集团经历了多年的制造业服务化转型，在其制造业服务化进程中，体现出了不同的制造业服务化模式。制造业服务化的模式在产品延伸服务和整合解决方案有所体现。

## 1. 产品延伸服务

广铝集团制造业服务化进程的产品延伸服务,主要体现在产业链下游的业务拓展和对产业链上游生产基地的建设和研发设计的大力投入。

广铝集团向产业链下游延伸的第一步是从加工制造延伸到产品销售,企业于1997年成立广铝幕墙公司,开始直接面向客户承接业务。为了更好发挥广铝集团的贸易业务,广铝集团在原有贸易处的基础上,成立了广铝国贸有限公司,全面负责广铝集团的经营和国内国际代理销售业务。广铝国贸的成立使广铝贸易处从原来的贸易中间人成为供应链管理服务商。广铝国贸在向供应链管理商过渡的过程中,第一步放在了发展物流服务上,通过改善运输服务,降低运输成本,使物流服务成为企业新的利润增长点。广铝国贸本身并不具有运输能力,但却通过与市场运输经营公司的整合和合作,使广铝集团具备了物流公司的能力。在公路运输上,通过整合现有市场上零散运输的方式,整合个体经营者的运输资源,全局调配,保证运输率并降低运输成本。在海运上,通过和专业海运物流商达成长期合作伙伴关系,提升了运输费用的议价能力和运输安全。通过在广东地区建立全国有色行业物流信息平台,广铝国贸成为内地有色金属产品进出口的集散地、临时仓库,并开展仓储、分拨、加工等一系列物流增值服务,尽可能满足国内有色行业进出口的需求。随着"工业4.0"和"互联网+"的兴起,广铝集团在产业链上下游的延伸注重创新和技术的投入。广铝集团正通过开发功能强大的移动终端APP,在线上展示产品,用户可以直接下单,促成铝产品"线上"与"线下"的无缝对接。另外,广铝幕墙公司微信平台于2014年11月27日正式推出,广铝集团公众微信号也于2015年6月正式上线。

广铝集团向产业链上游延伸表现为向研发设计、上游资源控制环节的延伸。广铝成立贵州广铝铝业公司,对上游资源实现了控制,降低了企业的运营管理成本。在科研投入方面,广铝集团设立"广铝技术中心"、博士后科研工作站、铝全产业链专家委员会,投入大量的科研和技术创新,使广铝的产品更加具有创新突破性。在产品设计方面,广铝集团正赋予铝建筑系统全新的内涵,从单纯"卖产品"向"卖产品+设计"转型。以家庭门窗系统为例,用户可以根据自身房屋的概况选择不同风格的家装服务,在确定服务选项后便下单订制生产。此外,一些用铝材制作的"阳光房"也逐渐受到业主的欢迎,广铝通过全方位的设计服务,在别墅、顶层复式房或私家花园里建造"阳光房",催生了大量铝型材产品的需求。

通过产品延伸服务,广铝集团成长为一家集铝土矿开采、氧化铝生产、冶炼及铝精深产品研发—生产加工—贸易销售、铝质幕墙门窗生产与工程安装于一体的铝全产业链覆盖和多元投资发展的大型企业,极大地提升了广铝集团的竞争力。

2. 整合解决方案

整合解决方案提供商是广铝集团制造业服务化的目标,广铝集团近年来一直在向整合方案提供商迈进。广铝国贸从"贸易中间人—简单代理商—增值代理商—贸易供货商—虚拟生产商—供应链管理服务商"的转变,目标是成为国内有色金属行业供应链管理者,成为集物流、仓储、金融、结算、交易于一体的为客户提供整合解决方案的综合性公司(杨应,2014)。广铝幕墙有限公司从最初承接工程项目成长为集产品研发、工程设计、精心制作、安装施工、咨询服务、成品出口于一体的建筑幕墙专业化企业,并为客户提供幕墙系统整体解决方案,也是广铝集团制造业服务化进程向整合解决方案模式方向迈进的体现。广铝装饰则将广铝的幕墙业务进一步拓展到铝合金门窗业务,与广铝集团技术研发部紧密交流,旨在打造整体家装服务,最终成为家装整体解决方案提供商。

总体来看,从生产制造环节向下游市场发展、建立物流平台提供全面的物流服务、向上游资源掌控和研发投入等是广铝集团产品延伸服务的具体表现;广铝国贸和广铝幕墙、广铝装饰都在向客户提供整体系统解决方案。综上所述,广铝集团制造业服务化发展模式在产品延伸服务和整合解决方案方面有所体现,如表 10-3 所示。

**表 10-3　广铝集团制造业服务化模式**

| 模式 | 业务内容 | 特点 |
| --- | --- | --- |
| 模式一:产品延伸服务 | 广铝幕墙、广铝装饰、盈基投资公司直接面向客户承揽业务;贵州广铝铝业公司对上游资源掌控、企业研发团队对上游端研发投入和技术创新的实现;建立综合的物流信息平台 | 通过上下游端延伸营运范围,下游端直接面向客户承接多种业务,上游端控制资源和加大研发投入力度,为客户提供运输、仓储、分拨、加工等功能服务 |
| 模式二:整合解决方案 | 广铝国贸向供应链管理商的转变,集物流、仓储、金融、结算、交易于一体;广铝幕墙和广铝装饰成为集研发、设计、制作、施工、咨询服务、成品出口为一体的专业化企业 | 为客户提供供应链、幕墙、装饰系统整体解决方案 |

## 10.3.5　广铝集团制造业服务化效益

1. 企业获得的效益

第一,增加收益。首先,广铝集团通过向铝全产业链的延伸,从每个产业链环节都获得了收益机会和附加值;其次,广铝集团从铝产业链向多元化发展,将业务延伸到金融、文化传播和地产物业等领域,实现了服务化的增值收益;最后,广铝国贸向供应链管理商过渡的过程中,其从"贸易中间人—简单代理商—增值代理商—贸易供货商—虚拟生产商—供应链管理服务商"的转变过程也是价值不断增值的过程。其中，传统贸易商赚取信息不对称的价差，简单代理商赚取佣金，增值代理商赚取产品的利润，此外，贸易供货商属于"段落供应链"，虚拟生产商则是某个产品全面的供应链管理者，供应链管理服务商实现了在"无边界"制造环境中提供供应链的增值服务，从而赚取各环节的价值（杨应，2014）。

第二，降低成本和能耗。广铝集团通过对技术创新和科研的大力投入，氧化铝项目的加工工艺及资源利用率都达到国际领先，单一生产线规模是常规产能的 2.5 倍，氧化铝产能用地面积比国家规定的用地面积节约 64.3%，此外，氧化铝生产系统综合能耗比国家标准每吨低 21.5%，产品在国际市场上有着明显的成本优势。

第三，深化客户关系。传统的制造企业一般重视产品的一次性销售收益，但广铝集团却转变了这样的获利理念，用户愿意支付的是产品为其带来的功能体验，而不是产品本身，因此，广铝集团根据用户的需求设计产品，通过提升产品的性能和附加服务来提升客户的满意度，通过深化客户关系而长期持久的获得额外附加值。

第四，提升品牌价值。广铝集团目前拥有"广铝"、"白云"、"东江"及"绿可"等铝材知名品牌，借助这些品牌优势，广铝不断在产业链上延伸，通过制造业服务化进一步提升品牌价值，使"广铝"获得中国驰名商标、国家高新技术企业称号、广东名牌产品等荣誉，广铝集团将继续着力于绿色产业链的建设，打造全球最为完整的铝全产业链企业。

### 2. 客户获得的效益

第一，为客户提高了物流效率。广铝国贸物流信息平台的建设，改善了物流运输服务，使运输率和准点率大大提升，使客户在物流效率上获益；第二，降低了购买成本。广铝集团通过研发投入和技术创新，使产品性能和生产效率大幅提升，降低了生产成本，进而降低了客户的购买成本。第三，获得了品质保证。广铝集团通过制造业服务化，根据客户需求设计制造产品，满足了客户的个性化需求，为客户提供集产品研发、设计、精心制作、安装施工、咨询服务于一体的系统整体解决方案，使客户获得品质保证。

# 10.4　案例 3：广州华德

## 10.4.1　企业简介

广州华德成立于 1997 年，位于广州市，公司专业从事蒸发冷却式空调设备的研发、设计、生产、销售和安装，是国际空调制冷行业中蒸发冷却式设备的技术领先企业，也是国家高新技术企业。

广州华德从一个中央空调保温材料的制造商，到拥有自主品牌和领先于国际自主知识产权的中央空调生产商，再到"智慧供冷"的全新高效节能中央空调系统服务供应商，广州华德在激烈的市场竞争中不断创新，正朝着制造业服务化的方向转型。

### 10.4.2　广州华德制造业服务化驱动力

从 20 世纪初开始，空调制冷行业的竞争和市场环境都发生了极大的变化，首先，从战略上看，国家从宏观政策上对制造企业严格限制，但对高新技术企业大力支持。作为中央空调保温材料传统制造商的广州华德面临着宏观政策的限制，思考如何摆脱传统的生产模式向高新技术企业转型。同时，广州华德也面临着激烈的市场竞争。一方面，国际大型企业纷纷进驻中国，国外先进的生产技术和研发能力使广州华德面临极大的挑战，另一方面，国内空调制冷企业开始蓬勃发展，20 世纪初期，中央空调市场都已经被美的、格力等大品牌占据，广州华德很难占据一席之地。深感市场竞争激烈的广州华德，探索自身空调制冷技术的改进和企业转型路径。其次，市场需求模式也开始转变，高耗能、高使用成本给用户带来经济负担，消费者希望能够买到更加节能环保的空调，广州华德认识到必须与客户保持紧密的关系，将企业利益和客户利益相结合才能够保持竞争力。最后，从环境来看，环境问题日益严重，节能环保已成为全球热点。国家对环保节能的要求上升到了国家战略层面，对污染环境、高耗能的企业严格限制，广州华德加大研发投入力度，希望能够突破现有技术，设计生产符合国际国内先进技术，并且低耗能、低污染的空调制冷设备。

国家宏观政策对行业的限制和市场的激烈竞争、环保和节能的时代性、客户需求的变化等分别从战略、环境和市场三方面驱动广州华德的服务化转型，并且各驱动力之间呈现相互影响的关系，如图 10-8 所示。

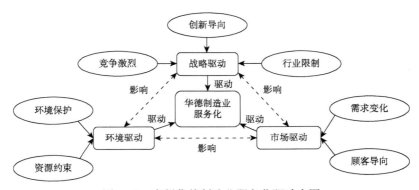

图 10-8　广州华德制造业服务化驱动力图

### 10.4.3　广州华德制造业服务化路径

广州华德从成立至今经历了近 20 年的发展历程，从最初生产空调保温材料，到向产业链上下游两端延伸，再到为客户提供整合解决方案。华德创新发展的进程，呈现了其制造业服务化的路径，具体表现在以下几个阶段（图 10-9）。

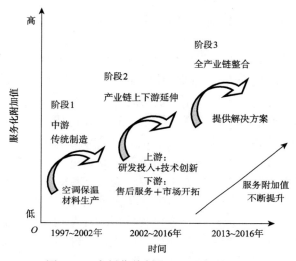

图 10-9　广州华德制造业服务化路径图

1. 阶段 1：中游的传统制造——空调保温材料生产（1997~2002 年）

1997 年，广州华德成立，最初只是一家空调保温材料生产商。1989 年，从华南理工大学空调制冷与热机工程专业毕业的李志明选择了制冷专业技术工作，8 年后他创办了广州华德工业有限公司，公司的第一个产品是一种新型空调保温材料，是一项橡塑泡沫保温材料领域的创新，5 年时间从最初只投资几十万元发展到年利润 1 000 万元（湛立和余威明，2014）。空调保温材料的制造使广州华德良性运作、发展迅速，仅用几年时间就做到了行业的领先阵营，这为广州华德向技术研发的迈步奠定了坚实的基础。

2. 阶段 2：产业链上下游延伸（2002~2016 年）

2002 年，李志明毅然决定正式将广州华德进行商业转型，从一家空调保温材料生产商向中央空调系统集成供应商转型（湛立和余威明，2014），开始了产业链上游、下游同步延伸，在投入研发设计的同时，向下游客户延伸，生产和打造自己的中央空调品牌。

首先，在产业链上游延伸表现为"研发投入+技术创新"。

2002 年，广州华德全力投入研发空调制冷技术创新，开始向中央空调系统集成商战略转型，主抓"节能"这一市场战略。2002 年与清华大学建立产学研合作关系，广州华德同年成立知识产权部门。2009 年，广州华德组建了"广东蒸发式冷凝空调制冷设备工程技术研究开发中心"，中心配备了各种检测试验仪器设备、搭建了在线测试平台，对蒸发式冷凝的各种机型进行在线测试，汇集的数据供工程中心对产品进行进一步深入改良和设计。华德成立的研发中心和与科研院所的合作是华德向产业链上游延伸的体现，并且在技术创新上实现了突破。2004 年，耗费了近八年的时间，广州华德推出了颠覆美国同行技术理念的板管式平面液膜换热器理论模式。

2005 年，经过一年多的时间完成样机研发和试用，广州华德自主研发推出世界上第一代板管蒸发式冷凝空调产品，成功实现了蒸发式冷却技术在空调机组产品中的应用，将空调机组的能效水平提高了 30%以上（湛立和余威明，2014）。同时还将空调主机、水泵、冷却水塔集成为单一机组，将中央空调的冷源系统从传统的工程性产品升级为工业化产品，实现了节能、节地、节水的多重低碳效果。2009 年，推出第二代板管蒸发冷却式空调产品。2011 年，推出第三代板管蒸发冷却式空调产品"羿歌"。

其次，在产业链下游延伸主要表现为"售后服务+市场开拓"。

广州华德在产业链下游的延伸直接面向客户提供产品的销售、安装、售后服务，并进一步进行市场开拓。一方面，体现在专注系统专业的售后服务。广州华德为客户提供系统专业的售后维修和保养服务，有专业的售后服务团队，专门负责空调机组的日常维修保养。根据客户的机组需要制定专属的保养计划，完善的售后服务，使客户放心。

另一方面，广州华德还注重品牌的塑造和市场的开拓，将市场拓展到多种类型的大型客户。2004 年广州华德推出自主品牌的中央空调产品时，将品牌命名为"羿歌"，并以"后羿射日"的典故阐释这一品牌创立的寓意。2006 年香港政府的节能改造项目是市场开拓上的巨大转折，广州华德的板管蒸发冷却式空调产品，节能达到 40%。广州华德一举成为节能明星，目前，广州华德公司的板管蒸发式冷却空调产品已经在内地和香港、澳门等地区的工商业、医院、地铁等大型建筑中得到应用（湛立和余威明，2014）。广州华德目前的空调价格虽然已经接近传统空调产品，但有的客户还是会对价格异常挑剔。广州华德计划未来让其专利产品价格更便宜，部署了下一步的市场开拓战略。目前全世界只有广州华德一家生产板管蒸发冷却式专利产品。广州华德正在全国布局五家企业来生产其专利产品，当生产商增多，产品价格下降，广州华德的板管蒸发冷却式空调的销量将会爆发式的增长。

3. 阶段 3："全产业链"整合解决方案"提供（2013~2016 年）

为了突破政策局限，广州华德走上了差异化和颠覆性创新之路，2013 年推出中央空调行业的全新商业运营模式"智慧供冷",将中央空调行业市场竞争引向用户的使用成本和系统实际运行能效的竞争,不卖设备,只卖冷气的服务,这种供冷美工师彻底改变了空调行业的格局和人们的消费方式,是一个真正基于创造用户价值的创新。

传统中央空调系统一般是业主出钱请设计院设计,然后采购设备,发包工程,大多需要在地下室占用大面积设置专门机房,并配备专业技术人员管理。客户一次性投入的成本高,而且后续使用成本也高,管理维护更加麻烦。

而在广州华德的"智慧供冷"模式下,客户无须一次性投入高昂的设备费用,无须割出大块地盘做机房,无须雇人值班,只需每月按使用量交费,剩下的工作交给专业的供冷运营商,甚至关开机、冷热调节、维护、保养、监测都可以交给智能和互联网。因为设备本身的所有权不在用户,广州华德会将设备的所有参数实时传递到建筑附近的服务点进行统一的智能化管理,发现问题后直接派技术人员到现场测试维修,客户可以将中央空调的所有问题都交给广州华德提供解决方案。

从广州华德的发展历程来看,其不断创新发展的过程体现了其服务化转型升级的过程(表 10-4),也是服务化附加值不断升值的过程。广州华德以生产空调保温材料为基础,开始同步进行产业链上下游不断延伸,通过研发投入和技术创新实现了上游产业链服务化,通过系统的售后服务和市场推广实现了下游产业链服务化,通过上下游同步延伸,广州华德实现了从空调保温材料生产商向中央空调系统集成供应商的转型。2013 年推出的"智慧供冷"模式是广州华德从客户的需求出发,围绕空调制冷产品向客户提供全面解决方案,向整合方案提供商发展,实现制造业服务化高级阶段的重要跨越。

**表 10-4　广州华德制造业服务化路径表**

| 时间 | 典型事件 | 业务范围 | 特点 | 价值链 | 附加值 |
|---|---|---|---|---|---|
| 阶段 1:<br>1997~2002 年 | 成立广州华德工业有限公司 | 空调保温材料生产 | 空调保温材料制造 | 中游传统制造 | 低 |
| 阶段 2:<br>2002~2016 年 | 建立系统专业的售后服务;<br>开拓广州、北京、西安、香港等城市大型客户的市场;<br>研发并推出三代板管蒸发冷却式空调产品 | 中央空调销售、安装、售后服务<br>中央空调技术研发创新 | 下游:<br>系统售后服务市场拓展<br>上游:<br>技术创新<br>研发投入 | 产业链上下游延伸 | 中 |
| 阶段 3:<br>2013~2016 年 | 推出"智慧供冷"商业模式 | 蒸发冷却式空调设备研发、设计、生产、销售、服务为一体 | 提供解决方案 | 全产业链整合 | 高 |

资料来源:本研究整理

## 10.4.4　广州华德制造业服务化模式

广州华德在制造业服务化转型的进程中,体现出了不同的制造业服务化模式。制造业服务化的模式在产品延伸服务、产品功能服务和整合解决方案三方面都有所体现。

### 1. 产品延伸服务

广州华德制造业服务化进程中体现了产品延伸服务,表现为从空调保温材料的制造商向产业链下游的拓展,在产业链上游对技术创新和研发的大力投入。

广州华德最初作为一个空调保温材料的制造商,只从事产业链中游的加工制造环节,从 2002 年决定要从一家空调保温材料生产商向中央空调系统集成供应商转型开始,广州华德就开始了上下游的延伸服务。

在产业链上游,为了攻克技术创新难题,广州华德与多个高校科研院所建立长期合作关系,提出了颠覆美国同行的板管式平面液膜换热器理论模型,组建了"广东省、广州市蒸发式冷凝空调制冷设备工程技术研究开发中心",配备了各种检测试验所用仪器设备,搭建了在线测试平台,对蒸发式冷凝的各种机型都可以进行在线测试,汇集的数据供工程中心对产品进行进一步深入的改良和设计。

在产业链下游,广州华德致力于构建系统专业的售后服务,根据客户的机组需要制定专属的保养计划,完善的售后服务,实现制造业服务化。同时,广州华德还不断进行品牌塑造和市场开拓。在市场开拓上,通过利用产品"节能"的优势,广州华德成为节能明星,香港的企业、医院相继成为广州华德的客户,接下来广州开发区政府和企业的建筑基本都开始采用华德空调,市场的大门由此打开了,经过多年的市场推广,广州华德的产品在香港、澳门、广州、北京、西安、杭州、石家庄、重庆、上海等地陆续打开了市场,目前全国已经拥有广泛的市场区域。为了更好地开拓市场,使客户更容易使用广州华德的板管蒸发冷却式专利产品,广州华德下一步希望能够实现专利产品价格进一步下降,具体计划是在全国部署五家企业来生产广州华德的专利产品,通过生产厂商的增多,实现产量增长和产品价格的下降,进而实现广州华德板管蒸发冷却式空调销量爆发式的增长。

### 2. 产品功能服务——"智慧供冷"模式

2005 年广州华德新一代设备推向市场后,尽管制冷成本低,但刚开始一次性购机的成本比普通产品高 20%~30%,一般消费者不愿意为贵的设备买单,于是广州华德希望能推出一种客户容易接受的新模式。2013 年创新推出的"智慧供冷"

中央空调商业模式是从卖设备到卖冷量的转变。空调设备（冷源）对客户免费，将冷量单位引入，每月按客户使用的"冷量"收费。

智慧供冷以单位冷价格告知中央空调用户的全生命使用过程成本，以一个结果性数据跨越了中央空调用户对空调系统主机及系统其他配套产品性价比的信息不对称，通过引入社会资本，改变原有购买设备模式，变成向社会购买冷量、照明服务，让专业公司采用专业设备，在竞争中降低冷量和照明服务的成本，价低者得。"智慧供冷"的商业模式下，客户购买的不再是空调产品本身，而是空调产品所能提供的功能，客户更加在意的是产品服务的使用成本和服务的功能，即制冷效果，典型体现了制造业服务化的产品功能服务模式。

3. 整合解决方案——中央空调系统方案解决商

中央空调行业过去长期是由中央空调主机、水泵、冷却水塔、末端设备等生产厂家提供产品，由工程施工方进行安装调试的传统模式。条块分割环节过多，中央空调系统的实际运行能效存在巨大的漏洞，整个行业基本处于致力于提高单个产品节能水平，而忽视了耗能环节的彼此协调适应，造成整个系统长期低效运行（沙鞠，2014）。广州华德将中央空调作为一个系统性工程，通过系统性降低各环节的能耗。

广州华德将中央空调看做生产资料，基于客户价值最大化和用户体验，通过"智慧供冷"将中央空调的冷源系统从传统的工程性产品转变为服务型产品，通过对不同行业用户的使用习惯、单位时间用冷量等不同数据的管理和分析，最终将大数据转化成能根据不同客户的实际需求进行改良的产品和服务。除了最大化追求客户价值和用户体验外，基于互联网思维下的大数据管理是华德羿歌在"智慧"上的真正体现。智能化中央空调冷源系统管理模式基于互联网思维进行监控和管理，智慧供冷将分散的资源机型集中管理，空调的运行管理变成远程技术管理，对中央空调系统高度统一化、集成化以及数据化管理，以数据化的形式对每一个环节进行管理、收集和分析，每一个环节的数据都将对中央空调最终的使用效益产生根本性影响，从根本上解决了中央空调整个系统的能效问题，真正达到了投资利益的最大化。

总体来看，加强与科研院所的合作实现了技术创新，是企业向产业链上游延伸的模式，市场推广和系统的售后服务是向产业链下游的延伸，推出"智慧供冷"模式是从提供产品向提供功能服务的转型也体现了广州华德向客户提供整体解决方案模式的迈步。综上所述，广州华德制造业服务化发展模式在产品延伸服务、产品功能服务和整合解决方案方面都有所体现（表10-5）。

**表 10-5　广州华德制造业服务化模式**

| 模式 | 业务内容 | 特点 |
|---|---|---|
| 模式一：产品延伸服务 | 通过与各科研院所合作，组建研发中心，实现技术创新；系统专业的售后服务；对新产品命名"羿歌"进行品牌推广；通过香港市场的示范，实现了华德产品在全国市场的迅速开拓 | 通过下游延伸开拓市场，上游加大研发投入力度 |
| 模式二：产品功能服务 | "智慧供冷"模式，空调设备（冷源）对客户免费，将冷量单位引入，每月按客户使用的"冷量"收费 | 为客户提供"供冷"等功能的服务，而不是空调产品 |
| 模式三：整合解决方案 | 根据客户需要，基于互联网思维的监控和管理的智能化中央空调冷源系统管理模式，对中央空调系统高度统一化、集成化以及数据化管理 | 为客户提供空调系统整体解决方案 |

### 10.4.5　广州华德制造业服务化效益

#### 1. 企业获得的效益

第一，广州华德的品牌价值得到了提升，竞争力增强。目前广州华德已经获得包括美国、德国、日本、中国香港在内的国际国内专利授权 60 多项，自主研发的"板管蒸发冷却式空调制冷设备"通过科学技术成果鉴定为"能效比达到国家 1 级节能产品要求，填补了国内外蒸发冷却式空调设备的空白，整体技术达到国际领先水平"。2015 年，广州华德总裁李志明再获中国发明创业奖，全国获此殊荣的仅有 95 位。广州华德被认为是《蒸发冷凝式冷水（热泵）机组》行业标准的起草单位。2011 年被评为广东省高新技术企业，2012 年获广东省创新型企业和广东省科技进步二等奖、广东省专利优秀奖、广州开发区知识产权示范企业等荣誉，通过"创新知识企业知识产权管理通用规范"的认证。广州华德多年来获得的专利和荣誉使华德的品牌价值得到了极大的提升。

第二，提升效率，节约能耗。蒸发式冷凝技术是中央空调里的一个关键技术，它与传统的风冷和水冷有明显的区别。第一，效率比较高；第二，系统组成不同；第三，节能。广州华德推出的大型板管蒸发式冷凝空调设备比传统大型中央空调设备节能 30%以上。应用证明，机组杜绝冷却塔"飞水"现象，无须配置冷却塔，实现节水 50%以上，机组整机可以安装在天面屋顶，不占用地下建筑面积。板管蒸发冷却式空调系统与之前广泛应用的风冷空调系统相比，可节能 35%以上，与水冷空调系统相比，能够节能 15%以上。广州华德羿歌的"智慧供冷"将中央空调传统模式下的产品购买、管网施工、用户使用和管理维护等各个环节有机高效的形成一个整体服务流程，系统整体的节地、节能、节水和节约管理运营成本。

第三，深化了客户关系。广州华德将中央空调看做生产资料，注重用户的体验，广州华德羿歌"智慧供冷"将中央空调的冷源系统从传统的工程性产品转变为服务型产品，能通过对不同行业用户的使用习惯、单位时间用冷量等不同数据的管理和分析，最终将大数据转化成为能以不同客户的实际需求进行改良的产品和服务。用户通过童叟无欺透明的单位冷量价格购买冷源，使客户对广州华德产品的信赖度极大的提升，深化了客户关系。

第四，获得了政府的支持。多年来，广州华德的制造业服务化之路，坚持创新和改革，在技术和商业模式上都实现了突破。作为自主创新的民族品牌，广州华德得到了各级政府和领导的关注与支持。国家领导人习近平、李克强、张德江、汪洋等多次到广州华德视察指导；广州开发区政府、广东省政府都高度重视，并在政府财政投资项目上推广广州华德的产品；广州华德产品是国家《重大技术装备自主创新指导目录》唯一入选空调产品、国家工业和信息化部《节能机电设备（产品）推荐目录（第四批）》、《节能产品政府采购清单》、《广东省节能技术、设备（产品）推荐目录》及《广州市建筑节能技术产品推荐目录》入选产品，在领导和政府的大力支持下，广州华德已开启未来蓬勃发展之路。

2. 客户获得的效益

第一，降低了客户使用成本。广州华德通过"智慧供冷"模式使客户使用成本降低。传统中央空调系统来看，用户只知道安装中央空调的成本，但不知道每年花了多少钱用了多少冷量。评价空调系统优劣的标准应该是单位冷量的使用成本，使用成本一般从四个方面来考量：一是中央空调系统的配套设施投资，如机房建筑、配电设施、配水设施、管井结构、通排风设施等；二是中央空调系统工程投资，这部分要看性价比，而不是越低越好；三是中央空调系统的运行能耗，是空调使用成本中最大的部分，相当于整个工程投资的两倍以上；四是中央空调系统的维护管理成本，如空调班组的人工成本、场地费用、管理成本，空调设备的维护维修费用等，这些也是越低越好。普通空调设备每千瓦时的供冷费用约为0.63元，而广州华德的单位用冷价格是0.57元，有明显的竞争优势，加上使用过程当中管理费用的节约，比起传统空调使用费用可以综合节省20%的成本。

第二，为客户带来了使用的便利性。客户对空调产品的使用除了关注成本，还特别烦恼使用过程中管理维护带来的麻烦。中央空调行业过去长期是由中央空调主机、水泵、冷却水塔、末端设备等生产厂家提供产品，为了保证系统解决方案的实施，广州华德的蒸发冷却式空调产品将水泵、水塔、主机装一体化，实现系统高度集成化、高水平智能以及系统简单化。原来水冷的水塔、水泵、主机分别由三家不同的厂家来生产，系统集成非常麻烦，广州华德通过机组一体化解决了所有问题，使客户免去了众多采购环节。蒸发式冷凝空调改变了建筑外的环境，避免了因使用水塔产生的污染，而且建筑外观不容易受水塔的影响，也更加受到客户的欢迎。

智慧供冷根据每栋建筑的条件和空调需求，由运营商负责安装空调机房的所有设备，不需用户投资，以单位冷量价格向用户供冷，用户只需投资系统管网及室内空调末端系统，空调机房内所有设备的投资、管理、维护全部由运营商负责。使用广州华德的设备，华德就可以在第一时间告诉用户用多少成本来获得建筑所需要的空调冷量，然后明码标价为客户的建筑提供空调冷量，客户无需再去费心斟酌主机、水泵、水塔用哪个牌子、花多少钱，无须一次性投入高昂的设备费用，不需要割出大块地盘做机房，不再需要雇人值班，就像用电、用水一样，只需每月按使用量交费，剩下的工作交给专业的供冷运营商，甚至关开机、冷热调节、维护、保养、监测都可以交给智能和互联网。客户使用起来不再担忧日常的维护保养问题，为客户的使用带来了极大的便利性。

# 10.5　案 例 比 较

在制造业服务化的大趋势下，广电集团、广铝集团和广州华德作为广东地区典型制造企业，受多个因素的驱动，选择不同的服务化路径，企业服务化的模式也有区别，三个案例企业都通过服务化转型为企业和客户都带来了收益（表10-6）。

广电集团最初是一家军工企业，经历了经济体制的转型期，将制造业务核心定位为金融电子和通信导航设备的制造和高端整合服务，并将高端物业整合服务作为服务业务的核心，使企业从多元化制造企业转变成为高端制造和服务的整体方案提供商。广铝集团最初是一家铝型材加工企业，在战略、市场、经济和环境因素的驱动下，通过直接承揽客户工程开始了向产业链下游延伸的第一步，在奠定了一定的基础后，广铝集团随后通过对上游铝矿资源的掌控和研发投入开始向产业链上游延伸，目前已成为集铝土矿开采、氧化铝生产、铝冶炼、铝产品研发、生产加工、贸易销售、幕墙门窗生产与工程安装于一体的铝全产业链企业。广州华德最初是一家空调保温材料生产商，在战略、市场、和环境因素的驱动下，在产业链上游通过研发投入实现了技术自主创新，在产业链下游打造自己的中央空调品牌，向客户提供集空调设备研发、设计、生产、销售和安装为一体的服务，并为客户提供中央空调整体解决方案，成功向中央空调系统集成商转型。三家企业在制造业服务化转型的路径和模式可以为广东制造业服务化转型带来启示。

**表 10-6　广电集团、广铝集团、广州华德制造业服务化比较表**

| 比较项目 | 案例 1：广电集团 | 案例 2：广铝集团 | 案例 3：广州华德 |
|---|---|---|---|
| 成立时间 | 1956 年 | 1993 年 | 1997 年 |
| 企业类别 | 通信导航、金融制造企业 | 铝全产业链企业 | 冷却式空调设备企业 |
| 原始业务 | 通信导航设备、家电 | 铝型材加工 | 空调保温材料生产 |
| 核心产品 | 电子金融、通信导航、物业 | 氧化铝、铝型材产品 | 智慧制冷系列 |
| 驱动力 | 战略、市场、经济 | 战略、市场、经济和环境 | 战略、市场和环境 |

续表

| 比较项目 | 案例1：广电集团 | 案例2：广铝集团 | 案例3：广州华德 |
|---|---|---|---|
| 路径 | 产业整合、产业链上下游同步延伸 | 产业链下游延伸先于上游延伸 | 产业链上、下游同步延伸 |
| 模式 | 产品延伸服务（研发、售后服务、市场运营）<br>产品功能服务（计量检测、软件测评、高端物业）<br>整合解决方案（电子金融、通信导航整体方案） | 产品延伸服务（幕墙、装饰、氧化铝、研发设计、金融、物流综合信息平台等）<br>整合解决方案（广铝国贸供应链管理服务商） | 产品延伸服务（研发、售后服务、市场推广、羿歌品牌）<br>产品功能服务（智慧供冷）<br>整合解决方案（中央空调系统管理模式） |
| 效益 | 企业：增加收益、拓展市场、提升品牌价值、提升竞争优势、获得技术溢出效应；<br>客户：降低了使用成本、提升使用便利性和生活品质 | 企业：增加收益、降低了成本和能耗、深化了客户关系、提升了品牌价值；<br>客户：增加了物流效率、降低了购买成本、获得了品质保证 | 企业：提升了品牌价值、提升效率和降低能耗、深化客户关系、获得政府支持；<br>客户：降低了使用成本、使用的便利性 |

# 10.6　本　章　小　结

本章结合制造业服务化的基本理论，对广东制造服务化的典型案例企业广铝集团、广州华德公司和广电集团服务化转型问题进行了分析。研究发现，三家制造企业原本处于产业链中游的加工制造环节，都选择了服务化作为其转型方向，并取得了一定成功。

首先，在外部环境变化和自身经营的压力下，企业受到不同因素的驱动，开始服务化转型。其中，广电集团受战略、市场和经济因素驱动，广铝集团受战略、经济、市场和环境因素驱动，广州华德受战略、市场和环境因素的驱动。由此可见，制造业服务化转型是制造企业适应内外部环境变化、实现长远发展的必然选择。

其次，通过不同的路径实现制造业向服务化转型。广电集团从业务结构调整开始，进而向价值链上下游同时延伸，最后成为全产业链整合解决方案提供商。广铝集团从价值链的中游加工制造环节向下游销售市场拓展延伸，然后向上游延伸控制关键资源，进而加大研发和技术创新，使原本处于中游低附加值的加工制造企业朝着供应链管理商的方向迈进。广州华德则从中游的加工制造环节几乎同时开始向上下游的延伸，上游大力投入研发力度，实现技术创新，下游完善售后服务和市场开拓，最后向全产业链发展，成功从制造企业向高新技术企业转型。由此可见，制造企业服务化一般是从价值链的中游向上下游延伸，进而向全产业链延伸，但要根据企业的现状和特点来选择具体路径。

再次，制造业服务化营运模式的表现不同。广电集团、广铝集团和广州华德都通过市场开拓和研发投入实现产品延伸服务，但在产品功能服务的表现上，广电集团通过计量检测、软件测评和高端物业服务实现产品功能服务，而广州华德则通过"智慧供冷"模式实现了产品功能服务模，三家企业都朝着整合解决方案模式的方向发展。由此可见，不同企业制造业服务化模式的表现方式不同，企业可以根据自身特点选择合适的模式，整合解决方案模式成为较多制造企业发展的目标。

最后，制造业服务化能够为制造企业和客户带来效益。广电集团通过制造业服务化实现了企业收益增加、品牌提升、竞争优势增强、市场拓展、获得了技术溢出效应等，同时又为顾客降低了购买成本，提供了购买的便利性，并提升了顾客生活品质；广铝集团通过制造业服务化实现了企业收益的增加、降低了生产成本和能耗、深化了客户关系，提升了品牌价值，同时又提升了为客户服务的效率、降低了客户的购买成本，使客户获得了品质保证；广州华德通过服务化提升了品牌价值、降低了能耗并提升效率、深化客户关系、获得政府的支持，同时又降低了客户的使用成本，增加了使用的便利性。由此可见，制造业服务化带来的不仅仅是企业方的效益，而且为客户也带来了效益，能够实现企业和客户的双赢。

# 第 11 章 广东制造业服务化可行模式和推动政策

广东制造业服务化转型尚处于发展初期，面临着诸多内外发展障碍和瓶颈。为加快广东制造业服务化转型步伐，需要对此进行深入研究。

## 11.1 广东制造业服务化发展思路

### 11.1.1 广东制造业服务化战略思路

制造业服务化是一个系统的动态过程，在此过程中，作为主体的制造企业要调整企业发展战略，探寻合适的制造业服务化模式，将企业的角色由"产品供应商"转变为"产品+服务供应商"或者"综合性解决方案和系统服务商"，组织结构进行相应的调整，使其组织设计更有利于新战略的实施。此外，在制造业服务化发展的动态过程中，政府要起到"顶层设计者"的作用，制定相应的政策方针，创造更适合开放创新的环境，推动制造业服务化发展。基于此，本章研究提出广东制造业服务化的战略思路如图 11-1 所示。

### 11.1.2 广东制造业服务化驱动力

广东制造业服务化发展的主要驱动力包括以下四方面。

1. 战略驱动

制造企业所处的环境日益复杂和多变，要求企业及时调整战略以保持持续性发展。Porter 和 Heppelmann（2014，2015）认为，信息技术与制造业的融合不断深化，信息技术已经成为产品的一部分，使产品呈现智能和互联的特点。这类产品使传统的制造业价值链发生改变，重塑行业内部的竞争态势，也迫使企业重新思考在新的环境下如何进行产品设计、生产制造、协同产业链上各个环节、与顾客进行有效沟通。

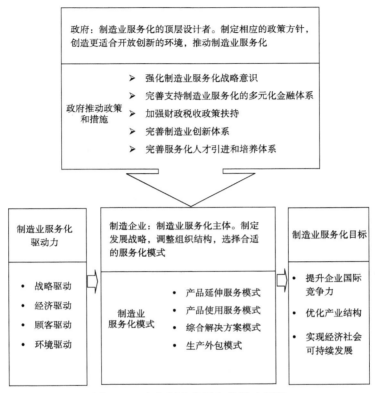

图 11-1　广东制造业服务化战略思路

广东制造业在 20 世纪 80 年代至 21 世纪初期以来,利用优惠的政策和良好的地理位置及资源优势,在全球产业转移的背景下成功地实施了低成本发展战略。然而,近十年来,全球经济环境发生了较大的变化,广东制造企业的发展面临新的战略挑战。在国际上,一方面,发达国家纷纷调整产业结构,更加重视实体经济,将制造业的发展作为提升国家竞争力的战略,美国提出《先进制造业国家战略计划》、德国提出《德国工业 4.0 战略》、英国提出《英国工业 2050 战略》。这些发达国家工业化程度高,掌握制造业的关键核心技术,对中国制造业的高端发展形成很大的竞争压力。另一方面,中国劳动力、能源等生产成本不断提高,而东南亚国家和地区的生产成本相对更低,对以代工生产模式为主的广东制造业产生较大的竞争压力。此外,国内的长江三角洲、东北老工业基地、环渤海经济圈等的快速发展,给广东制造业发展带来较大的竞争压力。在以上多重压力下,广东制造业必须要进行战略转型,寻找新的发展方式。

广东制造业面临强竞争压力的同时,也遇到转型升级和创新发展的重大机遇。

第三产业与第二产业的融合发展,特别是现代信息技术与制造业的融合不断深化,逐渐形成了新的生产方式、商业模式和经济增长点,促进了制造业的转型和升级。众多理论与实践证明,服务化战略是企业创造差异化竞争优势的重要手段(Robinison et al.,2002),通过服务获得的竞争优势通常具有持久性、不可见性、劳动力依赖性以及难以模仿性(Baines et al.,2007)。因此,战略因素是广东制造业服务化的驱动因素之一。

### 2. 经济驱动

由于广东制造业是在承接劳动力密集型产业国际转移的基础上发展起来的,大量制造企业仍然是 OEM 类型,主要聚集于模仿生产和加工组装环节,只能从全球制造业价值链利润中获取极少部分。而生产成本提高和资源环境约束不断加大使利润空间被进一步压缩。企业必须寻找新的价值增值点,以维持企业的持续发展。服务与产品的融合能在产品生命周期的不同阶段中增加新的营业收入,在某些部门,服务收入可能比新产品销售的回报高出两倍(Wise and Baumgartner,1999)。另有数据显示,在国际分工不断深化的制造业中,产品在生产制造过程中创造的价值不到产品价值的 40%,而在服务领域中的新增值超过 60%(秦伟等,2015)。梁碧云(2014)通过实证分析发现,广东制造企业在服务化发展到较高程度后,服务投入的增加会正向影响企业绩效。众多理论和实践证明,制造业通过开发与产品相关的服务业务,能够促进企业财务绩效的提升。因此,经济因素是广东制造业服务化的驱动因素之一。

### 3. 顾客需求驱动

随着经济的发展,制造业产品市场已经由"卖方市场"转向"买方市场",消费者的需求体现更多的个性化和多元化,不仅关注产品本身的质量和外形,更关注与产品相关的服务。互联网经济的兴起使这一现象更为明显。为此,顾客需求的变化促使制造企业转变经营理念,从"产品导向"转到"客户需求导向",不仅需要向顾客提供高质量的产品,还需要提供与产品相关的各类相关服务。甚至是不再向顾客提供实体产品,而只是提供产品的功能和相关的服务。同时,制造商还要建立良好的客户沟通平台,通过平台进行广泛而深入的信息互动,制造商参与产品的消费过程以便更好地了解对方的需求,同时也让顾客参与产品的生产制造过程以便更好地满足顾客的需求。例如,广东重点发展的装备制造业,客户对满足需求的整体方案设计、成套装备组合、基础设施建设、安装调试、维护保养、技术升级、操作人员培训等相关服务的需求日益增加。广东的装备制造企业就需要提供相应的服务,在增加利润空间的同时,也提升了产品的差异化,增强了顾客的忠诚度,提升了企业竞争力。因此,顾客需求因素是广东制造业服务化的驱动因素之一。

### 4. 环境驱动

改革开放初期，广东承接了大量来自工业发达国家和地区产业转移中的高能耗、高污染产业，发展了大批"三来一补"型企业，使广东的大气、水、土壤受到不同程度的影响。随着经济发展，这些影响造成的环境问题逐渐凸显出来，影响了广东经济的可持续发展。21 世纪初，国家提出要走新型工业化道路，要求处理好生产与资源、发展与环境之间的关系，做到资源节约和环境友好。为此，中央和各地方政府建立和完善了节能环保法规和监督管理体系，限制和调整了一些高能耗、高污染产业的发展，增强了企业在节能环保方面的约束。因此，广东制造业必须改变过去的粗放型发展模式，降低产品的单位能源消耗，减少对环境的不利影响。众多研究证明，制造业服务化促进企业在产品全生命周期范围内对产品进行动态管理，优化产品设计，采用更环保耐用的原材料，开发产品的回收利用，从而带来环境效益。因此，环境因素也是广东制造业服务化的驱动因素之一。

## 11.1.3　广东制造业服务化转型目标

制造业服务化是广东制造业转型升级的重要方向。在政府的政策推动和制造企业的主体运营下，广东制造业通过服务化转型实现企业竞争力提升、产业结构优化升级，进一步实现经济社会可持续发展的目标。

### 1. 企业形成和提升差异化竞争优势

从企业层面上看，制造企业通过服务化转型的目标是形成和提升企业差异化竞争优势，使传统制造业特色化、先进制造业高端化，大大提升国际竞争力，形成一批在先进技术领域具有较强国际竞争力和国际话语权的本土制造企业。广东制造企业在服务化转型过程中，将不断延伸价值链，使更多的资源聚集于价值链两端的技术开发、产品设计、物流运输、市场销售、品牌管理等高附加值环节，企业服务业务收入占总销售收入平均达到 20%以上。制造企业通过提供与产品相关的服务来提升产品的差异化，部分企业以产品为载体提供更多的服务业务，实现由"以生产为中心"向"以服务为中心"的转变。此外，广东制造企业通过技术和服务两方面的持续自主创新，同时运用"互联网+"、"云计算"及"大数据"等现代信息技术，融入全球创新网络，加大开放合作力度，利用国际资源，在信息技术产业、先进装备制造业、新材料产业和生物医药产业等先进技术领域形成具有较强国际竞争力和国际话语权的本土制造企业。到 2025 年，实现广东省政府制定的以下目标：形成一批具有显著国际影响力、在行业内位居世界前列的跨国龙头制造企业。

### 2. 产业结构优化升级

从产业发展层面来看，广东制造业服务化的目标是实现制造业与服务业的深度融合发展，促进广东制造业的转型升级和工业结构的持续优化。通过制造业服务化实现"互联网+制造业"，促进现代制造业与先进信息技术的深度融合，在工业互联平台下形成基于消费者需求多元化的数字化制造设计、智能化的协同生产制造模式、智能互联型的新型产品和虚实结合的商业模式，使纺织服装业、家电制造业、家具制造业和金属制造业等实现智能化制造。通过制造业与服务业的融合发展，使广东生产性服务业占到服务业的70%以上，规模以上先进制造业增加值占规模以上工业增加值的比重从2014年的48.1%提高到55%以上，规模以上高技术制造业增加值占规模以上工业增加值的比重从2014年的25.7%提高到30%以上。通过制造业的技术创新和服务创新实现广东工业结构的优化调整，战略性新兴产业等重点领域的关键技术取得突破性进展，促进广东由"制造大省"转变为"制造强省"。

### 3. 经济社会可持续发展

从经济社会持续发展层面上看，广东制造业服务化的目标是通过推进绿色制造，使经济发展与环境保护之间达到和谐友好的平衡状态，实现经济社会发展的可持续性。制造业服务化将促使企业关注全生命周期内的产品动态，改变以往注重销售实体产品、通过增加产品销售量来提高利润的模式，转变为提供服务和产品的功能、通过提高产品品质和更佳的服务来获取利润的商业模式。在此商业模式下，企业会更关注节能环保和资源的优化配置和循环利用，加大节能环保技术的研究和应用，降低产品的单位能耗。而能耗高、污染大的生产方式和产品将被市场淘汰，使粗放型经济增长方式得到改变，形成高效、清洁、低碳、循环的绿色制造体系。

## 11.2　制造业服务化人才需求分析

制造型企业进行服务化的出发点是创造更高的产品附加值，获取更大的利润空间。但在服务化过程中会碰到很多问题和障碍，在制定服务化策略、创建服务导向的组织文化、形成顾客为中心的经营理念、开发市场导向的服务业务等方面都会面临挑战并导致企业出现"服务化悖论"（Gebauer et al.，2005；Neely et al.，2007；Kinnunen and Turunen，2012）。进入知识经济时代以来，掌握技术和知识的人才在经济发展中的战略性作用越来越明显。面临制造业服务化转型困境，众多国家纷纷从人才议题切入寻找相应对策（邱世婷，2016）。美国、芬兰等国家均将人才培养列入制造业服务化发展计划中，协助企业避开或早日走出服务化困境阶段。《中国制造 2025》也提出健全多层次的人才培养体系是中国制造业发展的战略支撑和保障。本节研究从制造型企业服务化转型的关键要素入手，分析制造业服务化发展对人才能力的需求。

### 11.2.1　制造业服务化转型的关键要素

综合分析已有文献并结合企业实践，本节研究认为制造业服务化转型成功的五个关键要素包括服务化经营战略、以服务为中心的组织设计、顾客价值导向的研发设计、基于产品价值链的运营管理。

1. 服务化经营战略

在服务化初期，制造企业将提供服务作为一种竞争策略，借助服务使产品出现差异化（Vandermerwe and Rada，1988）。随着服务化程度的加深，服务跳出了产品的附属作用而作为一种价值创造的主要部分。企业原有的营运模式发生根本性的转变，即企业经营战略发生变化，企业从为顾客创造价值转变为与顾客共创价值，从产品制造商转变为产品服务包提供商或整体解决方案提供商，如服务型制造企业华为将自己定位为"信息与通信解决方案供应商"；陕西鼓风机（集团）有限公司在服务化转型后，企业定位由"鼓风机制造商"转变为"大型动力装备系统问题解决方案的集成商和系统服务商"。

2. 以服务为中心的组织设计

组织设计与战略的适配性是战略得以有效执行的基本保证，因而企业经营战略的改变需要组织设计做出相应的调整。企业必须要根据新的服务化经营战略来调整组织结构，调整后新的组织类型要与新的价值主张相呼应，包括新知识的转化运用、信息的连接、服务的改变和资源的再利用（邱世婷，2016）。制造企业实行服务化战略后，其组织设计更倾向于原有制造业组织结构与服务业组织结构的综合，会在原来的相关职能部门中增加服务职能，或增加新的服务部门（Baines et al.，2007）。Davies（2004）认为制造企业服务化必须要创建新的组织设计，新的组织设计要以顾客为导向，包括三个主要单位，即前端的顾客单位、后端的产品-服务能力单位和能有效协调前后端的策略中心。例如，为提供产品技术咨询和技术升级服务，华为成立了专门的技术服务部；为向客户提供管家式工业服务，沈阳机床股份有限公司投资成立了尤尼斯工业服务公司。

3. 顾客价值导向的研发设计

在产品经济时代，市场处于供不应求的卖方市场，制造企业的研发设计以产品为中心，通过提高生产率来提高产品的产量和质量，通过降低生产成本来降低产品价格。进入服务经济时代后，顾客对产品和服务提出个性化和多元化的需求，而忽视顾客需求的产品导向型研发设计已经无法适应新的竞争形势（陈以增和王斌达，2015）。因此，制造企业实行服务化经营战略后，研发设计必须要从产品导向转向顾客价值导向，从产品设计转为"产品+服务"设计或者整体方案设计。Porter 和 Heppelmann（2014）认为现代信息技术与制造技术的融合使产品出现智能互联的特征，这类产品需要全新的设计原则，研发设计不仅包括机械工程设计，还要包括更多的软件工程设计。

### 4. 基于产品价值链的运营管理

由于服务要素的投入，企业由产品生产系统转变为生产服务系统，企业业务流程发生变化，运营管理范围扩大。与传统制造业营运模式相比，价值链中的角色发生转变，制造企业不仅要从自身的角度考虑，还要考虑上游供应商和下游客户的需求。企业需要处理资源在制造环节与服务环节之间的调配和优化，协调制造环节与服务环节的业务合作。在外部，互联网、物联网和云计算使生产服务系统的开放程度更大，原来的企业内部生产组织流程优化管理转变为全球范围内的供应链流程优化管理。

传统制造业发展模式中，制造商对产品的运营管理一般终止于销售环节。而在制造业服务化发展模式中，制造商对产品的运营管理贯穿于产品的全生命周期，包括对产品离厂之后的管理。例如，使用云端数据实现对产品使用过程的监控和管理、通过软件实施对智能产品的技术升级、通过逆物流实现对产品废弃物的回收处置等。

在服务主导逻辑的价值主张下，顾客主动参与产品创造过程并与制造商互动，被视为与制造商合作的价值共创者（Vargo and Lusch，2004）。为更好地了解顾客的价值需求和使用体验，实现顾客价值最大化，建立互动平台成为必要。通过互动平台，消费者可以传达其价值诉求和使用体验，同时及时了解产品和服务的相关信息。

### 5. 服务导向型营销

在"以服务为中心"的主导思想下，制造企业由"销售产品"转变为"销售服务"，由一次性的产品营销转变以产品为媒介的长期服务营销。另外，在产品使用服务模式中，营销过程中交易的方式也发生改变，顾客只购买产品的使用权或产品的使用效果，而不具有产品所有权，因而产生了新的定价模式。另外，客户关系管理也发生较大的改变。由于通过产品为客户提供持续的服务，制造商通过一定的平台与客户在销售前、销售中和销售后保持有效的沟通和交流，不仅要了解顾客购买前的需求，还要关注顾客购买后的使用体验。Porter 和 Heppelmann（2014）认为在制造业的"产品即服务"经营模式中，顾客成功管理变得非常重要，它并不会取代传统的销售和服务部门，重点在于销售后阶段对顾客体验的管理，目标是保证用户能最大化的利用产品。

### 11.2.2　制造业服务化对人才新的需求

制造企业在服务化转型后，要促进生产和服务在价值链的每一个环节内深度融合，不仅仅要改变原来的职能，还要增加新的服务职能。因此对人才提出了新的需求，具体如表 11-1 所示。

表 11-1　制造业服务化转型对人才新的需求内容

| 服务化转型的关键要素 | 需求的人才类别 | 主要服务化业务 | 服务化能力需求 |
| --- | --- | --- | --- |
| 服务化经营战略 | 高层管理人员 | 制定服务化经营战略；带领企业由产品制造商转变为产品+服务提供商或整体解决方案提供商 | 顾客价值共创思维模式；服务化决策能力；领导服务化发展能力 |
| 以服务为中心的组织设计 | 企划人才 | 规划和调整服务型制造企业组织结构；设计服务导向的业务流程；创建和宣传服务化的企业文化 | 服务导向型思维模式；对组织结构的服务化需求分析能力；服务导向型组织结构设计能力；服务化企业文化的创建和宣传能力 |
| 顾客价值导向的研发设计 | 机械工程设计师软件工程设计师服务模式设计师 | 选择产品与技术的架构、根据客户需求进行智能互联化产品设计和综合性整体方案设计；根据产品特点和顾客需求设计不同的服务模式 | 价值共创思维模式；机械工程设计能力；软件工程设计能力；顾客需求分析能力；跨领域技术和知识的集成应用能力 |
| 基于产品价值链的运营管理 | 跨领域技术整合人才跨领域流程整合人才互动平台建设人才平台管理人才品牌策略人才 | 组织协调各职能部门之间的业务合作；供应链流程优化管理；跨领域平台建设；了解并评估顾客价值需求和使用体验；推广品牌拓展服务业务 | 顾客价值共创思维；组织资源管理运作能力；生产部门与服务部门之间的合作组织协调能力；跨领域的技术知识整合能力；信息技术管理能力；顾客价值分析能力；品牌推广能力 |
| 服务导向型营销 | 服务营销人才市场分析人才客户成功管理人才大数据分析人才 | 建立销售渠道为客户持续提供产品、服务或综合解决方案；了解并评估顾客价值需求和使用体验；指导用户对产品的最佳化使用 | 顾客价值共创思维；服务营销能力；服务定价能力；顾客价值分析能力；客户成功管理能力；大数据管理能力 |

企业战略反映了企业高层领导的价值观。制造业服务化转型是高层管理人员有意识的战略决策（Kinnunen and Turunen，2012）。首先，高层管理人员具备与顾客共创价值的思维模式、具备服务化转型的战略意识非常关键。企业高层管理人员从思维上转变价值主张，进行服务化决策并带领企业服务化发展是企业进行服务化转型的起点。安筱鹏（2015）在分析全球 11 个制造企业服务化转型发展历

程后，认为具有服务化转型战略意识的领导者是制造业服务化转型成功的要素。其次，进行服务化决策要求高管人员具有良好的市场前瞻性和创新性，同时能正确评估和应对战略转变带来的风险。带领企业服务化发展还要求高管人员能创建和培育服务化的企业文化，有效激励员工。

组织再设计对制造企业服务化成功转型非常重要。组织设计变革涉及职能的重新划分、业务流程重组、管理体制设计、运行机制设计等，还要考虑企业文化与人力资源管理。制造企业服务化转型后，新的组织类型会产生新的内、外部业务流程，需要具备开展知识管理、生产管理、信息系统管理等业务的流程创新能力，开展组织架构与组织变革、组织资源管理、人力资源管理、组织文化管理等业务的内部组织创新能力，以及进行客户关系管理、供应商管理、策略联盟等业务的外部关系创新能力（邱世婷，2016）。在制造业服务化转型时，企业要根据服务化经营战略进行组织结构变革，规划调整组织结构、调整资源管理运作、绩效管理、员工培训规划等成为能力上的新挑战。

顾客价值导向对研发设计团队提出了新的要求。第三代信息浪潮下，信息技术已成为产品的一部分，单件产品的竞争已扩大为产品系统甚至是复杂产品系统之间的竞争，对应的设计研究团队除了具备原有的机械工程设计能力外，还要具备软件工程设计能力（Porter and Heppelmann，2014）。在综合解决方案服务化模式下，在与顾客的互动参与基础上，企业需要根据顾客的个性化需求为对方量身制造一套解决方案并提供集成的技术、产品和服务。因此，在设计阶段需要集成制造领域和服务领域内的技术和知识，设计具体的服务模式。

服务型制造企业对应的PSS在运营管理方面最核心的能力是跨领域的集成整合能力和组织协调能力。面对航空航天设备、大型通讯系统等复杂产品系统时，这种能力要求往往会更高，由于规模大、技术含量高、客户参与度高、涉及知识领域广，复杂产品系统的运营管理涉及多方面的知识技能、产品组合和零部件、嵌入式软件等系统整合和集成。新的客户关系管理也提出了新的能力需求，如对大量市场信息数据的收集整理能力、对顾客价值需求的分析、向顾客提供技术和服务咨询的能力、企业的品牌策划和管理能力等。

制造业服务化发展下销售的内容、交易方式以及客户关系都有了很大的不同，因而也出现了新的能力需求。由于服务成为销售的重要内容，而且所提供的服务与企业的核心产品相关，要求从业人员不仅具备与产品相关的专业技术知识还要具备服务营销能力。如何对服务进行合理定价一直是服务提供商非常关注也是难以解决的问题，当产品与服务捆绑在一起时，如何对"产品+服务"定价也是服务化制造企业的一个挑战。Allon 和 Federgruen（2009）认为服务定价需要对市场进行细分，并根据不同细分市场里顾客的价格敏感性来定价。因此，需要具有市场分析能力的营销人才协助制定和调整价格。新的客户关系管理强调了对用户体验的管理，因此需要具备高度的专业技术知识和良好沟通能力的客户成功管理人员来指导客户，以实现对产品的最佳化使用。

## 11.3　基于全球价值链理论的制造业服务化分析

### 11.3.1　全球价值链理论

全球价值链理论是在价值链理论的基础上产生和发展起来的。Porter（1985）在分析单个企业的竞争优势时，提出价值链的概念，认为价值链是在企业内部将原材料转换成最终产品的一系列相互联系的、增加价值的活动过程，包括生产、销售、进货物流、发货物流等基本活动和技术开发、人力资源管理、财务管理等辅助活动。企业价值链上的每个环节都会创造价值，但所创造的价值大小是不一样的。除了企业内部存在价值链，Porter（1985）还提出一个企业的价值链与其他企业的价值链是相连的，各个企业的价值链组成了价值体系，企业在价值体系中占据不同的价值创造行为对企业竞争优势的大小有着重要影响。Kogut（1985）则认为价值链是原材料、技术和劳动等投入要素的不断融合，形成可以满足消费者需求的最终商品，然后通过市场交易、消费等完成价值循环过程。价值链上各个环节的附加值不同，产业链上游的研发设计和下游的物流运输和营销运营等环节的附加值高，而中间的生产制造环节附加值低，形成了价值链"微笑曲线"。单个企业为充分发挥自身优势而选择参与价值循环过程中的某个或某几个环节，也有可能包含价值链上的所有活动。占据不同的价值创造环节将决定企业在价值链上的竞争力大小。

在经济全球化背景下，国际分工不断深化，产品生产过程被分解为相对独立的不同部分，以某种产品为纽带将世界各地不同规模的企业组织在一个生产网络中，形成跨国生产组织体系，使产品价值链全球化。联合国工业发展组织在 2002 年至 2003 年度工业发展报告中将全球价值链定义为实现商品或服务价值而连接设计、生产、销售和回收处理等过程的全球性跨企业网络组织，涉及从原材料采集和运输、半成品和成品的生产和分销，直至最终消费和回收处理的整个过程，它包括所有参与者和生产销售等活动的组织及其价值、利润分配。现代化的信息技术和物流技术为全球价值链上各个企业组织的协同合作提供了基础保障。价值链从企业内部扩展到企业外部并进一步在全球范围内延伸后，价值链上各环节价值增量的差距增大，各个国家和地区根据自己的特点积极参与到全球价值链中，但根据其占据的价值链环节不同，利润获取存在较大的差距。

### 11.3.2　基于全球价值链的制造业服务化分析

1. 服务作为要素投入促进制造业全球价值链价值提升

制造业全球价值链提升主要表现为两个方面——生产效率的提高和制造业附加值的增加（江静和刘志彪，2009）。在工业经济时代，制造业产品匮乏，消费者对产品的个性化需求不高，规模化生产使生产制造环节创造了产品价值链上的大部分价值，从而成为全球产业链上的关键环节。通过技术创新改进产品品质、提高生产效率、降低生产成本成为全球价值链价值提升的主要途径。

而在知识经济时代，服务经济迅速发展，消费者不再只满足于大众化的产品需求，越来越多的服务作为投入要素融入生产或作为产出要素直接提供给消费者以满足其价值需求，制造业从"产品导向"转变为"顾客导向"。服务业与制造业的融合发展提升了制造产业链整体价值。在价值链的上游，技术研发服务的融入，使产品能更好地满足消费者的个性化需求，技能提升也降低了产品的生产制造成本。在价值链下游，增加物流运输服务、金融服务、产品维护升级等服务除了更好地满足消费者的多元化需求外，还增加了价值增值空间。因此，无形的服务逐渐取代有形的产品而成为产品价值实现的关键，服务环节逐渐成为全球价值链上经济价值的主要产生源泉（周大鹏，2013）。

全球价值链理论表明，在制造业全球价值链中，某些价值环节具有更高的附加值而成为价值链上的关键环节，占据关键的高附加值环节的企业将取得该产业链的利益分配掌控权，在该行业中获得全球竞争优势。在制造业价值链上，研发设计、人力资源管理、金融、品牌管理、销售、物流运输等生产性服务要素不断增加并逐渐成为价值创造的主导因素，原有的产品生产系统也逐渐变成 PSS（张辉，2004）。制造企业要形成并保持竞争优势，就要根据自身的资源优势，选择合适的服务化模式，抓住并长期占据全球价值链中的高附加值环节。众多学者的研究和实践表明，制造业全球价值链中的高附加值环节集中在价值链两端，即技术开发、产品设计和营销、品牌管理以及产品和服务的集成等环节。

2. 基于全球价值链的广东制造业服务化转型分析

自改革开放以来，中国制造业参与全球价值链的程度越来越高，而广东作为改革开放的前沿阵地,其在制造业全球产业链上的开放与合作更是走在全国前列。美国、英国和德国等发达国家依靠其强大的原始创新能力，科研技术处于世界领先水平，生产性服务业发达，占据着制造业全球价值链的附加值高端环节，掌控着价值链的利润分配权。而印度、越南、泰国等发展中国家依靠其低生产成本优势也参与制造业全球分工，抢占中国在全球价值链中原有的位置。尹伟华（2016）

根据世界投入产出表数据进行分析发现，中国制造业主要集中在产品加工组装为主的生产环节，在全球价值链中处于下游位置，但随着中国制造业的产业优化升级，参与全球价值链的环节逐渐增加，并由下游位置逐渐向中上游位置转变。从行业上看，中国在全球价值链中参与度较高并且具有明显优势的行业为劳动密集型的中低技术行业，但近年来也逐渐参与到高技术行业的全球价值链合作中，并且其比较优势逐渐凸显（陈文府，2015）。就国内而言，江苏、浙江、上海等为代表的长三角地区技术创新和服务创新能力相对较强、生产性服务业发展相对较快，推动长三角地区制造业服务化发展走在全国前列。

在全球分工进一步深化的背景下，广东制造业要提高在制造业全球价值链上的参与程度和影响力并形成和保持竞争优势，就要从价值链上、下游寻找服务化机会，在制造业发展中融入更多的服务要素。不仅要继续完善制造业发展的生产体系，提升生产技术水平，提高生产效率，而且还要提升原始创新能力、技术创新与服务创新并重，优化产业结构，抓住并长期占据全球价值链中的高附加值环节。

# 11.4　广东制造业服务化的模式分析

信息技术与制造技术的融合发展使制造业产品进入智能互联时代，而产品的智能互联特征使制造企业进入一个新的竞争时代（Porter and Heppelmann，2014）。对于广东制造企业而言，在产业转型和升级的大背景下，要想获得持续发展，就要转变以往的以产品生产为中心的经营理念，以顾客的本质需求为驱动力，将服务作为主要的价值来源和竞争优势。

本节研究针对广东制造业发展现状及其存在的问题，基于全球价值链理论提出广东制造业服务化转型的几种可行模式并分析各类模式需要的条件、适合的行业以及适合的企业，为广东制造业服务化发展提供借鉴和参考。

## 11.4.1　产品延伸服务模式

### 1. 产品延伸服务模式的含义

产品延伸服务模式是指企业以产品制造为主导，在考虑产品全生命周期的基础上，沿着产品价值链往上或往下增加部分服务增值环节，如图 11-2 所示。产品延伸服务模式中制造企业不一定会占据产品价值链上的所有环节，而是根据企业自身的实力，在自己擅长的领域或相对比较核心的领域增加服务环节，服务作为产品的附属增加值部分，同时也作为提升产品差异化竞争优势的重要手段。

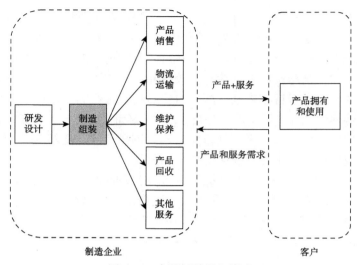

图 11-2　产品延伸服务模式

White 等（1999）较早提到"产品延伸服务"一词，他认为服务可划分为两大类，第一类是非物质性服务，另一类是物质或产品导向的服务，其中物质或产品导向的服务包括了产品延伸服务和产品功能服务。Mont（2004）在分析研究 PSS 时将 PSS 分为三类——产品导向型、使用导向型和结果导向型，其中产品导向型就是指企业在提供产品时还提供额外的服务，如咨询、维修、退换等。产品延伸服务就是提供顾客需要的加值服务，消费类产品附加的服务偏重于购买后层面，而资本财产品附加的服务要涵盖购买前、购买时和购买后三个阶段。朱苏远（2015）在分析制造业服务化发展模式时提到服务附加模式，即以产品为主、服务从属的服务模式，并以三星电子作为典型案例分析了服务附加模式的具体操作过程。

2. 产品延伸服务模式的效益分析

迈克尔·波特的竞争战略理论认为不同的内外环境下企业可采用成本领先战略、差异化战略或集中化战略获取竞争优势。随着工业化程度不断加强，技术的成熟和不断转移扩散，市场竞争日益激烈，制造企业的产品与成本都日渐趋同化，而顾客对产品的个性化需求不断提升，依靠低成本获取竞争优势显然难度很大。如果以产品生产为基础，根据行业特点、市场需求以及企业自身的条件，逐渐增加价值链中的其他服务性要素，可以实现产出的差异化，实施差异化战略。

3. 产品延伸服务模式的实施条件

产品延伸服务模式是以提供产品为主，服务要素作为附属要素投入或产出，服务增加值所占比重较低的服务化模式。具有以下特征的制造企业可以采用这种模式：①具有低成本、高效率的生产优势，这种生产优势使企业可以集中较多的资源在生产制造环节上；②在产业链上除制造环节之外的其他一个或多个环节上有一定的知识积累，在资源、财务、人力等方面能提供相应的支持，即具备向服务环节延伸的条件。

### 4. 广东制造业产品延伸服务模式分析

近年来，广东制造业加快了产业转型和升级的步伐，以广州、深圳、佛山为中心重点发展现代装备、汽车、医药、电子信息、新材料、新能源等先进制造业和战略性新兴产业，也有一部分制造企业通过服务化实现转型和升级，如格兰仕、美的、创维、广电集团、广铝集团等企业。但是，广东制造业整体还处于全球产业链的中低端，在电子、家用电器、纺织服装、玩具等行业中，大部分企业是以代工生产为主的 OEM 类型，即企业主要聚焦于产品的加工组装环节，而技术开发、产品设计、物流运输、产品营销、品牌管理、产品维护等产品销售前、销售时和销售后的服务均由品牌公司或合同制造商提供。广东的众多 OEM 企业是美国、日韩、欧盟及中国港台地区众多国际大公司的主要供应商，经过较长时间的生产积累，具备较好的生产制造优势，生产过程中受到技术溢出效应从而对产品设计有一定的了解，对产品的市场运作也积累了一定的经验。而且，这类企业高销售低利润的低附加值生产模式也促使他们通过服务化来进行企业转型，以提高在价值链中利润分配的份额。因此，广东的这类企业在服务化转型时可以也有必要采用产品延伸服务模式，向价值链两端延伸，通过投入服务要素增加产品的价值，使企业获得更高的议价能力和持久的竞争力。

### 5. 产品延伸服务模式案例分析——格兰仕集团有限公司的制造业服务化

广东格兰仕集团有限公司（简称"格兰仕"）作为一家全球化的家电专业生产企业，经营活动重心在生产制造环节。作为 OEM 大户，格兰仕曾为全球两百多家品牌代工生产，同时也开发自己的品牌经营活动。在与跨国公司合作过程中，格兰仕扩大了生产规模，自己品牌下的产品也通过跨国公司的销售网络走向全球100 多个国家和地区。

在企业转型过程中，格兰仕注重品牌经营，从"世界工厂"变成"世界品牌"。从创建品牌起，格兰仕一直加强品牌推广，集团公司在其他国家注册"格兰仕Galanz 商标"，开设品牌专卖店，在增强品牌美誉的过程中提升企业的竞争力。1997~2003 年，格兰仕出口的产品总量中，自有品牌产品与贴牌产品总量之比从1∶9 上升到了 3∶7，并且这一比率在之后的几年中逐年上升。格兰仕总裁梁昭贤认为，家电业如果还停留在做产品、卖产品的层面，将很难取得更长足的发展，提升服务体系，从做产品转变为运作品牌，已成为国际化趋势。为了提升品牌运营及服务营销水平，2007年格兰仕整合微波炉、空调和小家电三类产品品牌、渠道和人力资源优势，组建了中国销售总公司，在品牌经营和服务体系上发挥协同效益。

在注重生产制造环节的同时，格兰仕不断增加在研发设计环节的投入，每年投入的研发经费占到企业销售额的5%，2013年研发投入超过了20亿元。格兰仕微波生活外贸总经理王昌银认为，研发和总成本领先是格兰仕的两大核心竞争力。在从事代工生产过程中，格兰仕通过引进国外先进生产线，在技术转移过程中吸取先进技术和管理。从1997年开始，格兰仕先后在中国、美国、韩国、日本等多个国家建立研发中心，在全球范围内吸纳技术专家，从事家电产品高端技术及其应用的研究，并陆续开发出专利技术和专利产品，在技术上实现了由引进吸收到自主研发的转变。格兰仕有两个研发系统，形成内部竞争，根据技术先进水平、研发项目成果等指标分配内部资源，从而可以更好地满足消费者需求。目前，格兰仕已掌控微波炉行业中的核心技术，众多专利技术已成为行业风向标。在技术领先的基础上，格兰仕在产品设计中还根据不同的消费群体进行细分，使产品在功能、款式、外观等方面更具竞争性，实现了"制造"向"智造"的转变。

可以看出，格兰仕采用了产品延伸服务模式，以产品为中心，在价值链两端增加了研发设计、销售、品牌管理等服务环节，使产品价值链得到延伸，利润空间不断加大。广东的电子、家电、纺织服装等传统行业中的制造企业在原来的代工生产为主的经营过程中有了较多的技术和资金积累，可以考虑采用产品延伸服务模式实现企业转型。

### 11.4.2　产品使用服务模式

1. 产品使用服务模式的含义

产品使用服务模式是指制造企业自始至终保持产品的所有权而出售产品某段时间的使用权，制造企业根据客户的需求提供相应的使用功能，并且在合同期间对该功能的正常使用提供保障服务，合同期满后还要负责该功能的载体即实体产品的处置，如图11-3所示。

服务化就是卖产品的功能或服务，而不是卖产品本身（Fishbein et al., 2000）。产品利润主要来自提供给消费者的价值，这些价值与产品传达的功能单位数量相关，消费者真正需求的是产品的功能而不是产品本身（Toffel, 2008）。基于此，制造商保留产品所有权，消费者根据物品的功能使用情况向制造商支付费用，制造商负责产品使用过程中的维修且不向顾客收取维修费用。Mont（2004）在分析

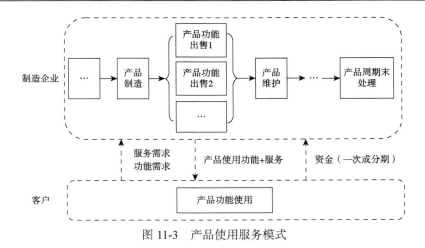

图 11-3　产品使用服务模式

PSS 时将其分为三类——产品导向型、使用导向型和结果导向型，其中产品使用导向型就是指产品交易的是功能而非产品本身的生产服务，如产品租赁和共享服务。

2. 产品使用服务模式的效益分析

产品使用服务模式是对传统商业模式的改变。传统商业模式中，制造企业提供产品，消费者/客户为实体产品支付资金，产品在交易之后的所有权和使用权都归购买方。从消费者的角度来看，只有产品的使用过程是受益环节，而维修、技术升级、不用时的空置、使用后的废弃处置等则需要另外支付成本。而在产品使用服务模式中，制造企业只向消费者提供某阶段的产品使用功能，由企业负责产品在全生命周期中的动态管理，消费者只需要承担功能使用成本。从制造企业的角度来看，企业增加了服务业务，扩大了业务范围和利润空间。产品对于制造企业来说，不再是产出，而是中间投入，是服务的载体。因此，制造企业在技术研发和产品设计阶段会充分考虑产品全生命周期成本，使用更环保、更耐用的材料以延长产品使用周期从而有利于产品使用后的处置，功能设计上更注重核心功能的创造，通过对零部件不同的组装方式实现消费者不同的消费需求并避免多余功能造成资源浪费。另外，产品使用服务模式中，由于制造商全程参与了产品使用过程，增加了与消费者的直接交流沟通，获得大量消费者对产品的使用体验和潜在需求，为产品的设计改进提供了良好的基础。

3. 产品使用服务模式的实施条件

产品使用服务模式是从改变商业模式上进行服务化转型，采用此类服务化模式的制造企业需要具备以下条件：①制造企业具有较完整的销售服务系统和快速的市场反应能力。由于在价值链上增加了大量的售后服务环节，其比重甚至会超过生产制造环节。因此，销售服务系统不再附属于生产制造系统，两者同为生产服务系统中相对独立的子系统。组织构建上，企业可以集成内部资源成立相应的职能部门或分公司以逐渐完善销售服务系统，也可以通过收购或并购外部相关的生产性服务型企业以达到快速高效地完善销售服务系统的目的。刘建国（2012）将通过这两种方式增加的服务称为自营性服务，服务与生产的衔接都通过企业内部的组织与协调来完成，节省了交易成本，但要求企业具有较高的系统运作水平和较先进的现代信息技术集成系统。另外，企业还可以通过协同合作或服务外包的方式，以自己的生产制造优势及产品技术优势为依托与对方的销售服务优势进行强强联合。这种方式可以用更好的产品品质和服务质量实现消费者价值的最大化，提升各自的市场竞争力，但两个企业之间的协作会带来交易成本，制造企业对外包企业的掌控有限，因而也会存在信任危机。②企业具备产品全生命周期管理的观念和能力。在产品使用服务化模式中，企业作为产品功能提供商，会参与产品全生命周期的整个过程。所以，在产品设计中要考虑产品的使用维护成本以及使用后回收的方便环保性。

### 4. 广东制造企业产品使用服务模式分析

2008年全球金融危机以来，制造业在国内外的需求疲弱，广东制造业的产能处于过剩状态，某些竞争优势不明显的企业纷纷减少生产以减少产品积压，并寻求扩大市场需求的方法。而制造企业通过产品使用服务模式，一方面可以转移资源至新的业务，增加新的价值增值点；另一方面可以通过新的交易方式开拓新的市场需求。例如，汽车行业可以利用国家公务用车改革的机会，为政府等公共部门提供汽车租赁项目；也可以在全国各地形成汽车服务网点，提供短期租车，并提供异地还车服务。家用电器因使用频率较高，日常维护工作较大，对于消费者来说又只是核心工作的辅助活动，因此消费者也容易接受只购买产品功能的交易。例如，空调制造企业，可以为使用量较大的单位集体安装空调、定期组织对空调进行检修并负责废残品的处置，为消费者提供恒温的室内工作环境，并按使用时间或制冷量进行收费。一些使用周期较长的机器设备制造商可以向只有短期使用需求的消费者提供阶段性使用权出售的业务，一些价格高的机器设备可以通过融资租赁的方式向消费者提供功能服务。

### 5. 产品使用服务模式案例分析——广州华德的制造业服务化

广州华德是一家中央空调生产商（企业简介见第10章），它提出的"华德羿歌·智慧供冷"就是典型的产品使用服务模式。自2004年，广州华德开始推出自主研发设计和制造的中央空调"羿歌"。在传统商业模式中，当用户需要中央空调系统提供制冷功能时，从设备提供商处购买中央空调主机、水泵、冷却水塔等设备，再委托工程施工方进行安装调试，使用过程中出现问题时自己联系技术人员进行维修保养，产品使用周期结束后由用户自己处理设备残值。这种模式下，整个中央空调系统由多方分模块分工完成，当各分工部门不能实现有效协调时，整个系统的长期高效运行会受到影响。基于这种情形，广州华德在经过十几年的市场销售经验积累后，从 2013 年开始推出"华德羿歌·智慧供冷"商业模式，向顾客提供的不是制冷设备而是制冷功能。根据顾客的需求，广州华德为其设计、建设和维护供冷系统。广州华德在此过程中实行了工业互联网思维下的大数据管理，将传统模式中分散的产品购买、工程施工和维修保养等环节整合在一起进行集中管理，使资源得到高效配置，可降低中央空调系统管理成本达 90% 以上（湛立和余威明，2014）。对用户而言，不需要为系统设计、设备安装调试和系统维护进行组织协调和支付费用，只需直接使用空调系统提供的制冷功能，根据用冷量的多少支付费用即可，减少资源浪费，同时也降低了购买风险。因此，这种模式实现了产品/服务提供商、用户、社会等多方共赢。

### 11.4.3　综合解决方案模式

1. 综合解决方案模式的含义

综合解决方案模式是指制造企业根据客户的需求，以企业制造的产品为核心设计整体解决方案，根据方案对各产品和服务进行集成（称集成结果为"系统"）后提供给客户，并在产品使用过程中提供系统维护和升级，如图 11-4 所示。

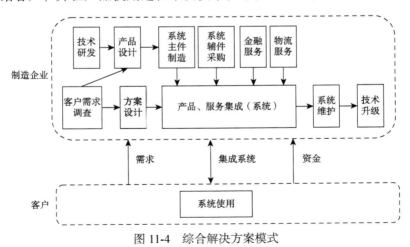

图 11-4　综合解决方案模式

从图 11-4 可以看出，综合解决方案模式从价值链上下端同时进行了延伸，它可以看做产品延伸服务模式的一种升级模式。制造企业不只回应客户的产品需求，还要深度分析客户与产品相关的综合需求，并以此为基础量身定造解决方案，根据设计的需求解决方案，对自产的核心产品、外购的辅件、交易时涉及的金融服务、物流服务进行集成，客户接收集成后的需求解决系统并享受集成商提供的系统维护和技术升级。

2. 综合解决方案模式的效益分析

在综合解决方案模式中，制造企业不是向需求方提供单一的产品或单独提供服务，而是将制造和服务进行深度融合，通过服务环节创造新的价值。服务环节处于价值链中的高附加值部分，它创造的价值空间远大于制造加工环节。对服务要素的有效组织形成的差异化优势明显，使企业的市场竞争力得到提升。此外，该模式中供应商和需求方不只是主动提供和被动接受的关系，需求方成为系统集成的参与者，其高度参与使消费需求渗透到方案设计、产品设计、产品生产、系统集成等各个环节，除需求方的需求价值得到最大满足之外，供应商的资源也得到了较优的配置，避免了盲目生产，降低了经营风险。

3. 综合解决方案模式的实施条件

综合解决方案模式实现了制造业与服务业的高度融合。IBM、苹果、华为等企业均采用这种模式并取得成功。然而并不是所有的企业都适合这种模式。Davies（2004）认为制造企业具备以下四项能力才能为客户提供有效的整合解决方案——系统整合能力、营运服务能力、企业业务咨询能力和卖方融资能力。Brady等（2006）强调企业进入整合解决方案阶段必须发展新能力，包括系统整合、运营服务、企业诊断服务和卖方财务设计，为促进以上四项能力的形成，组织需要增加前台面对顾客的部门、后台能力提供部门和促进前台与后台协同合作的策略中心。其他学者也分析研究了整体方案提供商应该具备的能力，大致都包括了系统整合、整体运营、技术咨询等方面。本章研究认为，要有效实施综合解决方案模式需要有以下条件：第一，企业要具备一定的规模和充足的人力、物力和财务，具有以顾客需求为中心的组织结构。第二，企业要具备较强的集成整合能力，才能将技术、制造、服务进行有效整合，达到协同的效果。第三，企业具有以服务为中心的运营模式。综合解决方案模式强调制造企业在运营过程中与需求方的互动，以服务为中心，以客户为导向，集成组织内外资源，为其提供满足需求的综合解决方案，进而达到与需求方共创价值的目标。第四，企业要具备相应的技术支持体系。首先是要有较强的技术研发能力和创新能力，这样才能保障综合解决方案中主体产品的先进性及多样性。其次要具备高水平的生产管理技术、知识管理技术和信息管理技术。

## 4. 广东制造业综合解决方案模式分析

《中国制造 2025》规划了我国制造业未来十年的战略任务和重点，其中在第八条中明确提到，鼓励制造企业增加服务环节，支持有条件的企业由提供设备向提供系统集成总承包服务转变，由提供产品向提供整体解决方案转变。2014 年广东规模以上制造企业数量达到了 40 156 家，这些企业经过多年发展，逐渐形成了自己的生产制造优势并积累了较多生产、管理经验和智力、金融资本。与此同时，广东现代服务业特别是生产性服务业的快速发展为制造业服务化提供了有利条件。互联网、云计算、大数据和物联网技术的发展和运用，将产业链上的生产和服务环节进行了无缝连接，为企业整合技术、生产、服务等各类资源提供了技术支持。因此，一些资源优势明显、具备服务化经验的大型制造企业比较适合采用综合解决方案模式。

## 5. 综合解决方案模式案例分析

### 1）华为的制造业服务化

华为于 1987 年在深圳市成立，创立之初其主要业务是为香港一家生产用户交换机的公司做销售代理。20 世纪 90 年代，华为开始自主研发设计、生产制造并销售交换机、无线及有线固定接入网络、通信网络及无线终端产品等。随着向高附加值的服务环节不断深入，华为现已成为全球领先的信息与通信解决方案供应商，为电信运营商、企业和消费者个体提供端到端 ICT 解决方案和服务，产品和解决方案应用于全球 170 多个国家和地区，为 30 亿人提供服务。

在生产相对过剩的背景下，华为一直坚持以顾客的需求为中心。2001 年开始，华为在"双赢"服务新理念的支撑下，与顾客共建服务网络，逐渐形成综合解决方案的 PSS，为顾客定制个性化的需求解决方案。为满足顾客的需求，华为通过专业服务为客户提供基于设备的整体解决方案并提供运营规划和咨询服务；通过工程服务为客户提供网络方案设置、安装及调试维护；通过备件服务为客户提供备品备件；通过技术支持服务为客户提供技术维修和升级改造；通过培训服务为客户提供技术培训、管理培训和认证培训以保障设备的操作安全性与运行顺畅。2014 年，华为成立了信息与通信技术（information communication technology，ICT）融合的产品与解决方案组织，面向运营商、企业和消费者三类客户群，深度融合云计算（cloud computing，CC）、软件定义网络（software defined network，SDN）、网络功能虚拟化（network function virtualization，NFV）等理念，形成了从业务、运营、网络功能、网络架构等方面重构电信网络的解决方案。华为通过产品服务体系为顾客提供综合解决方案，更好地满足了顾客的需求，同时也使企业利润得到稳定增长。据华为公司年报数据显示，2014 年其销售收入达到 2 881.97 亿元，营业利润达到 342.05 亿元，2010~2014 年的五年间，华为的销售收入复合年均增长率达 12%，营业利润复合年均增长率达到 2%。

2）陕鼓的制造业服务化

陕鼓是设计制造以透平鼓风机、压缩机为核心的大型成套装备的企业。从 1968 年成立到 20 世纪末期，和国内大多数制造企业一样，陕鼓将自己定位为产品供应商。从 2001 年开始，陕鼓开始从传统制造业向制造业服务化转型，将企业定位为全方位动力设备系统问题的解决方案和系统服务商，并建立了面向效用的生产服务系统。陕鼓的客户多为制造企业，客户在购买成套设备前需要考虑融资、选址、配套基础设施建设、设备安装调试、设备维修保养等一系列问题。在考虑客户需求的基础上，陕鼓提供了一系列服务。首先，为融资困难但发展前景较好的客户提供金融支持，陕鼓利用自己良好的资信信誉，为这些客户提供融资担保，所融资金用于购买自己的成套设备。除融资担保外，陕鼓还提供融资租赁业务，帮助客户解决资金不足的问题。其次，陕鼓利用自身的专业技术优势和项目管理经验，不仅为客户提供自产的核心设备，还根据客户需求提供系统设计、辅助设备采购、系统集成、系统安装、系统调试、系统维护、系统升级等服务。这一整体解决方案服务模式不仅使客户可以直接使用系统投入生产而省掉了繁杂的系统创建和项目管理工作，同时也大大拓展了企业自身的市场需求和利润空间。实施整体解决方案服务模式后，陕鼓的合同额增加了 3.5 倍，利润增加了 2.7 倍（杨才君等，2011）。

### 11.4.4 生产外包模式

#### 1. 生产外包模式的含义

生产外包模式是指制造企业将产品价值链上低附加值的制造加工环节部分或全部委托给外部企业，将自己的业务聚集于价值链两端的技术研发、产品设计、产品销售、品牌管理、物流运输、售后服务等高附加值环节，如图 11-5 所示。需要注意的是，生产外包并不是完全去制造化，而是将技术含量低、自身没有竞争优势的加工制造业务由其他企业代工生产。

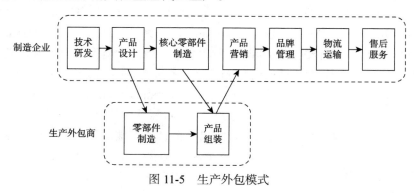

图 11-5 生产外包模式

### 2. 生产外包模式的效益分析

生产外包能给企业带来诸多有益的方面。首先，制造加工环节外包能使企业资源实现效益最大化。在制造业价值链中，附加值更多地来源于非制造加工环节，即"微笑曲线"两端的服务环节，服务环节所创造的价值占到整体价值的 2/3（秦伟等，2015）。以汽车产业为例，当汽车工业进入发展时期，单纯的汽车制造投资回报率大约为 3%~5%，而围绕汽车的服务投资回报率高达 7%~15%。

其次，生产外包使企业降低成本。产品制造加工属于劳动力密集型环节，技术含量不高，因而这个环节较难形成差异化，其竞争优势在于低成本。一些 OEM 企业只专注于制造加工，接收不同企业的代工生产订单，因而在技能方面和规模经济方面均具有优势，能以更低的成本完成产品制造加工。从社会整体来说，将工作分配给更擅长的部门更符合社会分工理论，有利于资源在全社会范围内的优化配置。

最后，生产外包也能使企业集中资源发展核心业务。在环境日益复杂多变、市场竞争日益激烈的形势下，任何制造企业想要在整个产业链上各个环节取得全面竞争优势几乎不太可能，而只能在其中某一个或几个特定的环节形成自己的竞争优势。随着产品价值链不断往两端延伸，企业的组织规模不断扩大，组织结构日益复杂，资源被分散至各个环节，不利于形成竞争优势。将占据较多资源投入的生产加工环节部分或全部外包能使企业集中有限资源重点发展核心业务。而且，生产外包可以简化复杂的组织结构，增强其对外界的应变能力，快速应对市场变化（马慧贤，2009）。

### 3. 生产外包模式的实施条件

采用生产外包模式是制造业服务化过程中服务化程度最高的发展模式，企业在一定的条件下才能采用这种模式取得预期绩效。首先，企业在技术研发、产品设计、产品营销、品牌管理等服务环节上具有明显优势，在产业链上具有掌控能力。一般来说，企业的核心技术处于行业领先水平并且具备持续的创新能力是生产外包的前提条件，也是体现产品差异化的源泉。品牌优势和营销优势对于生产外包的制造企业来说也非常重要。例如，苹果公司将手机制造组装环节交由代工企业，公司自身只负责技术研发和营销，依靠产品设计和将硬件、软件和服务融为一体的商业模式取得竞争优势，获得产品链上的掌控权。

其次，企业在制造环节上没有优势。如果企业在制造环节上有较大的竞争优势，当然不考虑生产外包。

最后，企业具备良好的生产外包供应商管理能力。制造企业和生产外包供应商是两个不同的利益体，各自追求自己的最大利益。企业需要有一套完整的生产外包供应商管理系统，通过对供应商进行合理选择、有效监控和关系维护，保障产品按质按量按时地供应，降低外包风险。

4. 广东制造业生产外包模式分析

广东制造业进入快速发展阶段以来，其竞争优势主要在制造加工环节，电子产品、服装、玩具等行业中大量的中小企业都属于代工企业类型。所以，从整体上来说，生产外包模式目前在广东制造业的应用范围不广。但是，部分企业经过技术积累，不断增加科研投入，具备较强的技术研发和科技创新能力，如华为、中兴等企业。这些企业在技术上有领先优势，也具备较强的营销和服务能力，可以考虑将加工组装等生产环节外包，更有利于集中资源重点发展其技术创新能力。部分技术领先、开发创新能力较强的企业目前在制造环节仍然有竞争优势，但这种竞争优势随着人工成本、能源成本、环境成本的增加将逐渐减弱，因此也可考虑集中力量提升非制造环节的竞争力。而且，广东制造业中劳动力密集型的工作正在向内地各省和印度、越南、柬埔寨等国家转移。广东省人民政府在 2015 年 7 月 23 号印发的《广东省智能制造发展规划（2015—2025）》中提到未来十年广东制造业的六个主要任务，其中一个任务就是要突破智能制造关键技术和核心部分，重点突破关系产业健康发展的核心基础部件和关键支撑技术，打破国外垄断。可见，通过科技创新推动制造业的发展将是广东制造业发展的重要方向之一。部分技术领先、创新能力强的企业将采用生产外包模式实现企业的制造业服务化转型。

## 11.4.5 制造业服务化模式比较分析

不同的制造业服务化模式从含义、特点和运营条件上存在一定的区别，如表 11-2 所示。从服务化程度来看，产品延伸服务模式的服务化程度相对较低，综合解决方案模式和生产外包模式的服务化程度相对较高。Neely 等（2011）通过 OSIRIS 数据库对全球 13 775 家制造业企业的服务化现状进行调查，结果显示在众多的服务提供方式中，综合解决方案提供是最常用的服务化模式。从已有的制造业服务化实践来看，制造企业并不是采用单一的服务化模式，或者为追求高服务化水平而只采用综合解决方案模式或生产外包模式。大部分制造企业在服务化过程中采用复合的方式提供产品与服务的组合（刘宇熹与谢家平，2015）。因此，广东制造企业应该根据自己所处行业的特点和企业自身优劣势有针对性地选择合适的模式。不同行业之间的服务化模式和服务程度均存在差异，知识密集型产业和高新技术产业的服务化程度相对较高。欧盟统计局提供的数据显示，2008 年部分欧盟国家计算机及电子、光学产品的制造业服务产出比重平均值为 9.14%，其他行业的制造业服务产出比均低于 4%；《2013 欧盟产业结构报告：全球价值链竞争》调查显示，2009 年欧盟国家高新制造业的服务投入在各行业中最高。另外，不同制造企业在经营战略、企业资源、发展规模、核心竞争力、产品特色等方面也存在差异，其服务化转型的模式也应该不同。

表 11-2　广东制造业服务化模式比较

| 类型 | 含义 | 特点 | 企业应具备的条件 | 典型案例 |
|---|---|---|---|---|
| 产品延伸服务模式 | 制造企业以产品制造为主，沿产品价值链往上或往下增加部分服务增值环节 | 以提供产品为主，服务作为产品的附属增加值部分，使产品产生差异化 | ①具有低成本、高效率的生产优势；②除制造环节之外的其他一个或多个环节上有一定的知识和资金积累 | 格兰仕 |
| 产品使用服务模式 | 制造企业保持产品的所有权而出售产品某段时间的使用权，根据客户的需求提供产品使用功能，并负责产品的维护保养和残值回收 | 改变了传统商业模式，以提供产品使用权为主；产品所有权不转移；制造商参与产品使用过程，与客户的互动加强 | ①具有较完整的销售服务系统和快速的市场反映能力；②具备产品全生命周期管理的观念和能力 | 广州华德 |
| 综合解决方案模式 | 制造企业根据客户的需求，设计整体解决方案，对产品和服务进行集成后提供给客户，并在交易后提供系统维护和升级 | 完全从客户的个性需求出发，需求方参与系统的集成过程。制造企业从需求分析到系统集成、使用培训再到系统维护和升级提供整套服务 | ①具备一定的组织规模和以顾客需求为中心的组织结构；②具备较强的资源整合能力；③具有与顾客共创价值的经营理念和以服务为中心的运营模式；④具备相应的技术支持体系 | 华为、陕鼓 |
| 生产外包模式 | 制造企业将低附加值的加工组装环节部分或全部委托给外部企业，将自己的业务聚集于价值链两端的技术研发、产品设计、产品销售、品牌管理、物流运输、售后服务等高附加值环节 | 将资源聚集于价值链上的高价值环节，打造高价值制造 | ①在价值链两端的服务环节上具有明显优势，在产业链上具有掌控能力；②在制造环节上没有优势，外包能优化资源配置。③具备良好的生产外包供应商管理能力 | 小米 |

## 11.5　政府推进广东制造业服务化的政策与措施

制造业服务化是制造业发展过程中的一种新状态，它促进了制造业的转型和升级。一些发达国家早在 20 世纪 80 年代就已经开始通过制造业服务化促进产业升级，在全球产业链分工中占据制造业价值链的高端，成为制造强国。金融危机后，发达国家陆续实施"再工业化"战略，创造制造业竞争的新优势。纵观这些国家制造业的升级转型经验，在制造业服务化的起步阶段，政府都采取了较大力度的财政、税收、金融扶持政策。中国还处于工业化进程的中后期，属于"制造业大国"，但离"制造业强国"还有较大距离，制造业服务化还处于起步阶段。本节研究以广东为例，分析在制造业服务化过程中，除了制造企业自身创新改革之外，政府在产业发展规划、财政税收政策、金融政策、创新激励、组织间协同创新平台建设等方面支持和引导制造业与服务业融合发展，实现制造业的"高端化"和"服务化"发展。

### 11.5.1　强化制造业服务化的战略意识

服务化是制造企业有意识的战略决策，企业的高层领导在服务化转型的决策制定中起到关键作用。广东的本土制造企业以代工生产为主，传统生产模式的惯性以及部分企业决策者的前瞻性和创新性不够使企业高管缺乏服务化转型的战略意识。政府需采取相应的措施，强化制造业服务化的战略意识，推动制造业的服务化转型，具体包括以下三方面。

1. 增强制造业和服务业融合发展的观念

现代服务业特别是以"互联网技术"为核心的现代信息技术的不断发展，对经济社会发展中各行业的渗透影响力越来越强，使传统上制造业和服务业的产业界限变得越来越模糊。消费者不再像过去那样只满足于有形的产品本身，而是需要有形产品和无形服务结合在一起的"产品+服务"包，同时还追求产品/服务交易的快速便捷性。与此同时，制造企业逐渐将信息技术作为企业重要的战略性资源，将之融入产品的技术研发、设计、生产、物流、销售和使用及回收等产品全生命周期中，同时还利用互联网技术优化企业内外部的协同网络系统。传统的产业分界对目前的三次产业结构优化调整产生了一定的困扰。安筱鹏（2012）认为，我国传统的三次产业分类体系在某种程度上妨碍了人们理解当代经济演进的趋势。《中国制造2025》提出，新一代信息技术与制造业深度融合，正在引发影响深远的产业变革，形成新的生产方式、产业形态、商业模式和经济增长点。

因此，政府首先要增强产业融合发展的观念，在制定经济发展规划或者提出产业结构优化对策时，充分考虑到制造业和服务业融合发展的必然趋势以及制造业服务化是制造业转型升级的重要途径。

2. 将制造业服务化作为制造业转型升级的重要方向

广东是我国的制造大省，近三十多年来取得了快速发展，逐步成为"世界工厂"。但是，广东制造业研发创新能力不足、缺少自己的核心关键技术，较集中于产业链的加工组装环节，产品附加值低，主要靠资源要素投入的生产方式也受到较大的资源环境约束。在世界经济发展全球化、信息化和绿色化趋势下，广东制造业亟须转型升级，寻找新的增长点，以提升国际竞争力并取得持续性发展。众多学者的研究证明，我国制造业发展与发达国家制造业发展的差距主要体现在研发能力和服务增值上。服务环节是全球制造业价值链中的主要增值点，也将是我国制造业在全球范围内形成核心竞争力的关键支撑（安筱鹏，2012）。顾强和徐鑫（2012）认为制造业服务化是提升中国工业的整体协作配套水平，构建现代产业体系的必经之路。因此，应该将制造业服务化作为广东制造业转型升级的重要方向。

以装备制造业为例。装备制造业是制造业的核心组成部分，也是工业发展的基础。广东装备制造业经过快速发展和产业集聚，形成珠江西岸"六市一区"（包括珠海、佛山、中山、江门、阳江、肇庆六市及顺德区）先进装备制造业带。形成了中山风电装备、珠海通用航空装备和佛山自动化机械及设备等在国内具有较大影响力的装备制造产业基地。但是，广东先进装备制造业自主创新能力不足，核心关键技术受制于人，系统集成能力较弱，相关基础设施和服务体系建设相对滞后（瞿金平，2015）。因此，广东先进装备制造业正处于由大到强的转型升级时期。而通过现代信息技术促进装备制造业的数字化、网络化和自动化，通过"互联网+制造"模式实现装备制造业的智能化、服务化发展将是广东先进装备制造业转型升级的主要方向。通过延伸先进装备制造业价值链两端，加大科研开发投入，建立协同创新平台，形成产学研政相结合的先进装备制造创新体系。同时，通过完善基础设施和公共服务体系，推动先进装备制造企业利用互联网资源优化业务模式，由传统的产品销售模式转为基于用户的服务销售模式，由"卖产品/设备"向"卖整体设计"和"卖服务"发展，实现广东先进装备制造业的转型升级。

### 3. 加强制造业服务化的典型示范宣传

政府在产业转型升级过程中起着战略调控和顶层设计的作用，而企业是产业转型升级的主体，也是产业转型升级的关键。要使制造业服务化落到实处，必须要求制造企业根据自身条件和外部环境将服务化作为企业的战略发展方向。传统生产模式的惯性以及部分企业决策者的前瞻性和创新性不够，使一些制造企业对制造业服务化转型升级的战略意义认识不足。一些企业意识到制造业服务化是创造企业竞争优势、推动企业转型升级的重要方向，但对企业进行服务化转型过程中企业战略、组织结构、运营模式等转变带来的风险及其管理缺少信心。

因此，要加强制造业服务化的宣传和讨论，逐渐形成有利于制造业服务化转型升级的强大氛围，以增强制造企业对服务化转型的动力。首先，要加强制造企业服务化典型企业的案例总结和经验推广，如国外的苹果公司、罗尔斯-罗伊斯公司、国内的陕鼓集团以及广东本地的华为、广电集团、广铝集团等，为广东制造企业服务化转型起到示范带动作用。其次，由政府或行业协会组织制造企业前往制造业服务化发展起步较早、成果较明显的国家或地区，如美国、英国、芬兰等，实地考察这些国家或地区制造业服务化的发展现状及成功经验。

## 11.5.2　完善支持制造业服务化的多元化金融体系

制造业发展对资金的需求量较大，融资困难是很多制造企业特别是中小企业转型发展中碰到的主要问题之一。制造业服务化要求企业改变原有的经营模式和资源组织方式，需要与之相适应的现代金融体系的支持。另外，金融业属于生产性服务业，也是制造业服务化转型的方向之一。为此，政府需要进一步完善金融体系，为制造企业服务化转型创造良好的金融环境。具体包括以下几方面。

### 1. 积极发挥政策性金融的优势

引导金融机构特别是政策性银行加大对制造业与服务业融合发展项目的信贷支持力度，重点支持先进制造业和高技术制造业价值链两端的生产性服务项目，在审批程序上为其开辟"融资绿色通道"，在贷款额度、贷款期限及贷款利率等方面予以政策性倾斜。

### 2. 拓宽制造业融资渠道

首先，积极发展非银行的金融机构，支持金融和投资类企业、信用和融资担保类企业以及小额贷款机构的发展，减少其创建和发展中的不合理限制，简化行政审批程序，引导开发新的金融产品和服务，为制造企业服务转型提供金融服务。

其次，引导社会资金进入广东制造业服务化发展中，支持符合条件的制造企业在境内外上市融资或发行公司债券、企业债券、短期融资券、中期票据等进行直接债务融资。引导风险投资基金对高新技术制造业的技术创新和服务创新提供支持。

### 3. 推动互联网金融的良性发展

互联网金融是互联网技术与传统金融体系的融合。依托互联网的快速便捷和范围广度，将传统的金融业务进行了延伸，由传统的线下金融服务延伸到了线上，增加了 P2P 信贷、网上银行、第三方支付、债权和股权众筹等新的金融业务形式，形成线上业务与线下业务对接的金融体系。与传统金融服务相比，互联网金融不仅拓宽了金融业务的空间，还促进了金融的快捷便利高效化，减少了交易成本。同时，大数据和云计算等技术的运用帮助投融资双方及时了解金融市场的供需变化，促进资金的有效配置。制造业服务化要求制造企业以客户为中心，运用互联网与大数据资源在全球化产业链中与供应商、销售商和终端客户进行协同，就必然要求有与之相适应的互联网金融服务。因此，政府应该深化互联网技术对传统金融体系的改革，使之为制造业服务化提供更为高效便捷的金融服务。

"互联网+金融"作为一种新兴的金融模式，由于在国内发展的时间尚短，外部监管体系不够完善，缺少足够的法律规范，信用交换困难导致事后惩戒机制运行不力，信息和资金安全问题也较为突出（宁连举和刘茜，2015；李博和董亮，2013）。因此，政府应该加快互联网金融的法律法规体系建设，制定网络金融行为的指引文件和国家标准，加强对互联网金融的监管力度，促进互联网金融的良性发展。

4. 支持符合条件的制造企业开展金融业务

金融业是重要的生产性服务业，处于制造业价值链的高附加值环节。众多实践证明，制造企业可以根据客户的需求，开展融资租赁和消费者信贷等业务，在满足客户交易便捷需求的同时扩大了自己的产品市场和利润空间。安筱鹏（2012）认为，制造企业能提供高水平的金融服务，标志着制造业发展到高级阶段，也标志着金融业发展进入成熟阶段。因此，政府可以考虑支持符合条件的制造企业开拓金融服务业务。

为此，要打通制造业与服务业条块分割的管理体制，放宽制造企业进入金融领域的准入门槛，有效简化审批程序。支持符合条件的制造企业参与企业集团财务公司、金融租赁公司等金融机构，并围绕企业的核心产品开展融资租赁和消费者信贷业务。同时也引导企业特别是中小微企业利用装备制造企业的融资租赁服务实施设备更新和技术改造。

### 11.5.3　加强财政税收政策扶持

广东制造企业大部分还处于价值链的低附加值环节，以组装加工为主，向价值链"微笑曲线"两端延伸拓展服务业务尚处于起步阶段，一些制造企业缺乏服务化转型的动力和实力。因此，要加大税收优惠和财政支持力度，推动制造业关键领域和高端环节取得突破发展，加快广东制造业服务化转型升级的进度。具体可从以下三方面考虑。

1. 提高制造业服务化专项资金使用效益

政府已在相关文件中提出分别针对工业/制造业和服务业设立专项资金。广东省人民政府在2015年3月制订《广东省工业转型升级攻坚战三年行动计划（2015—2017年）》，提出三年内省财政统筹安排516亿元集中支持工业转型升级，重点支持技术改造、先进装备制造业发展、集成电路重大项目和省产业园扩能增效。为贯彻落实《国务院关于加快发展生产性服务业促进产业结构调整升级的指导意见》，广东在2015年9月提出统筹省级财政扶持产业发展专项资金，支持省内重要生产性公共服务平台、重大生产性服务业集聚区建设和装备工业国家级科研机构建设。

从文件内容来看，政府已考虑到制造业服务化的发展趋势，重点对技术研发设计领域提供相应的财政支持。本章研究认为，在制造业服务化过程中，不仅可以通过技术创新推动产业升级发展，物流运输、金融租赁、商业运营等领域的服务创新同样也能推动制造业的升级发展。而且，服务创新对于广东大部分制造企业来说是薄弱环节，更应该成为专项财政支持的主体。

2. 调整政府采购行为

政府采购不仅仅是一种财政支出管理手段，也是对经济实施宏观调控，促进产业优化发展的重要手段。《中华人民共和国政府采购法》自 2003 年实施以来，政府采购在支持高新技术产业、民族产业和不发达地区及中小企业发展上起到了促进作用。在我国制造业转型升级的关键时期和制造业服务化的重要趋势下，建议各级政府调整政府采购行为，加大对制造企业服务和产品的采购倾斜力度。通过对制造企业服务化过程中自主研发产品/服务的政府采购，一方面可以帮助企业提高产品/服务的质量和公众接受度，扩大销售市场；另一方面还增强了制造企业进行服务化转型的导向作用，提高制造企业开展服务业务的积极性，扩大制造企业服务化的规模。

3. 落实制造业服务化的税收优惠政策

2012 年，广东被作为试点之一，实行营业税改征增值税政策。被试点的行业包括交通运输业和研发与技术服务、信息技术服务、文化创意服务、物流辅助服务、鉴证咨询服务、有形动产租赁服务六个服务行业。营业税改征增值税后，提供服务业务的制造企业避免了产品与服务之间的重复征税，降低了企业税负，提升了企业利润。在制造业与服务业融合越来越深入的趋势下，制造企业不仅从以上六个服务行业拓展服务业务，更有可能在"互联网+"背景下打通完整产业链，以满足客户的多元化需求。为此，不仅需要落实已经有的针对制造业服务化的税收优惠政策，还要扩大优惠范围和力度，对制造企业发展的高新技术科技研发、工业设计、金融保险、物流仓储、商业服务等生产性服务业提供一定时期或长期免税以及大幅度降低税率的政策。

### 11.5.4　完善制造业创新体系，提高制造企业的自主创新能力

与制造业强国相比，我国制造业的主要差距体现在研发环节和服务环节，自主创新能力不足，关键核心技术对外依存度较高（安筱鹏，2012）。我国要由制造大国变为制造强国，关键在于坚持创新驱动，完善以企业为主体、以市场为导向、政产学研相结合的制造业创新体系，提高制造业自主创新能力，在关键核心技术上由输入转变为输出，提高制造业投入和产出中的服务要素，在制造业全球产业

链上占据高附加值环节。广东制造业可考虑从以下四方面完善创新体系。

### 1. 扩大研发经费投入、服务创新与技术创新并重

没有研发就没有创新，研发经费投入比率是反映一个国家、地区或企业创新能力的通用指标。2014 年广东科研经费投入占 GDP 的比重为 2.37%，而美国、韩国、德国等国家的研发经费投入比率均超过了 3%。因此，广东要提升制造业的整体创新能力，需要继续扩大研发经费投入。研发经费投入分为政府投入和企业投入，所以从以下两方面考虑。

首先是政府扩大科研经费投入。政府对科研投入的增加不仅直接促进科研发展，还对社会投资、企业战略行为起到了引导作用。众多研究证明政府对科研的投入与经济增长之间呈正相关关系。赵立雨和师萍（2009）通过实证分析认为中国政府财政研发投入对经济增长和民间资本投资有直接的促进作用。除了扩大政府科研经费投入外，还要优化和调整科研经费投入结构，完善科研经费管理机制，使资源配置达到效用最大化。加大对重大技术创新项目和制造企业服务创新项目的经费支持，同时也扩大小费用科研项目的立项数量。在重视技术创新的同时，鼓励对制造业服务化转型中的服务模式、经营方式、商业模式等方面进行创新研究。

其次是引导制造企业自身扩大科研经费投入。企业是创新研发的主体，也应成为创新研发投入的主要来源。广东在引导企业的创新主体地位方面一直走在全国前列，一些大规模制造企业在研发投入方面保持较高的增长速度。例如，2014 年华为的研发投入达到 408 亿元，占年销售收入的 14.2%；格兰仕每年抽出销售收入的 5%以上投入研发创新。但是广东的大部分制造企业，特别是一些中小型的 OEM 企业，研发投入低于 1%，有些甚至没有自己的研发机构和专职的研发人员。因此，政府要引导制造企业有计划、持续地增加科研经费投入。对没有科研投入的制造企业，要求其建立研发准备金制度并按制度执行。对已有准备金制度的企业，根据企业研发投入情况对企业实行普惠性财政补助。

### 2. 完善广东制造业创新网络

在创新驱动发展战略的指导下，由政府主导，各行业协会组织，以产业集聚为基础，建立区域性的创新研究中心，形成广东制造业创新网络，为政府、企业、大学和科研机构等提供技术创新和服务创新的信息交流平台，促进政产学研结合，开发高端技术和先进服务模式，并及时投入生产和运营，加速成果转化，降低科研技术商业化的成本风险。创新研究中心以产业集聚为基础，对已有的研发机构进行资源整合。例如，在深圳以电子通信设备产业技术和服务创新研究为主，广州以智能装备产业、汽车产业创新研究和应用为主，佛山、肇庆、惠州以汽车产

业、家用电器产业创新研究和应用为主，东莞以纺织服装业创新研究和应用为主，珠江西岸的珠海、江门和中山以装备制造业创新研究和应用为主。

3. 强化制造企业的自主创新主体地位

完善增强制造企业自主创新能力的制度环境，引导企业有计划、持续地增加科研经费投入。对没有科研投入的制造企业，要求其建立研发准备金制度并按制度执行。对已有准备金制度的企业，根据核实后的企业研发投入情况对企业实行普惠性财政补助。鼓励企业单独承担或企业与科研机构、高等院校共同承担科研项目的开发研究。

4. 发挥创新型龙头制造企业的骨干作用

广东已有部分制造企业，如华为、格兰仕等企业，在技术水平、创新能力、价值链整合能力等方面具备较强的国际竞争力。加强对科研基础较好、创新能力较强的制造企业的创新支持，鼓励创新能力强、经济效益好、在国际上有品牌影响力的创新型龙头企业牵头组建产业研发基地，突破影响产业发展的核心关键技术瓶颈。支持这批创新型龙头企业延伸产业链，增加服务投入和产出，实践创新型的商业模式，成功实现制造业服务化转型。通过这批创新型龙头企业的辐射和带动，提升广东制造企业在技术、资源组织方式和商业运营模式上的整体创新能力。

### 11.5.5　完善制造业服务化人才引进和培养体系

技术和知识是制造业最重要的投入要素，而掌握知识的人才是制造业服务化转型升级的关键。制造业服务化发展更注重员工的服务化导向思维、跨领域知识的系统整合和信息技术的综合运用。根据制造业服务化人才需求分析可知，制造业服务化需要能进行服务化决策并带领服务化发展的高层管理人才、生产服务系统运营管理人才、专业技术研究和设计人才和一般技能人才。据广东省人力资源和社会保障厅统计数据显示，2015 年广东制造业人才需求人数与在岗员工数的比值高达 13.3%，生产性服务业相应数据也平均达到 8.5%，制造业和生产性服务业均处于人才高需求状态。因此，建立一支素质高、结构优的多层次人才队伍是广东制造业服务化转型升级的基础保障。

1. 完善广东人才公共服务体系

首先，要完善广东人才管理的制度环境。在国家人事人才管理法规和规范性文件的指导下，根据广东制造业服务化发展的实际情况，有针对性地建立并完善相关制度和规范性文件，使广东制造业服务化人才培养、引进、激励考核等得以规范合理、高效有序地进行。

其次，要加强人才信息共享体系建设。根据产业发展趋势定期进行人才需求预测，建立并不断完善公开化的大数据人才信息库，为高校的专业设置、企业的人才引进和培养等提供参考。

再次，要创建协同育人平台，促进政府、行业协会、高校、科研机构、企业等在人才培育方面的协作交流。制造业服务化是制造业发展的新型模式，涉及跨行业技术知识的整合，强调产品与服务的综合性集成提供。因此，需要政府在人才的培养单位与使用单位之间、在不同的用人单位之间建立沟通交流平台，引导相关单位的协同合作。

最后，要营造良好的用人环境。除建立完善制度环境外，为培养人才、引进人才、使用人才和留住人才等方面做好配套措施，如在高层次人才调动办理、住房、配偶就业、子女入学、社会保障、科研资助经费等方面提供相应的解决措施。

### 2. 优先培养和引进高层次和紧缺专业人才

广东制造业服务化发展正处于初级阶段，能制定服务化战略并带领服务化发展的企业高管、关键技术创新研发人员、服务模式设计人员等应该处于优先培养或引进的人才之列。具体可考虑以下推动措施。

第一，建设高层次和紧缺专业人才重点培养工程。以提高现代经营管理水平和提升制造企业竞争力为核心，实施制造企业经营管理人才素质提升工程，利用国内外资源培养造就一批优秀制造企业家和高水平的经营管理人才；以提升制造业技术研发和产品设计能力为核心，实施先进制造卓越工程师培养工程、科技创新技术之星培养工程和科技创新团队培养工程；依托重大项目、重点工程和产业基地，着重打造"珠江学者"品牌工程，在新型电子信息、新能源、半导体、生物医药等战略性新兴产业和装备、汽车、石化、钢铁、船舶等先进制造业以及金融、物流运输等生产性服务业上培养一批广东制造业服务化发展需要的具有国际领先水平的技术专家和创新型人才，培养一批从事先进技术研发的创新团队。

第二，建设高层次和急需紧缺专业人才引进工程。加强配套措施建设，加大对全球范围内优秀人才的引进力度。鼓励跨国公司与广东制造企业、科研机构、高等院校协同合作，建立高起点、规模化的研发中心，培养属于自己的研发队伍。扩展引智渠道，大规模引进国外高级技术人员前来广东工作。通过引进国内外高级服务人才，形成优势产业集聚人才、重点项目吸引人才的发展态势。

### 3. 加强技能人才培养

技能人才在多层次人才队伍中占据的人数比例最大，是广东制造业服务化发展的基础。据广东省人力资源和社会保障厅统计数据显示，2015 年广东市场紧缺的前十个职业中，有七个属于制造业。因此，建设一支数量充足、素质优秀并且技能精湛的技能人才队伍是推进广东制造业服务化转型升级的基础保障。具体可考虑以下推动措施。

第一，积极推进校企合作，形成人才培养和使用的紧密衔接。引导普通高校和高职院校与制造企业建立人才供需交流通道，根据市场需求设计专业和课程，针对制造业服务化能力需求培养学生的多元化技能。引导高校采用"订单式"、委托培养等方式接纳企业的在职员工接受培训。支持制造企业与学校建立生产与教学兼备的实践基地。鼓励高校教师进生产现场、企业技能大师进教学课堂。

第二，积极推动技能人才培养主体多元化。鼓励社会力量创办职业技术院校和培训机构。鼓励外资进入，允许并引导国外和港澳台地区高校和职业教育机构以控股或参股等方式在广东设立分校；引导企业内部定期举办技能培训与交流活动，提升在职技能人员的业务素质和学习能力。

第三，引导各行业协会举办技能竞赛，加强行业内部的技术技能交流和跨行业的技能学习。

## 11.6   本 章 小 结

本章根据制造业服务化的基本理论和发达国家制造业服务化发展的经验启示，针对广东制造业发展现状提出广东制造业服务化发展思路，分析了广东制造业服务化的驱动力、人才需求和服务化转型目标，提出四种可行的服务化模式，同时从政府的角度提出推动政策和措施建议。

在广东制造业服务化发展过程中，作为主体的制造企业要调整发展战略，探寻合适的制造业服务化模式。政府要起到"顶层设计者"的作用，制定相应的政策和措施，创造更适合开放创新的环境，推动制造业的服务化。广东制造业通过服务化转型要实现企业竞争力提升、产业结构优化升级，进一步实现经济社会可持续发展的目标。

在制造业全球价值链中，服务环节逐渐成为产品附加价值的主要产生源泉。制造企业要根据自身的资源优势，抓住并长期占据全球价值链中的高附加值环节，形成并保持市场竞争优势。本章提出制造企业的服务化转型模式包括以下四种：①产品延伸服务模式；②产品使用服务模式；③综合解决方案模式；④生产外包模式。本研究从模式含义、效益、实施条件以及广东制造企业采用该模式的分析等对各个模式进行了阐述，并选取了部分企业就其制造业服务化模式进行简单的案例分析。

为推动广东制造业服务化发展，本章提出以下推动政策和措施：①强化制造业服务化的战略意识；②完善支持制造业服务化的多元化金融体系；③加强财政税收政策扶持；④完善制造业创新体系，提高制造企业的自主创新能力；⑤完善制造业服务化人才引进和培养体系。

制造业服务化是制造业转型升级的重要方向，广东作为全国重要经济区域和世界"制造加工基地"，应认清制造与服务融合的大趋势，借鉴英国、美国等发达国家制造业服务化的经验，在《中国制造 2025》战略的推动下，抓住互联网经济的契机，选择可行路径和模式，实现产业全面升级转型。

# 参 考 文 献

安筱鹏. 2012. 制造业服务化的路线图：机理、模式与选择［M］. 北京：商务印书馆.

安筱鹏. 2015. 关于服务型制造的几点思考［R］. 2015 年全国机械工业经济形势报告会.

陈春花. 2015. 激活个体：互联时代的组织管理新范式［M］. 北京：机械工业出版社.

陈洁雄. 2010. 制造业服务化与经营绩效的实证检验——基于中美上市公司的比较［J］. 商业经济与管理，222（4）：33-41.

陈菊红，焦兴甲，郭福利. 2011. 服务型制造下产品服务系统的设计［J］. 统计与决策，（13）：186-188.

陈王进. 2015. 制造业应服务化［J］. 经贸实践，（4）：12-13.

陈文府. 2015. 中国制造业参与全球价值链的竞争力——基于世界投入产出表的国际比较研究［J］. 产业经济研究，（5）：1-11，51.

陈晓萍，徐淑英，樊景立. 2012. 组织与管理研究的实证方法［M］. 第二版. 北京：北京大学出版社.

陈艳莹，周娟. 2009. 制造业服务化的生态效益：国外研究进展述评［J］. 工业技术经济，28（1）：69-72.

陈以增，王斌达. 2015. 大数据驱动下顾客参与的产品开发方法研发［J］. 科技进步与对策，32（10）：72-77.

陈应龙. 2014. 双边市场中平台企业的商业模式研究［D］. 武汉大学博士学位论文.

陈永广. 2015-06-15. 借鉴国际经验推动我国制造业加快服务化转型［N］. 中国证券报，（A15）.

陈志文. 2014. "工业 4.0" 在德国：从概念走向现实［J］. 世界科学，（5）：6-13.

程立茹. 2013. 互联网经济下企业价值网络创新研究［J］. 中国工业经济，（9）：82-94

迟福林. 2015. "十三五"：走向服务业大国的转型与改革［J］. 决策探索，（4）：14-16.

崔维军，郑伟. 2012. 中国与主要创新经济体创新能力的国际比较：基于欧盟创新指数的分析［J］. 中国软科学，（2）：42-51.

稻盛和夫. 2015. 稻盛和夫阿米巴经营［M］. 曹岫云译. 北京：中国大百科全书出版社.

奉小斌. 2012. 研发团队跨界行为对创新绩效的影响——任务复杂性的调节作用［J］. 研究与发展管理，24（3）：56-65.

谷虹. 2012. 信息平台论：三网融合背景下信息平台的构建、运营、竞争与规制研究［M］. 北京：清华大学出版社.

顾强，徐鑫. 2012. 国外政府推进制造业服务化的主要做法及对我国工业转型升级的启示［J］. 电器工业，（11）：34-37.

广东省人民政府. 2010. 珠江三角洲产业布局一体化规划（2009—2020）［Z］.

广东省人民政府. 2012. 广东省人民政府办公厅关于印发广东省先进制造业重点产业发展"十二五"规划的通知［Z］.

广东省人民政府. 2014. 广东省人民政府办公厅关于加快先进装备制造业发展的意见［Z］.

广东省人民政府. 2015a. 广东省人民政府关于印发广东省工业转型升级攻坚战三年行动计划
　　（2015—2017 年）的通知［Z］.

广东省人民政府. 2015b. 广东省智能制造发展规划（2015—2025）［Z］.

广东省人民政府. 2015c. 广东省人民政府办公厅关于加快发展生产性服务业的若干意见［Z］.

广东省人民政府. 2015d. 广东省人民政府关于贯彻落实《中国制造 2025》的实施意见［Z］.

广东省统计局. 2015. 2014 年广东节能降耗情况分析及 2015 年展望［EB/OL］. http://www.gdstats.
　　gov.cn/tjzl/tjfx/201507/t20150702_308953.html.

广东省统计局. 2006~2015. 广东统计年鉴 2006—2015［EB/OL］. http://www.gdstats.gov.cn/tjsj/
　　gdtjnj/.

郭国泰. 2012. 服务化与永续发展［J］.产业与管理论坛，15（2）：44-58.

郭怀英. 2013. 制造业服务化：国际趋势及其启示［J］. 全球化，（1）：100-108.

郭怡萍，严万璋. 2012. 制造服务化的营运模式探讨［J］. 台湾产业与管理论坛，14（1）：80-96.

郭重庆. 2014a. 互联网时代，制造业应有危机意识［J］. IT 时代周刊，（20）：13.

郭重庆. 2014b. 互联网将重新定义管理［R］. 2014 东沙湖论坛中国管理百人报告会.

国务院. 2014. 2014—2015 年节能减排低碳发展行动方案［Z］.

国务院. 2015a. 中国制造 2025［Z］.

国务院. 2015b. 国务院关于积极推进"互联网+"行动的指导意见［Z］.

国务院. 2016. 中华人民共和国国民经济和社会发展第十三个五年规划纲要（十三五规划）
　　（2016—2020 年）［Z］.

何悦桐，卢艳秋. 2011. 战略柔性对企业创新的影响分析［J］. 科研管理，32（10）：10-17.

何哲，孙林岩. 2012. 中国制造业服务化：理论、路径及其社会影响［M］. 北京：清华大学出
　　版社.

何哲，孙林岩，贺竹磬，等. 2008. 服务型制造的兴起及其与传统供应链体系的差异［J］. 软
　　科学，22（4）：77-81.

胡查平，汪涛. 2013. 制造企业服务化：服务提供真的能够改善企业绩效？［J］. 经济管理，
　　35（10）：68-76.

胡查平，汪涛，王辉. 2014. 制造企业服务化绩效——战略一致性和社会技术能力的调节效应研
　　究［J］. 科学学研究，32（1）：84-91.

胡晶. 2015. 工业互联网、工业 4.0 和"两化"深度融合的比较研究［J］. 学术交流，1（1）：
　　151-158.

胡左浩. 2015. 华为铁三角——聚焦客户需求的一线共同作战单元［J］. 清华管理评论，（11）：
　　84-91.

华晔迪，罗宇凡. 2013-05-27. 人民币"很升值"制造业"很揪心"［N］. 解放日报，（009）.

简兆权，伍卓深. 2011a. 制造业服务化的路径选择研究——基于微笑曲线理论的观点［J］. 科
　　学学与科学技术管理，32（12）：137-143.

简兆权，伍卓深. 2011b. 制造业服务化的内涵与动力机制探讨［J］. 科技管理研究，（22）：
　　104-107，112.

江静，刘志彪. 2009. 生产性服务发展与制造业在全球价值链中的升级——以长三角为例［J］.
　　南方经济，（10）：36-44.

姜奇平. 2009. 从价值链到价值网络——兼论企业的消亡［J］. 互联网周刊，（3）：82-83.

姜铸，李宁. 2015. 服务创新、制造业服务化对企业绩效的影响［J］. 科研管理，36（5）：29-37.

姜铸，张永超，刘妍. 2014. 制造企业组织柔性与企业绩效关系研究——以服务化程度为中介变量［J］. 科技进步与对策，31（14）：80-84.

李博，董亮. 2013. 互联网金融的模式与发展［J］. 中国金融，（10）：19-21.

李海舰，聂辉华. 2004. 论企业与市场的相互融合［J］. 中国工业经济，（8）：26-35.

李海舰，原磊. 2005. 论无边界企业［J］. 中国工业经济，（4）：94-102.

李海舰，魏恒. 2007. 新型产业组织分析范式构建研究——从 SCP 到 DIM［J］. 中国工业经济，（7）：29-39.

李海舰，田跃新，李文杰. 2014. 互联网思维与传统企业再造［J］. 中国工业经济，（10）：135-146.

李海涛. 2014. 制造企业服务增强与企业绩效关系：基于市场环境与网络技术的影响分析［D］. 哈尔滨工业大学博士学位论文.

李杰. 2015. 工业大数据：工业 4.0 时代的工业转型与价值创造［M］. 邱伯华译. 北京：机械工业出版社.

李靖华，马丽亚，黄秋波. 2015. 我国制造企业"服务化困境"的实证分析［J］. 科学学与科学技术管理，36（6）：36-45.

李雷，简兆权，张鲁艳. 2013. 服务主导逻辑产生原因、核心观点探析与未来研究展望［J］. 外国经济与管理，35（4）：2-12.

李溯婉. 2015-02-11. 珠三角制造业危机：广州用工成本逼近台湾地区［N］. 第一财经日报，（A12）.

李燕. 2015-04-23. 如何加快推动我国制造业服务化［N］. 中国经济时报，（005）.

李毅中. 2014-06-24. 大力推进制造业服务化［N］. 人民日报，（A15）.

梁碧云. 2014. 广东省制造业服务化程度与绩效关系研究［D］. 广东工业大学硕士学位论文.

梁光雁. 2010. 现代制造业企业的服务创新研究［D］. 东华大学博士学位论文.

刘川. 2014. 产业转型中现代服务业与先进制造业融合度研究——基于珠三角地区的实证分析［J］. 江西社会科学，（5）：59-65.

刘慧慧，黄涛，雷明. 2012. 家电以旧换新政策中废旧电子产品回收效果与改进体系［J］. 经济管理，34（11）：103-112.

刘继国. 2008. 制造业企业投入服务化战略的影响因素及其绩效：理论框架与实证研究［J］. 管理学报，5（2）：237-242.

刘继国. 2009. 制造业服务化发展趋势研究［M］. 北京：经济科学出版社.

刘继国，李江帆. 2007. 国外制造业服务化问题研究综述［J］. 经济学家，（3）：119-126.

刘嘉，丁志帆. 2014. 售后服务外包：生产商的选择与治理——基于产权、合约与合约外部性的分析视角［J］. 制度经济学研究，（4）：130-152.

刘嘉，丁志帆，程民选. 2015. 售后服务外包与消费者权益保护——产权经济学的视角［J］. 制度经济学研究，（2）：110-125.

刘建国. 2012. 制造业服务化的转型模式与路径研究［J］. 技术经济与管理研究，（7）：121-124.

刘宇熹，谢家平. 2015. 可持续发展下的制造企业商业模式创新：闭环产品服务系统［J］. 科学学与科学技术管理，36（1）：53-62.

刘志阳. 2014. 从自主创新到创新获利［J］. 学术月刊，46（4）：88-96.

罗珉. 2010. 组织设计思想演变与发展轨迹探析［J］. 外国经济与管理，32（4）：16-24.

罗珉，李亮宇. 2015. 互联网时代的商业模式创新：价值创造的视角［J］. 中国工业经济，（1）：95-107.

洛夫洛克 C，沃茨 J. 2015. 服务营销［M］. 韦福祥等译. 第七版. 北京：机械工业出版社.

马慧贤. 2009. 制造业生产外包决策研究［D］. 兰州大学硕士学位论文.

孟源，张文红，刘新，等. 2013. 创新的获利性研究：基于创新的可占有性视角［J］. 管理科学，26（5）：11-18.

尼葛洛庞帝 N. 1997. 数字化生存［M］. 胡泳译. 海口：海南出版社.

宁连举，刘茜. 2015. 互联网金融的创新发展及监管建议［J］. 宏观经济管理，（1）：61-63

牛一. 2013. 中国生产性服务业与制造业协调发展研究［D］. 北京邮电大学博士学位论文.

皮萨诺 G P，史 C S. 2014. 制造繁荣：美国为什么需要制造业复兴［M］. 机械工业信息研究院战略与规划研究所译. 北京：机械工业出版社.

綦良群，赵少华，蔡渊渊. 2014. 装备制造业服务化过程及影响因素研究——基于我国内地 30 个省市截面数据的实证研究［J］. 科技进步与对策，31（14）：47-53.

秦伟，陈曦，张饮深. 2015. 制造业服务化——企业转型"新常态"［J］. 装备制造，（4）：53-61.

青木昌彦，安藤晴彦. 2003. 模块时代——新产业结构的本质［M］. 周国荣译. 上海：远东出版社.

邱红. 2013. 珠三角制造业转型升级的政策环境研究［J］. 人民论坛，（33）：75-78.

邱世婷. 2016. 制造业服务化后人才管理之初探——以郭元益为个案［D］. 世新大学硕士学位论文.

邱文宏，林宏嘉，纪慧如，等. 2015. 制造服务化策略与演化：以百大制造业公司为例［J］. 科技管理学刊，（3）：1-28.

瞿金平. 2015-08-21. 打造广东装备制造业核心竞争力［N］. 南方日报，（T06）.

桑福德 L S，泰勒 D. 2008. 开放性成长——商业大趋势：从价值链到价值网络［M］. 刘曦译. 北京：东方出版社.

沙鞠. 2014-08-08. 广州华德：探索制造业服务化转型之路［N］. 科技日报，（012）.

沈拓. 2015-02-13. 面向个性化时代的制造业转型［EB/OL］. http://www.cnii.com.cn/mobileinternet/2015-02/13/ content_1533928.htm? from=timeline&isappinstalled=1.

施振荣. 1996. 再造宏碁［M］. 台北：天下文化出版社.

斯米尔 V. 2015. 美国制造：国家繁荣为什么离不开制造业［M］. 李凤海，刘寅龙译. 北京：机械工业出版社.

孙林岩，李刚，江志斌. 2007. 21 世纪的先进制造模式——服务型制造［J］. 中国机械工程，19（21）：2307-2312.

孙林岩，孔婷，梁冬寒. 2011. 中国服务型制造企业案例集［M］. 北京：清华大学出版社.

陶颜，魏江. 2015. 服务模块化研究脉络、基准与展望——基于国外文献的分析［J］. 外国经济与管理，37（1）：43-51.

万晓晓. 2015-05-05. GE 去金融化欲重拾工业荣光［EB/OL］. http://www.eeo.com.cn/2015/0505/275626.shtml.

王葆青. 2007-01-24. 英国制造业：服务中找商机［N］. 经济日报，（008）.

王晶，贾自柱，张人千，等. 2015. 制造业服务化案例研究［M］. 北京：机械工业出版社.

王攀，叶前. 2015-04-02. 内外需乏力，珠三角制造业增长承压［N］. 经济参考报，（005）.

王秋实. 2015-11-10. 从"蓝血十杰"与"特种部队化"看企业组织重构［N］. 人民邮电,（008）.

王树祥, 张明玉, 郭琦. 2014. 价值网络演变与企业网络结构升级［J］. 中国工业经济,（3）: 93-106.

王涛. 2009-07-30. 英国制定战略提振制造业［N］. 经济日报,（015）.

王喜文. 2015. 工业4.0: 最后一次工业革命［M］. 北京: 电子工业出版社.

魏城. 2015-11-10. 张瑞敏的"激进"变革［EB/OL］. http://www.ftchinese.com/story/001064748?weeklypop.

魏晓彬, 王亚卓. 2013. 珠三角地区制造业产业结构优化问题研究［J］. 国有经济评论, 5（2）: 93-104.

吴丛司. 2014a. 英国制造业转型之鉴［J］. 质量探索,（10）: 60.

吴丛司. 2014b-07-24. 英国制造业加速转型扭转颓势［N］. 经济参考报,（5）.

吴辉凡, 许治. 2008. 服务创新获利机制: 一个简单的综述［J］. 管理评论, 20（8）: 26-33.

吴辉凡, 许治. 2010. 从创新中获利: 国外创新独占性问题经验研究述评［J］. 管理学报, 20（8）: 1197-1201.

吴敬琏. 2008. 促进制造业的"服务化"［J］. 中国制造业信息化,（22）: 16.

吴彤, 李建庄. 2003. 对美国制造业重振雄风的政策认识过程的系统透视［J］. 清华大学学报（哲学社会科学版）, 18（2）: 56-65.

吴心韬. 2015-06-23. 英国制造业"软硬兼施"［N］. 经济参考报,（4）.

夏杰长, 刘奕, 顾乃华. 2007. 制造业的服务化和服务业的知识化［J］. 国外社会科学,（4）: 8-13.

肖挺. 2015. 中国制造企业"绩效-服务化悖论"的再论证［J］. 科学学与科学技术管理, 36（10）: 123-134.

肖挺, 刘华, 叶芃. 2014a. 制造业企业服务创新的影响因素研究［J］. 管理学报, 11（4）: 591-598.

肖挺, 聂群华, 刘华. 2014b. 制造业服务化对企业绩效的影响研究——基于我国制造企业的经验证据［J］. 科学学与科学技术管理, 35（4）: 154-162.

徐建中, 曲小瑜. 2014. 团队跨界行为、知识交易与团队创造力关系研究——基于装备制造企业的实证分析［J］. 科学学与科学技术管理, 35（7）: 151-161.

徐晋. 2007. 平台经济学——平台竞争的理论与实践［M］. 上海: 上海交通大学出版社.

徐晋. 2013. 平台产业经典案例与解析［M］. 上海: 上海交通大学出版社.

许宸祯. 2013. 建构一符合经济、环保、社会三底线之永续整合式产品服务系统［D］. 明新科技大学硕士学位论文.

杨才君, 高杰, 孙林岩. 2011. 产品服务系统的分类及演化——陕鼓的案例研究［J］. 中国科技论坛,（2）: 59-66.

杨桂菊. 2010. 代工企业转型升级演进路径的理论模型——基于3家本土企业的案例研究［J］. 管理世界,（6）: 132-142.

杨善林, 周开乐, 张强, 等. 2016. 互联网的资源观［J］. 管理科学学报, 19（1）: 1-11.

杨学成, 陶晓波. 2015. 从实体价值链、价值矩阵到柔性价值网——以小米公司的社会化价值共创为例［J］. 管理评论, 27（7）: 232-240.

杨应. 2014. 广铝国贸从买卖公司到供应链管理商［J］. 中国金属通报,（10）: 35.

尹伟华. 2016. 中国制造业产品全球价值链的分解分析——基于世界投入产出表视角［J］. 世

界经济研究，（1）：66-76.

于昊. 2012. 售后服务外包：美酒还是毒瘤？［J］. 电器，（3）：30-31.

余东华，芮明杰. 2005. 模块化、企业价值网络与企业边界变动［J］. 中国工业经济，（10）：88-95.

余长春，吴照云. 2012. 价值创造视域下民航业服务模块化运行——基于探索性案例分析的视角［J］. 中国工业经济，（12）：141-153.

袁国礼. 2015-01-24. 国家工商总局抽检网购商品正品率不足六成［N］. 京华时报，（3）.

袁奇，刘崇仪. 2007. 美国产业结构变动与服务业的发展［J］. 世界经济研究，（2）：57-63.

袁庆宏，张华磊，王震，等. 2015. 研发团队跨界活动对团队创新绩效的"双刃剑"效应——团队反思的中介作用和授权领导的调节作用［J］. 南开管理评论，18（3）：13-23.

韵江，杨柳，付山丹. 2014. 开放式创新下"吸收–解吸"能力与跨界搜索的关系［J］. 经济管理，36（7）：129-139.

渣打银行研究部. 2015. 2015 年度珠三角制造业调查报告：珠三角之短痛，中国、东盟长赢［J］. 中国经济周刊，（22）：32-37.

湛立，余威明. 2014-06-10. 以自主知识产权支撑"智慧供冷"新模式——访第八届中国发明创业奖获奖者、广州华德工业有限公司总裁李志明［N］. 广东科技报，（A8）.

张保军. 2013. 制造企业组织结构与服务化策略匹配研究［D］. 华中科技大学硕士学位论文.

张波，谢阳群，何刚，等. 2014. 跨边界信息资源共享及其在企业创业过程中的作用分析［J］. 情报杂志，33（11）：181-187.

张辉. 2004. 全球价值链理论与我国产业发展研究［J］. 中国工业经济，（5）：38-46.

张瑞敏. 2015-09-20. 人单合一 2.0——为创建"共创共赢"生态圈模式进行的探索及实践［EB/OL］. http://www.iceo.com.cn/com2013/2015/0920/300024.shtml.

张文红，邓宏. 2015. 服务导向对制造企业从产品创新中获利的影响［J］. 科技进步与对策，32（22）：72-77.

张文红，张骁，翁智明. 2010. 制造企业如何获得服务创新的知识？——服务中介机构的作用［J］. 管理世界，（10）：122-134.

张文红，陈爱玲，赵亚普. 2014a. 如何从创新中获取收益——Teece 创新获利理论的起源、发展和未来［J］. 科技进步与对策，31（13）：154-160.

张文红，赵亚普，陈爱玲. 2014b. 外部研发机构联系能否提升企业创新？——跨界搜索的中介作用［J］. 科学学研究，32（2）：289-296.

张晓峰. 2015-05-16. 2015 年上半年人民币汇率走势和外汇市场交易情况［EB/OL］. http://www.chinaforex.com.cn/index.php/cms/item-view-id-37895.shtml.

张雅琪，陈菊红，李兆磊. 2015. 基于匹配和调节一致性分析的制造企业服务化战略与组织结构关系研究［J］. 软科学，29（5）：32-36.

张雅莎. 2014. 商业模式驱动企业财务战略研究［D］. 浙江工商大学硕士学位论文.

赵立雨，师萍. 2009. 政府财政研发投入与经济增长的协整检验——基于 1989—2007 年的数据分析［J］. 中国软科学，（2）：53-59.

赵怡雯. 2015-03-23. 德国工业 4.0 并不适合中国——专访中国工程院院士、同济大学教授郭重庆［N］. 国际金融报，（21）.

赵益维，陈菊红，王命宇，等. 2013. 制造业企业服务创新——动因、过程和绩效研究综述［J］. 中国科技论坛，（2）：78-81.

赵勇，齐讴歌，曹林. 2012. 装备制造业服务化过程及其保障因素——基于陕鼓集团的案例研究
　　［J］. 科学学与科学技术管理，33（12）：108-117.

赵振. 2015. "互联网+"跨界经营：创造性破坏视角［J］. 中国工业经济，（10）：146-160.

郑娟美. 2015. 论韩国融资租赁业的制度规范与政策效应［D］. 对外经济贸易大学博士学位论文.

中华人民共和国发展和改革委员会. 2008. 珠江三角洲地区改革发展规划纲要（2008—2020 年）［Z］.

中华人民共和国国家统计局. 2015. 中国统计年鉴 2015［M］. 北京：中国统计出版社.

中华人民共和国国家统计局. 2016-11-10. 2015 年全国科技经费投入统计公报［EB/OL］. http：//
　　www. stats. gov.cn/tjsj/tjgb/rdpcgb/qgkjjftrtjgb/201511/t20151123_1279545.html.

周大鹏. 2013. 制造业服务化演化机理及发展趋势研究［J］. 商业研究，429（1）：12-21.

周艳春. 2010a. 制造企业服务化：概念界定及特征分析［J］. 西安财经学院学报，23（2）：81-83.

周艳春. 2010b. 制造企业服务化战略实施及其对绩效的影响研究［D］. 西北大学博士学位论文.

朱爱辉，黄瑞华. 2007. 技术创新成果的可占有性——来自中国的实证分析［J］. 科学学研究，
　　25（5）：971-977.

朱荪远. 2015. 制造业服务化发展的模式和趋势［J］. 竞争情报，11（3）：50-57.

宗文. 2011. 全球价值网络与中国企业成长［J］. 中国工业经济，（12）：46-56.

左世全，王影，金伟，等. 2012. 美国也要振兴制造业——美国先进制造业国家战略计划编译［J］.
　　装备制造，（5）：76-81.

Akaka M A, Vargo S L, Lusch R F. 2013. The complexity of context：a service ecosystems approach
　　for international marketing［J］. Journal of International Marketing，21（4）：1-20.

Allee V. 2000. Reconfiguring the value network［J］. Journal of Business Strategy，21（4）：36-39.

Allee V. 2008. Value network analysis and value conversion of tangible and intangible assets［J］.
　　Journal of Intellectual Capital，9（1）：5-24.

Allon G, Federgruen A. 2009. Competition in service industries with segmented markets［J］.
　　Management Science，55（4）：619-634.

Amit R, Zott C. 2001. Value creation in e-business［J］. Strategic Management Journal，22（2）：
　　493-520.

Antioco M, Moenaert R, Lindgreen A. 2008. Reducing ongoing product design decision-making bias
　　［J］. Journal of Product Innovation Management，25（6）：528-545.

Arnold J M, Mattoo A, Narciso G. 2008. Services inputs and firm productivity in Sub-Suharan Africa：
　　evidence from firm-level data［J］. Journal of African Economies，17（4）：578-599.

Arrow K J. 1962. Economic Welfare and the Allocation of Resources for Invention［M］. Princeton：
　　Princeton University Press.

Auguste B, Harmon E, Pandit V. 2006. The right service strategies for product companies［J］. The
　　McKinsey Quarterly，（1）：40-51.

Baines T S. 2015. Exploring service innovation and the servitization of the manufacturing firm［J］.
　　Research-Technology Management，（9~10）：9-11.

Baines T S, Lightfoot H W. 2013. Made to Serve：How Manufacturers can Compete Through Servitization
　　and Product-Service Systems［M］. Hoboken：John Wiley & Sons.

Baines T S, Lightfoot H W. 2014. Servitization of the manufacturing firm：exploring the operations
　　practices and technologies that deliver advanced services［J］. International Journal of Operations
　　& Production Management，34（1）：2-35.

Baines T S, Lightfoot H W, Evans S, et al. 2007. State-of-the-art in product-service systems［J］.

Proceedings of the Institution of Mechanical Engineers Part B: Journal of Engineering Manufacture, 221（10）: 1543-1552.

Baines T S, Lightfoot H W, Benedettini O, et al. 2009. The servitization of manufacturing: a review of literature and reflection on future challenges [ J ]. Journal of Manufacturing Technology Management, 20（5）: 547-567.

Baines T S, Lightfoot H W, Benedettini O. 2010. The adoption of servitization strategies by UK-based manufacturers [ J ]. Proceedings of the Institution of Mechanical Engineers Part B: Journal of Engineering Manufacture, 224（5）: 815-829.

Baines T S, Lightfoot H W, Smart P, et al. 2013. Servitization of manufacture exploring the deployment and skills of people critical to the delivery of advanced services [ J ]. Journal of Manufacturing Technology Management, 24（4）: 637-646.

Baldwin C K, Clark K B. 1997. Managing in an age of modularity [ J ]. Harvard Business Review, 75（5）: 84-93.

Berger S, Kurz S, Sturgeon C, et al. 2001. Globalization, production networks, and national models of capitalism-on the possibilities of new productive systems and institutional diversity in an enlarging Europe [ J ]. SOFI-Mitteilungen,（29）: 59-72.

Bovet D, Martha J, Kramer R K. 2000. Value Nets: Breaking the Supply Chain to Unlock Hidden Profits [ M ]. New York: John Wiley & Sons.

Boyt T, Harvey M. 1997. Classification of industrial service: a model with strategic implications[ J ]. Industrial Marketing Management, 26（4）: 291-300.

Brady T, Davies A, Hobday M. 2006. Charting a path toward integrated solutions [ J ]. MIT Sloan Management Review, 47（3）: 39-48.

Brandenburger A, Nalebuff B. 1997. Co-operation: a Revolution Mindset that Combines Competition and Cooperation: the Game Theory Strategy that's Changing the Game of Business[ M ]. New York: Doubleday.

Brillet P C, Riviere A, Garets V D. 2014. Perceived value of service innovation: a conceptual framework [ J ]. Journal of Business & Industrial Marketing, 29（2）: 164 - 172.

Bustinza O F, Bigdeli A Z, Baines T S, et al. 2015. Servitization and competitive advantage: the importance of organizational structure and value chain position [ J ]. Research-Technology Management, 58（5）: 53-60.

Callahan C V, Pastemack B A. 1999. Corporate strategy in the digital age[ J ]. Strategy and Business, 15（2）: 1-5.

Chandler J D, Vargo S L. 2011. Contextualization and value-in-context: how context frames exchange [ J ]. Marketing Theory, 11（1）: 35-49.

Chesbrough H. 2003. Open Innovation: the New Imperative for Creating and Profiting from Technology [ M ]. Boston: Harvard business School Press.

Chesbrough H, Birkinshaw J, Teuba M. 2006. Introduction to the research policy 20th anniversary special issue of the publication of "Profiting from Innovation" by David J. Teece[ J ]. Research Policy, 35（8）: 1091-1099.

Cohen M, Cull C, Lee H, et al. 2000. Saturn's supply-chain innovation: high value in after-sales service [ J ]. MIT Sloan Management Review, 41（4）: 93-101.

Davies A. 2003. Are firms moving "downstream" into high-value services? [ A ] // Tidd J, Hull F. Service Innovation: Organizational Responses to Technological Opportunities & Market

Imperatives, Series on Technology Management [ C ] . London: Imperial College Press.

Davies A. 2004. Moving base into high-value integrated solutions: a value stream approach [ J ] . Industrial and Corporate Change, 13（5）: 727-756.

Davies A, Brady T, Hobday M. 2007. Organizing for solutions: systems seller vs. systems integrator [ J ] . Industrial Marketing Management, 36（2）: 183-193.

Denzin N. 1978. The Research Act: A Theoretical Introduction to Sociological Methods [ M ] . New York: McGraw-Hill.

Desmet S, Dierdonck V R, Looy V B. 2003. Servitization: Why Services Management is Relevant for Manufacturing Environments Services Management: An Integrated Approach [ M ] . Harlow: Pearson Education.

Dolfsma W. 2005a. Appropriability in service [ R ] . Working Paper, ERIM Report Series Reference No. ERS-2005-021-ORG.

Dolfsma W. 2005b. Towards a dynamic（schumpterian）welfare theory [ J ] . Research Policy, 34（1）: 69-82.

Edvardsson B, Skålén P, Tronvoll B. 2012. Service systems as a foundation for resource integration and value co-creation [ A ]// Vargo S L, Lusch R F. Special Issue-toward a Better Understanding of the Role of Value in Markets and Marketing（Review of Marketing Research）[ C ]. Bradford: Emerald Group Publishing Limited: 79-126.

Eisenhardt K M. 1989. Building theories from cases study research [ J ] . Academy of Management Review, 14（4）: 532-550.

Ettlie J E, Rosenthal S R. 2012. Service innovation in manufacturing [ J ] . Journal of Service Management, 23（3）: 440-454.

Fang E, Palmatier R, Steenkamp J. 2008. Effect of service transition strategies on firm value [ J ] . Journal of Marketing, 72（5）: 1-14.

Fishbein B, McGarry L S, Dillon P S. 2000. Leasing: A Step toward Producer Responsibility [ M ] . New York: Inform.

Fredriksson P. 2006. Mechanisms and rationales for the coordination of a modular assembly system: the case of Volvo Cars [ J ] . International Journal of Operations & Production Management, 26（4）: 350-370.

Gawer A. 2009. Platform Dynamics and Strategies: From Products to Services [ M ] . Cheltenham: Edward Elgar Publishing Limited.

Gebauer H. 2008. Identifying service strategies in product manufacturing companies by exploring environment-strategy configurations [ J ] . Industrial Marketing Management, 37（3）: 278-291.

Gebauer H. 2009. An attention-based view on service orientation in the business strategy of manufacturing companies [ J ] . Journal of Managerial Psychology, 24（1）: 79-98.

Gebauer H, Fleisch E. 2007. An investigation of the relationship between behavioral processes, motivation, investments in the service business and service revenue [ J ] . Industrial Marketing Management, 36（3）: 337-348.

Gebauer H, Fleisch E, Friedli T. 2005. Overcoming the service paradox in manufacturing companies [ J ] . European Management Journal, 23（1）: 14-26.

Gebauer H, Edvardsson B, Gustafsson A, et al. 2010. Match or mismatch: strategy-structure configurations in the service business of manufacturing companies [ J ] . Journal of Service Research, 3（2）: 198-215.

Gebauer H, Ren G J, Valtakoski A. 2012. Service-driven manufacturing provision, evolution and financial impact of services in industrial firms [ J ] . Journal of Service Management, 23 ( 1 ): 120-136.

Gereffi G, Humphrey J, Sturgeon T. 2005. The governance of global value chains [ J ] . Review of International Political Economy, 12 ( 1 ): 78-104.

Goedkoop M, Halen V C, Riele H, et al. 1999. Product service systems, ecological and economic basics [ R ] . Netherlands: Dutch Ministries of Environment ( VROM ) and Economic Affairs ( EZ ) .

Gonzalez A N, Nieto A. 2007. Appropriability of innovation results: an empirical study in Spanish manufacturing firms [ J ] . Technovation, 27 ( 6 ): 280-295.

Gremyr I, Nina L, Witell L. 2010. Service innovations in manufacturing firms[ J ]. Managing Service Quality, 20 ( 2 ): 161-175.

Grönroos C. 2008. Service logic revisited: who creates value? and who co-creates? [ J ] . European Business Review, 20 ( 4 ): 298-314.

Grönroos C, Helle P. 2010. Adopting a service logic in manufacturing: conceptual foundation and metrics for mutual value creation [ J ] . Journal of Service Management, 21 ( 5 ): 564-590.

Grönroos C, Ravald A. 2011. Service as business logic: implications for value creation and marketing [ J ] . Journal of Service Management, 22 ( 1 ): 5-22.

Guajardo J, Cohen M, Netessine S, et al. 2012. Impact of performance-based contracting on product reliability: an empirical analysis [ J ] . Management Science, 58 ( 5 ): 961-979.

Gummesson E. 2007. Exit services marketing-enter service marketing [ J ] . Journal of Customer Behavior, 6 ( 2 ): 113-141.

Gummesson E, Mele C. 2010. Marketing as value co-creation through network interaction and resource integration [ J ] . Journal of Business Market Management, 4 ( 4 ): 181-198.

Heinonen K, Strandvik T, Karl-Jacob M, et al. 2010. A customer-dominant logic of service [ J ] . Journal of Service Management, 21 ( 4 ): 531-548.

Hipp C. 2008. Service peculiarities and the specific role of technology in service innovation management[ J ]. International Journal of Service Technology and Management, 9( 2 ): 154-173.

Hipp C, Gruup H. 2005. Innovation in the service sector: the demand for service-specific innovation measurement concepts and typologies [ J ] . Research Policy, 34 ( 4 ): 517-535.

Hockerts K, Weaver N. 2002. Toward a theory of sustainable product-service systems.

Holbrook M B. 1994. Service Quality: New Directions in Theory and Practice [ M ] . San Francisco: SAGE.

Holbrook M B. 1999. Consumer Value: A Framework for Analysis and Research [ M ] . New York: Routledge.

Holbrook M B. 2006. Consumption experience, customer value and subjective personal introspection: an illustrative photographic essay [ J ] . Journal of Business Research, 59 ( 6 ): 714-725.

Homburg C, Garbe B. 1999. Towards an improved understanding of industrial services: quality dimensions and their impact on buyer-seller relationships [ J ] . Journal of Business-to-Business Marketing, 6 ( 2 ): 39-71.

Hsu Y. 2015. Organizational innovation strategies: the value co-creation strategy ( VCS ) model [ J ] . The International Journal of Organizational Innovation, 8 ( 2 ): 6-20.

Hurmelinna L P, Puumalainen K. 2007. Nature and dynamics of appropriability: strategies for appropriating returns on innovation［J］. R&D Management，37（2）：95-112.

Hurmelinna L P，Ritala P. 2010. Protection for profiting from collaborative service innovation［J］. Journal of Service Management，21（1）：6-24.

Iansiti M，Levien R. 2004. The Keystone Advantage：What the New Dynamics of Business Ecosystems Mean for Strategy，Innovation and Sustainability［M］. Boston：Harvard Business School Press.

Iglesias O，Ind N，Alfaro M. 2013. The organic view of the brand：a brand value co-creation model ［J］. Journal of Brand Management，20（8）：670-688.

Ippolito A. 2009. Creating value in multiple cooperative relationships［J］. International Journal of Quality and Service Sciences，1（3）：255-270.

Iyanna S. 2015. Extended means-end value framework-a model to measure co-created value［J］. Academy of Marketing Studies Journal，19（1）：129-148.

Jergovic A，Vucelja A，Inic B. 2011. Transformation of business entities-from production to service company［J］. Technics Technologies Education Management，6（1）：118-129.

Johnstone S，Dainty A，Wilkinson A. 2009. Integrating products and services life：an aerospace experience［J］. International Journal of Operations & Production Management，29（5）：520-538.

Kalliokoski P，Andersson G，SalminenV，et al. 2003. Best serv feasibility study［R］. Helsinki：Technology Industries of Finland.

Kastalli I V，Looy B V. 2013. Servitization：disentangling the impact of service business model innovation on manufacturing firm performance［J］. Journal of Operations Management，31（4）：169-180.

Kathandaraman P，Wilson D T. 2001. The future of competition：value-creating networks［J］. Industrial Marketing Management，30（4）：379-389.

Kinnunen R E，Turunen T. 2012. Identifying servitization capabilities of manufacturers：a conceptual model［J］. Journal of Applied Management and Entrepreneurship，17（3）：55-78.

Kogut B. 1985. Designing global strategies：comparative and competitive value added chains［J］. Sloan Management Review，26（4）：15-28.

Kohtamäki M，Partanen J，Parida V，et al. 2013. Non-linear relationship between industrial service offering and sales growth：the moderating role of network capabilities［J］. Industrial Marketing Management，42（8）：1374-1385.

Lapierre J，Tran-Khanh A，Shelling J. 2008. Antecedents of customers' desired value change in a business-to-business context：theoretical model and empirical assessment［J］. Services Marketing Quarterly，29（3）：114-148.

Lepak D P，Smith K G，Taylor M S. 2007. Introduction to special topic forum：value creation and value capture：a multilevel perspective［J］. The Academy of Management Review，32（1）：180-194.

Levin R C，Klevorick A K，Nelson R R，et al. 1987. Appropriating the returns from industrial research and development［J］. Brookings Papers on Economics Activity，1987（3）：783-831.

Levitt T. 1972. Production-line approach to service［J］. Harvard Business Review，50（5）：41-52.

Lewis M，Staudacher P A，Slack N. 2004. Beyond products and services：opportunities and threats in servitization［C］. Italy：IMS Intl Forum.

Li Y，Su Z F，Yi L. 2010. Can strategic flexibility help firms profit from product innovation［J］. Technovation，30（5/6）：300-309.

Livesey F. 2006. Defining high value manufacturing [ D ] . University of Cambridge.

Looy B V, Gemmel P, Dierdonck R. 2003. Services management: an integrated approach [ R ]. Harlow: Pearson Education Limited.

Lounsbury M, Crumley E T. 2007. New practice creation: an institutional approach to innovation[ J ]. Organizational Studies, 28 ( 7 ): 993-1012.

Lusch R F, Vargo S L. 2014. Service-Dominant Logic: Premises, Perspectives, Possibilities [ M ]. Cambridge: Cambridge University Press.

Lusch R F, Nambisan S. 2015. Service innovation: a service dominant ( s-d ) logic perspective [ J ]. Management Information Systems Quarterly, 39 ( 1 ): 155-175.

Magretta J. 2002. Why business models matter [ J ] . Harvard Business Review, 80 ( 5 ): 86-92.

Makower J. 2001. The clean revolution: technologies from the leading edge [ C ]. California: Global Business Network worldview Meeting.

Manzini E, Vezolli C. 2003. A strategic design approach to develop sustainable product service systems: examples taken from the environmentally friendly innovation Italian prize [ J ].Journal of Cleaner Cleaner Production, 11 ( 8 ): 851-857.

Marceau G. 2013. Implementing a value creation model in a startup [ J ] . International Journal of Business, 18 ( 1 ): 48-58.

Mathieu V. 2001a. Service strategies within the manufacturing sector: benefits, costs and partnership [ J ] . International Journal of Service Industry Management, 12 ( 5 ): 451-475.

Mathieu V. 2001b. Product services: from a service supporting the product to a service supporting the client [ J ] . Journal of Business and Industrial Marketing, 16 ( 1 ): 39-58.

McColl-Kennedy J R, Vargo S L, Dagger T S, et al. 2012. Health care customer value co-creation practice styles [ J ] . Journal of Service Research, 15 ( 4 ): 370-389.

McDermott C M, Prajogo D I. 2012. Service innovation and performance in SMEs[ J ]. International Journal of Operations & Production Management, 32 ( 2 ): 216-237.

Meijkamp R. 2000. Changing consumer behavior through eco-efficient services: an empirical study of car sharing in the Netherlands [ D ] . Delft University of Technology.

Merlo O, Eisingerich A B, Auh S. 2014. Why customer participation matters [ J ] . MIT Sloan Management Review, 55 ( 2 ): 81-88.

Miles I. 1993. Services in the new industrial economy [ J ] . Futures, 13 ( 8 ): 653-672.

Miles M B, Huberman A M. 1994. Qualitative Data Analysis: An Expanded Sourcebook [ M ]. 2nd ed. San Francisco: SAGE.

Mitchell D. 2003. The ultimate competitive advantage of continuing business model innovation [ J ] . Journal of Business Strategy, 24 ( 5 ): 15-21.

Mont O. 2001. Introducing and developing a product-service system ( PSS ) concept in Sweden [ R ]. Sweden: IIIEE, Lund University and NUTEK.

Mont O. 2002. Clarifying the concept of product-service system [ J ] . Journal of Cleaner Production, 10 ( 3 ): 237-245.

Mont O. 2004. Product-service systems: panacea or myth? [ D ] . Lund University.

Neely A. 2007. The servitization of manufacturing: an analysis of global trends [ C ] . Ankara: 14th European Operations Management Association ( EUROMA ) Conference.

Neely A. 2009. Exploring the financial consequences of the servitization of manufacturing [ J ] . Operations Management Research, 2 ( 1 ): 103-118.

Neely A, Benedetinni O, Visnjic I. 2011. The servitization of manufacturing: further evidence [ R ]. Cambridge: 18th European Operations Management Association Conference.

Neu W A, Brown S W. 2005. Forming successful business-to-business services in goods-dominant firms [ J ]. Journal of Service Research, 8 ( 1 ): 3-17.

Neu W A, Brown S W. 2008. Manufacturers forming successful complex business service: designing an organization to fit the market [ J ]. International Journal of Service Industry Management, 19 ( 2 ): 232-251.

Ng I, Smith L. 2012. An Integrative Framework of Value [ A ] //Vargo S L, Lusch R F. Special Issue-toward a Better Understanding of the Role of Value in Markets and Marketing ( Review of Marketing Research ) [ C ]. Bradford: Emerald Group Publishing Limited.

Normann R, Ramirez R. 1993. From value chain to value constellation: designing interactive strategy [ J ]. Harvard Business Review, 71 ( 7~8 ): 21-36.

North D. 1994. Economic performance through time [ J ]. American Economic Review, 84 ( 3 ): 359-368.

Oliva R, Kallenberg R. 2003. Managing the transition from products to services [ J ]. International Journal of Service Industry Management, 14 ( 2 ): 160-172.

Palmatier R W. 2008. Interfirm relational drivers of customer value [ J ]. Journal of Marketing, 72 ( 7 ): 76-89.

Patton M Q. 1990. Qualitative Evaluation and Research Methods [ M ]. San Francisco: SAGE.

Payne A F, Storbacka K, Frow P. 2008. Managing the co-creation of value [ J ]. Journal of the Academy of Marketing Science, 36 ( 1 ): 83-96.

Pekkarinen S, Ulkuniemi P. 2008. Modularity in developing business services by platform approach [ J ]. The International Journal of Logistics Management, 19 ( 1 ): 84-103.

Phinho N, Beirão G, Patrício L, et al. 2014. Understanding value co-creation in complex services with many actors [ J ]. Journal of Service Management, 25 ( 4 ): 470-493.

Porter M E. 1985. Competitive Advantage [ M ]. New York: Free Press.

Porter M E, Heppelmann J E. 2014. How smart, connected products are transforming competition [ J ]. Harvard Business Review, 92 ( 11 ): 65-88.

Porter M E, Heppelmann J E. 2015. How smart, connected products are transforming companies[ J ]. Harvard Business Review, 93 ( 10 ): 97-114.

Prahalad C K, Ramaswamy V. 2000. Co-option customer competence[ J ]. Harvard Business Review, 78 ( 1 ): 79-87.

Prahalad C K, Ramaswamy V. 2004. Co-creation experiences: the next practice in value creation[ J ]. Journal of Interactive Marketing, 3 ( 1 ): 5-14.

Quinn J B, Doorley T, Paquette P. 1990. Beyond products: services-based strategy [ J ]. Harvard Business Review, 68 ( 2 ): 58-67.

Raddats C, Easingwood C. 2010. Services growth options for B2B product-centric business [ J ]. Industrial Marketing Management, 39 ( 8 ): 1334-1345.

Raddats C, Kowalkowski C. 2014. A reconceptualization of manufacturers' service strategies [ J ]. Journal of Business-to-Business Marketing, 21 ( 1 ): 19-34.

Raddats C, Burton J, Ashman R. 2015. Resource configurations for services success in manufacturing companies [ J ]. Journal of Service Management, 26 ( 1 ): 97-116.

Raddats C, Baines T, Burton J, et al. 2016. Motivations for servitization: the impact of product complexity [ J ] . International Journal of Operations & Production Management, 36 ( 5 ): 572-591.

Rayport J F, Sviokla J J. 1995. Exploiting the virtual value chain [ J ] . Harvard Business Review, 73 ( 6 ): 75-85.

Reiskin E D, White A L, Johnson K J. 2000. Servicizing the chemical supply chain [ J ] . Journal of Industrial Ecology, 3 ( 2~3 ): 19-31.

Ren G, Gregory M J. 2007. Servitization in manufacturing companies: a conceptualization, critical review and research agenda [ C ] . San Francisco: Service Conference.

Robinison T, Clarke-Hill C M, Clarkson R. 2002. Differentiation through service: a perspective from the commodity chemicals sector [ J ] . The Service Industries Journal, 22 ( 3 ): 149-166.

Sanchez R, Mahoney J T. 1996. Modularity, flexibility and knowledge management in product and organization design [ J ] . Strategic Management Journal, ( 17 ): 63-76.

Santamaria L, Nieto M J, Miles L. 2012. Service innovation in manufacturing firms: evidence from Spain [ J ] . Technovation, 32 ( 2 ): 144-155.

Schumpeter J A. 1942. Capitalism, Socialism and Democracy [ M ] . London: Allen & Unwin.

Simmie J, Sennett J. 1999. Innovative clusters and competitive cities in the UK and Europe [ R ] . Oxford: Oxford Brookes School.

Slack N. 2005. Operations strategy: will it ever realise its potential[ J ]. Gestao & Producao, 12( 3 ): 323-332.

Slywotzky A. 1996.Value Migration: How to Think Several Moves ahead of the Competition [ M ] . Boston: Harvard Business School Press.

Slywotzky A, Morrison D, Andelman B. 2002. The Profit Zone: How Strategic Business Design will Lead You to Tomorrow's Profits [ M ] . New York: Three Rivers Press.

Smith L, Maull R, Ng I C L. 2014. Servitization and operations management: a service dominant-logic approach [ J ] . International Journal of Operations & Production Management, 34 ( 2 ): 242-269.

Stephen A T, Toubia O. 2010. Deriving value from social commerce networks [ J ] . Journal of Marketing Research, 47 ( 2 ): 215-228.

Strauss A, Corbin J. 1990. Basics of Qualitative Research: Grounded Theory Procedures and Techniques [ M ] . San Francisco: SAGE.

Su Z F, Xie E, Liu H, et al. 2012. Profiting from product innovation: the impact of legal, marketing and technological capabilities in different environmental conditions [ J ] . Marketing Letters, 24 ( 3 ): 261-276.

Suarez F F, Cusumano M A, Kahl S J. 2013. Services and the business models of product firms: an empirical analysis of the software industry [ J ] . Management Science, 59 ( 2 ): 420-435.

Szalaberz A. 2003. Tertiarization of manufacturing industry in the new economy: experiences in Hungarian companies [ R ] . Budapest: Huangarian Academy of Sciences.

Tax S S, McCutcheon D, Wilkinson I F. 2013. The service delivery network ( SDN ): a customer-centric perspective of the customer journey[ J ]. Journal of Service Research, 16( 4 ): 454-470.

Teece D J. 1986. Profiting from technological innovation: implications for integration, collaboration, licensing and public policy [ J ] . Research Policy, 15 ( 6 ): 285-305.

Teece D J, Pisano G, Shuen A. 1997. Dynamic capabilities and stractegic management[ J ]. Strategic

Management Journal, 18（7）：509-533.

Tellus Institute. 1999. Servicizing: the quiet transition to extended product responsibility［R］. Boston：Tellus Institute.

Terrill C A. 1992. The ten commandments of new service development［J］. Management Review, 81（2）：24-27.

Toffel M W. 2008. Contracting for servicizing［R］. Boston：Harvard Business School.

Töytäri P. 2015. Assessing value co-creation and value capture potential in services: a management framework［J］. Benchmarking: An International Journal, 22（2）：254-274.

Tronvoll B W, Brown S, Gremler D D, et al. 2011. Paradigms in service research［J］. Journal of Service Management, 22（5）：560-585.

Tukker A. 2004. Eight types of product-service system: eight ways to sustainability? Experiences from SusProNet［J］. Business Strategy and the Environment, 13（4）：246-260.

Tukker A, Tischner U. 2006. Product-services as a research field：past, present and future, reflections from a decade of research［J］. Journal of Cleaner Production, 17（14）：1552-1556.

Turunen T, Finne M. 2014. The organizational environment's impact on the servitization of manufacturers［J］. European Management Journal, 32（4）：603-615.

Vandermerwe S, Rada J. 1988. Servitization of business: adding value by adding services［J］. European Management Journal, 6（4）：314-324.

Vargo S L, Lusch R F. 2004. Evolving to a new dominant logic for marketing［J］. Journal of Marketing, 68（1）：1-17.

Vargo S L, Lusch R F. 2008. Service-dominant logic: continuing the evolution［J］. Journal of the Academy of Marketing Science, 36（1）：1-10.

Vargo S L, Lusch R F. 2011. It's all B2B···and beyond: toward a systems perspective of the market ［J］. Industrial Marketing Management, 40（2）：181-187.

Vargo S L, Lusch R F. 2016. Institutions and axioms: an extension and update of service-dominant logic［J］. Journal of the Academy of Marketing Science, 44（1）：5-23.

Vargo S L, Lusch R F, Morgan F W. 2006. Historical perspectives on service-dominant logic［A］//Lusch R F, Vargo S L. The Service-Dominant Logic of Marketing: Dialog, Debate and Directions［C］. New York：Sharpe.

Vargo S L, Maglio P P, Akaka M A. 2008. On value and value co-creation: a service systems and service logic perspective［J］. European Management Journal, 26（3）：145-152.

Verhoef P C, Lemon K N, Parasuraman A, et al. 2009. Customer experience creation: determinants, dynamics and management strategies［J］. Journal of Retailing, 85（1）：31-41.

Verstrepen S, Deschoolmeester D, Berg R J. 1999. Servitization in the Automotive Sector: Creating Value and Competitive Advantage through Service after Sales［M］. London：Kluwer Publishers.

Vidal N, Berman S, Buren H V. 2015. Stakeholder theory and value creation models in Brazilian firms［J］. Revista Brasileira de Gestão de Negócios, 17（55）：911-931.

Visnjic I, Neely A, Wiengarten F. 2012. Another performance paradox: a refined view on the performance impact of servitization［R］. Barcelona：ESADE.

Ward Y, Graves A. 2005. Through-life management: the provision of integrated customer solutions by aerospace manufacturers［D］. Bath：University of Bath.

Weggeman M. 1997. Kennismanagement: Inrichting en Besturing Van Kennisintensieve Organisaties ［M］. Schiedam：Scriptum.

White A L, Stoughton M, Feng L. 1999. Servicizing: the quiet transition to extended product responsibility [ R ] . Boston: Tellus Institute.

Wijnberg N M. 1995. Selection processes and appropriability in art, science and technology [ J ] . Journal of Cultural Economics, 19 ( 3 ): 221-235.

Wise R, Baumgartner P. 1999. Go downstream: the new profit imperative in manufacturing [ J ] . Harvard Business Review, 77 ( 5 ): 133-141.

Witell L, Löfgren M. 2013. From service for free to service for fee: business model innovation in manufacturing firms [ J ] . Journal of Service Management, 24 ( 5 ): 520-533.

Yang C C, Tang X N, Dai Q Z. 2013. Identifying implicit and explicit relationships through user activities in social media [ J ] . International Journal of Electronic Commerce, 18 ( 2 ): 73-96.

Yin R K. 2014. Case study research: Design and Methods [ M ] . 5th ed. San Francisco: SAGE.

Zeithaml V A. 2000. Service quality, profitability and the economic worth of customers: what we know and what we need to learn [ J ] . Journal of the Academy of Marketing Science, 28 ( 1 ): 67-85.

Zeithaml V A, Brown S W, Bitner M J, et al. 2014. Profiting from Service and Solutions [ M ] . New York: Business Expert Press.

# 后　记

制造业服务化的提出已有二十多年，国外的研究成果较为丰富和系统，为制造业服务化的进一步研究提供了理论基础和实践指导。国内制造业服务化的研究起步较晚，大量研究借鉴国外的理论基础，集中在对理论的修正和完善，但对复杂网络环境下的制造业服务化问题研究还较少，对广东制造业服务化系统性的研究也较为缺乏。本书研究由制造业服务化的理论研究和广东制造业服务化的实践研究构成，丰富了制造业服务化的理论，并充实了广东制造业服务化的实践研究。

本书研究理论部分探讨了制造业服务化创新获利机制、价值创造模式、组织结构变革、运营模式和服务化路径等理论，构建了较为系统的制造业服务化理论体系，具体展开了以下五个方面的研究。

（1）制造业服务化创新获利机制的理论分析。首先，通过比较产品创新和服务创新获利机制，讨论制造业服务和服务创新的特点，提出制造业服务创新获利机制更类似服务创新获利机制，包含人力资源管理、组织结构管理、顾客关系管理、声誉四个要素；其次，通过文献研究和案例分析，提出四要素与服务创新获利的研究命题，得到如下结论：①顾客关系管理（顾客参与）对制造业的服务创新获利有显著的积极影响；②组织结构管理（符合服务的属性、内部协作）对制造业的服务创新获利有显著的积极影响；③人力资源管理（服务销售、交付人员的培养和激励）对制造业的服务创新获利有显著的积极影响；④声誉（通过与第三方建立关系）对制造业的服务创新获利有显著的积极影响。

（2）制造业服务化价值创造模式的理论分析。首先，明确了价值及其内涵，界定价值是指顾客价值，内涵为功能价值、效率价值和情感价值；通过梳理价值创造模式相关文献的研究特点，提出服务生态系统理论适合研究制造业服务化的价值创造模式。其次，根据市场营销对价值创造模式设定的三要素，分别讨论制造业服务化的目标市场、价值主张和价值创造活动。通过研究得到如下结论：①制造业服务化的目标市场将由产品需求者转变为服务需求者；②价值主张的提出者是参与价值创造的多个主体，价值主张的内容包括产品、修复、可用性、结果和个性化设计；③服务生态系统的参与者通过服务交换进行资源整合来为顾客创造价值，需要制度对参与者的价值共创进行协调，需要社会环境对操作性资源进行评估和测量。

（3）制造业服务化组织设计的理论分析。首先，总结了制造业服务化组织设计的演进，提出互联网环境下制造业服务化战略；其次，论述互联网环境推动企业开放化、平台化和协同化；最后，对海尔、华为和韩都衣舍三个案例企业的组织结构变革进行分析。得到如下结论：①"平台+自治组织"型组织结构能满足"个性化定制"服务化战略的需求，并能使企业开放、平台化和协作，可以作为互联网环境下制造业服务化的组织结构形式；②自治组织由营销、研发/设计、制造或交付人员三类人员组成，拥有自治经营权，能够与用户全流程互动；平台有四大职能——财务、人力资源、数据和战略，为自治组织提供相应的服务；③"平台+自治组织"型组织结构面临成员观念转变、能力培养等问题。

（4）制造业服务化运营模式的理论研究。首先归纳了制造业服务化三类常见运营模式，又梳理了考虑其他因素的运营模式；其次根据服务化运营模式的构成要素以及服务主导逻辑的核心观点提出四个研究问题；最后通过对海尔企业的案例研究，得到四个研究命题和服务主导逻辑下制造业服务化的运营模式，四个研究命题分别如下：①用户终端交互平台和工具的设立与维护是引导顾客和其他相关主体共创价值的重要条件；②建立交互平台并明确参与规则和激励机制才能更好地利用顾客的操作性资源；③根据顾客使用情境实施个性化服务是创造或提高顾客使用价值的必要举措；④服务生态系统需要共享制度逻辑和规则，并将线上资源与线下资源相结合。基于服务主导逻辑的制造业服务化运营模式为"个性化定制"服务模式。

（5）制造业服务化路径的理论研究。首先，分析了价值链和价值网络理论，并对当前制造业服务化路径的有关研究进行梳理；其次，剖析了互联网环境下组织的特征，并构建了由核心企业、模块企业、节点企业和利益相关者构成的价值网络；最后，提出制造业服务化在四个层次的服务化升级路径。通过价值网络的视角对制造业服务化路径的研究，得到如下结论：①互联网环境下组织呈现开放性、模块化、共创性、互动性和动态性的特征；②价值网络由核心企业、模块企业、节点企业和利益相关者构成，核心企业、模块企业、节点企业分别处于价值网络的高、中、低三个层次，并与利益相关者共同创造价值；③制造业可以沿着价值活动解构升级、价值链上螺旋升级、价值网络内全面升级和跨越价值网络的突破性升级四个层次的路径实现服务化。

本书研究实践部分对广东制造业服务化的典型案例企业进行分析，结合广东制造业现状和服务化需求，借鉴发达国家的制造业服务化经验，提出广东制造业服务化可行模式和推动政策。具体展开了以下两个方面的研究。

一是结合制造业服务化理论，分析广东制造业服务化的典型案例企业。以制造业服务化的理论体系为基础,从制造业服务化驱动力、路径、模式、效益等角度分析和比较了广电集团、广铝集团和广州华德三个广东制造业服务化的典型案例企业。研究发现,制造企业受到内外部环境不同因素的驱动而进行服务化转型,服务化为企业和顾客带来了收益,企业通过价值链上下游的延伸实现服务化升级,此外,企业在不同时期会表现出不同的服务化模式。

二是结合广东制造业发展现状和服务化需求,借鉴发达国家的制造业服务化经验,提出广东制造业服务化可行模式和推动政策。研究发现,广东制造业长期处于全球价值链的中低端,粗放外延的"三高两低"发展模式难以为继,而服务化是实现企业竞争力提升、产业结构优化升级、广东经济持续发展的重要途径。作为制造业服务化发展的主体,广东制造企业应该根据自己所处行业的特点和企业自身的优劣势有针对性地制定服务化战略,从产品延伸服务、产品使用服务、综合性解决方案、生产外包等四种服务化模式中选择一种或综合采用几种模式的组合。政府在广东制造业服务化发展中要起到"顶层设计者"的作用,制定相应的政策方针,创造更适合开放创新的环境,推动制造业服务化发展。

通过对制造业服务化的理论研究和广东制造服务化的实践研究,本书研究构建了较为系统的制造业服务化理论体系,并为广东制造业服务化转型提供了实践指导。对比现有的研究,创新性主要体现如下。

(1)从创新获利理论视角揭示制造业服务化的创新获利机制。制造业服务创新获利机制的提出,为制造企业保护服务创新成果提供了理论指导。制造业服务创新的独占性机制,能保证制造企业服务创新的积极性和营利性,为解决"服务化悖论"提供了有效路径。另外,系统全面地论述了人力资源管理、组织结构管理、顾客关系管理和声誉对制造业服务化的影响,将产品创新获利和服务创新获利机制有机的融合,也是对创新获利理论的突破和延伸。

(2)从服务生态系统的视角构建制造业服务化价值创造模式。服务生态系统是服务主导逻辑最新的研究领域和热点,服务主导逻辑已有的研究大都是针对传统服务行业的,对制造业服务化这一服务经济背景下制造企业向服务企业转型情形进行研究,拓展了服务主导逻辑的应用范围,同时验证了服务主导逻辑及服务生态系统的理论先进性和实用性。另外,服务生态系统的视角将制造业服务化的价值主张提出者及价值创造活动的参与者从企业-顾客二元扩展到企业、顾客、供应商、分销商、跨系统的外界合作伙伴,这种扩展符合互联网环境下多方跨界合作的复杂环境,为企业充分利用互联网资源、拓展合作范围以获取更长远的竞争优势提供理论支撑。

(3)结合互联网环境,设计制造业服务化的"平台+自治组织"型组织结构。制造业服务化组织设计的现有研究集中于争论服务部门与产品部门的角色,尽管有研究指出匹配服务化战略的组织设计因素,但并没有明确提出制造业服务化的组织结构形态。本书研究第一次明确提出"平台+自治组织"型组织结构形式，并对平台和自治组织的内涵进行了详细的解释。"平台+自治组织"型组织符合互联网环境的要求，顺应了国家提出的"促进互联网与制造业融合发展"的经济发展政策，为互联网环境下制造企业的发展提供了组织保障，为个体的创业和创新提供了组织保障，也为其他企业在互联网环境下进行组织变革提供了参考和借鉴。

（4）从服务主导逻辑的视角分析制造服务化的运营模式。突破传统商品主导逻辑的视角，基于服务主导逻辑提出的研究命题为企业与顾客、合作伙伴的价值共创提供了具体的指导，其中涉及的交互平台和工具、激励机制、个性化服务、共享制度逻辑和规则等内容是对服务主导逻辑和制造业服务化研究领域的进一步探索。"个性化定制"服务模式是对制造业服务化运营模式的创新，区别于制造业服务化三类常见运营模式——产品延伸服务、功能性服务和整体解决方案，是从服务主导逻辑视角提出的全新运营模式。

（5）从价值网络的视角描绘制造业服务化路径。以往有关制造业服务化路径的研究基本上是对服务化各阶段提供产品和服务组合程度的强调，或是从价值链的视角提出服务化沿着价值链上下游延伸的升级路径。然而，在互联网时代，企业的竞争环境发生了极大的变化，个体之间的联系变得更为广泛和复杂。本书研究提出"制造、服务和网络"深度融合的价值网络是对价值链的分解和重构，是对制造业服务化路径研究的突破。

（6）提出了广东制造业服务化可行模式和推动政策。目前，关于广东制造业服务化实践的研究相对较少。本书研究分析了广东制造业发展现状和服务化需求，对广东制造业服务化典型案例进行对比分析，根据制造业服务化基本理论和发达国家制造业服务化发展的经验启示，提出广东制造业服务化的发展思路（包括模式和政策），弥补了广东制造业服务化现有研究的不足，有助于认识广东制造业服务化发展现状，为广东制造业服务化提供实践指导。

本书研究结合当前的网络环境，将创新获利理论、服务主导逻辑、服务生态系统和价值网络理论等同制造业服务化理论相结合，从一系列创新的理论视角研究制造业服务化问题，对当前复杂网络环境下制造企业实施服务化转型具有重要的现实和理论意义。但比起传统的理论，创新获利理论、服务主导逻辑、服务生态系统、价值网络等都是较新颖的理论视角，将制造服务化问题与这些理论相结合的研究尚处于探索阶段，相关研究还有较大的空间值得深入探讨，现有研究也难免还存在一定的局限性。首先，本书研究从创新获利理论提出了顾客关系管理、组织结构管理、人力资源管理和声誉四大因素对制造业服务化绩效的影响关系，但还没有对这些因素之间的影响关系进行检验；其次，本书研究从服务生态系统视角提出了价值创造模式，但主要还是针对顾客价值的研究，还未充分考虑所有生态系统参与者的价值；最后，本书研究主要是理论探讨和案例研究，还缺乏对相关理论和制造服务化问题的实证研究。

互联网时代，制造业服务化面临着更加动态和不确定的复杂环境，将制造业服务化的现有研究理论同互联网的现实背景相结合，基于创新的理论视角探讨制造业服务化问题具有重要意义。因此，未来可从以下几方面开展相关研究。

1. 继续深入理论研究

在现有研究基础上，继续深入制造业服务化的理论研究。首先，研究服务生态系统视角下制造业服务化价值共创的机制问题。生态系统参与者之间存在复杂的影响关系，如何吸引社会经济主体主动参与服务生态系统共同创造价值，如何协调价值共创过程中服务交换和资源整合的利益与矛盾，如何保证服务生态系统稳定和持续健康发展等都是服务生态系统价值共创所面临的核心问题，因此，促进服务生态系统参与者价值共创的动力机制、效益分配机制和协调机制等是未来值得研究的问题。其次，还可深入对制造业服务化的"平台+自治组织"型组织结构的运行和风险控制问题深入理论研究，"平台+自治组织"型组织结构与传统的科层结构存在诸多差异，首要问题是保证该组织结构的顺利运行，而控制该组织结构的风险是该组织结构健康持续运行的保证。最后，探索制造企业"个性化定制"服务模式下，制造企业建立交互平台、制定规则和满足顾客个性化需求的详细过程。

2. 加强实证研究

现有对制造业服务化的研究主要局限于对国外相关经验的借鉴性研究及归纳总结性的一般研究，而且大多是理论探讨，缺乏实证数据的支持。同时，对于相关现象的分析，基本停留在问题描述和对策探讨层面，缺少经验证据的支持，这使提出的相应对策和建议较为宏观，可操作性不强。因此，今后的研究应根据制造业不同产业的特性，加强实证研究，通过实地调研、访谈和问卷调查等多种形式深入了解制造业服务化的现状，并运用统计分析方法和经济计量方法对制造业服务化的影响因素、服务化绩效、竞争优势、价值创造等问题进行实证检验，为制造业服务化的决策提供更加科学的依据，促进制造业服务化理论体系的不断完善。

3. 拓展案例研究

尽管目前已有部分针对我国制造业服务化的案例研究，本书研究也对广东制造业服务化的典型案例进行了对比分析，但大多数案例研究还基于传统的理论视角，缺少对当前网络环境下制造服务化转型企业案例的深入研究。因此，未来可对目前制造业服务化的案例研究进行拓展，将服务主导逻辑、服务生态系统和价值网络等理论与制造业服务化实践问题相结合，基于扎根理论，运用二手资料和实地调研一手资料，从多个角度对当前制造业服务化的最新典型案例进行深入对比分析。

4. 结合中国情境和行业背景的研究

制造业服务化是一个复杂的系统工程，不同情景和行业的制造企业服务化不一样。与西方发达国家相比较，中国情境下制度存在法律法规不完善、执行效力不足、权力不平等和政府干预过多等问题，市场存在不良竞争行为、垄断与竞争并存、市场体系不健全等问题，文化存在集体主义、关系利用倾向和风险规避等现象。因此，比较中国与西方发达国家制造业服务化面临的经济、政治、法律、文化背景等方面的异同,结合中国情境研究制造业服务化战略是值得探讨的问题；另外，结合不同制造行业的背景，研究制造业服务化的相关问题对我国制造企业的转型升级具有理论价值和实践意义。

5. 基于大数据、互联网环境下的研究

大数据和互联网时代，企业生存的环境发生了巨大的变化。大数据和互联网技术使产品和服务呈现数字化、网络化和智能化，广泛嵌入系统的智能互联产品从根本上重塑了产业竞争和产业边界（Porter and Heppelmann，2014，2015）。服务化作为制造企业转型升级的重要议题，结合当前大数据和互联网的数字化、网络化环境探讨制造业服务化问题显得尤为重要。

6. 开展跨学科研究

制造业服务化是一个复杂、系统的动态过程，涉及的学科领域涵盖经济学、管理学、心理学、社会学、计算机科学等。目前，国内学者对制造业服务化交叉领域相关问题的研究还较少。因此，今后的研究应注重相关学科的交叉和融合。例如，可以根据制造业服务化的特点，运用经济学模型研究制造业服务化各环节的有机衔接和优化问题；运用心理学理论研究制造企业服务化过程中的消费者心理倾向和行为选择问题；运用社会学理论研究制造业服务化对公众、政府环境的影响等。